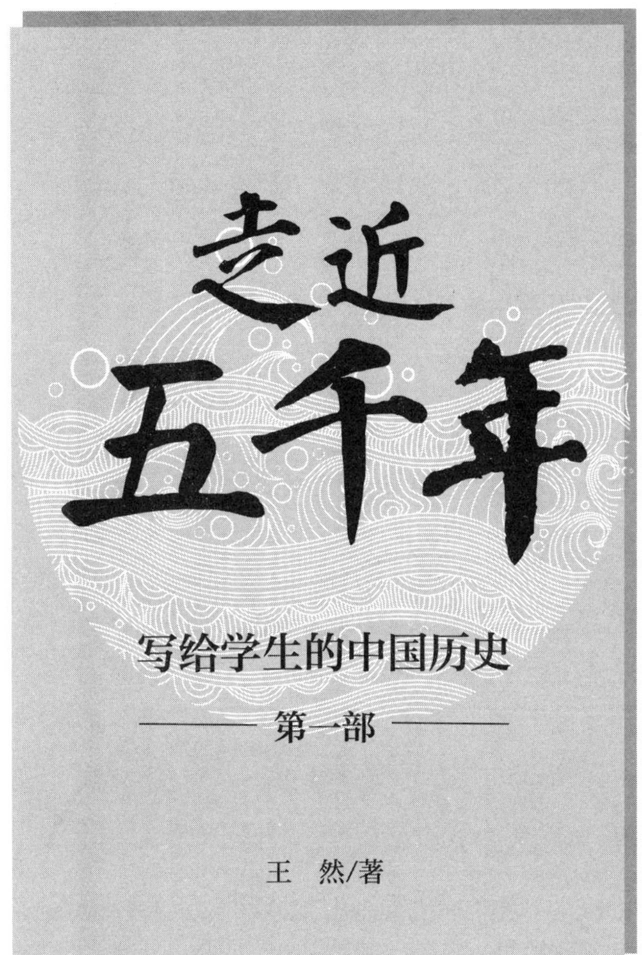

中国铁道出版社有限公司
CHINA RAILWAY PUBLISHING HOUSE CO., LTD.

图书在版编目（CIP）数据

走近五千年:写给学生的中国历史.第一部/王然著.—北京:
中国铁道出版社有限公司,2020.5
ISBN 978-7-113-26146-7

Ⅰ.①走… Ⅱ.①王… Ⅲ.①中国历史-古代史-青少年读物
Ⅳ.①K220.9

中国版本图书馆CIP数据核字（2019）第180024号

书　　名：走近五千年——写给学生的中国历史（第一部）
作　　者：王　然

责任编辑：奚　源　　　　**电　　话：**010-83545974
装帧设计：MXK DESIGN STUDIO
责任印制：赵星辰

出版发行：中国铁道出版社有限公司（100054，北京市西城区右安门西街8号）
印　　刷：北京铭成印刷有限公司
版　　次：2020年5月第1版　　2020年5月第1次印刷
开　　本：700 mm×1000 mm　1/16　**印张：**19.25　**字数：**247千
书　　号：ISBN 978-7-113-26146-7
定　　价：45.00元

目录

远古、近古至夏、商、西周

春秋战国（东周）

远古、近古至夏、商、西周

一、我们来自何方

按照英国人达尔文的生物进化理论，人类的进步发展与其他一切物种一样也是个渐进的过程。不过，为了研究的方便，史学界一般还是把我们人类的发展历程划分为猿人、古人和新人三个时期。

猿人，又称类人猿，即能够直立行走并会使用简单打制石器的外貌特征与猿尚有着诸多相似的古人类。在历史断代上，人们把生活于约20万年以前的古人类称为猿人。综合此前的考古发现，我们通常认为在中国这片古老大陆上，猿人生活的历史大致可以追溯到距今约180万年前。

古人，又称早期智人。与猿人相比，他们使用的工具更为先进，外貌特征也更接近今天的我们。他们大约生活在距今20万年至10万年之间。

新人，指的则是古人之后的人类。

为便于叙述，我们将中国的历史分为远古时期、近古时期、各王朝时期。远古时期指的是整个儿猿人和古人生活的那段漫长时期和新人生活的早期，了解这段历史没有任何文字资料可供参考，我们只能借助一些考古的发现来加以推测；近古时期指的是自有广泛考古证据的距今七八千年前至第一个专制政权夏王朝建立之前；各王朝时期指的则是夏朝直至清末的这一段。

关于人类的起源问题，虽说今天的史学界也还存在着一些细小的分歧，但我们人类是由类人猿一步步进化而来似乎已是不争的事实。不过，很早以前，由于条件所限，我们的先人对此一无所知，他们也就只能凭借自己的想象去解释这一问题。正因如此，在我们这个有着悠久历史的文明国度，一直流传着许多美丽的传说。虽认为非史实，但这些传说也是我们古老文明的一个重要组成部分。限于篇幅，我们就不讲说这些传说了，直接就从探究“我们来自何方？”开始。

中国是世界上古人类遗址最多的国家。随着考古工作不断深入，在我们这片广袤而又古老的土地上，已发现的古人类繁衍生息的遗迹实在是数不胜数。1965年，考古人员在云南省元谋县上那蚌村西北小山岗上发现了两颗古人类牙齿化石及一些石器、炭屑和烧烤过的骨头。经过测定，这些古人类生活的年代距今约170万年。这就是人们常说的“元谋人”。这也是迄今为止在我国境内发现的最早的古人类化石。另外，在陕西蓝田县出土的“蓝田人”化石距今约80万年，而在北

京房山周口店一带出土的“北京人”头盖骨化石距今约77万年。

除了这些，考古人员还在山西芮（ruì）城发现了一处古文化遗迹，被命名为“西侯渡文化遗址”。据测定，该遗址距今约180万年。资料显示，考古人员是在黄河中游河道左岸一处高出河面约170米的古老阶地上的沙层中获得这个重大发现的，发现有石器32件，哺乳动物化石22种。特别值得一提的是，这些化石中有一些马牙和动物肋骨呈现黑灰色，后经化验证实它们确属被烧烤过。这说明，那时的古人类极有可能已经懂得使用天然火。不过，令人遗憾的是，现场没有发现人类骨骼化石。

看了这些，或许你会问，这些古人类就是咱们中国人的祖先吧？

说到这里，我们先要对人类起源做一个简要介绍。其实，目前考古学界的“两大流派”——基因考古与化石考古——对这个问题尚有不小的分歧。现代基因技术已经证明：当今生活在六大洲的黄色人种、棕色人种、白色人种和黑色人种这四大人种的基因［脱氧核糖核酸（即通常所说的DNA）上具有遗传效应的特定序列］至少有85%是相同的。据此，有人提出人类来自一个共同祖先的推测。这就是人们常说的“单一起源论”。1987年，两个美国科学家在《自然》杂志上撰文说，他们利用基因技术证明现代人的共同祖先是十五万年前非洲的一个女人——“夏娃”。（据说，同样是利用基因技术，有人却得出当今人类来自9个母亲的结论。顺便再说一下，东部非洲是迄今为止人们所发现的最早有猿人居住的地方。1974年的时候，在埃塞俄比亚的阿法地区考古人员发现一具雌性猿人化石。据考证，她生活的时间距今约350万年。为表达对这一惊人发现的庆祝，在新闻发布会现场，蜚声世界的甲壳虫乐队演唱了那首著名的歌曲——《钻石星空中的露西》。后来人们就为这个雌性猿人取名“露西”，也不知道这露西是不是所能追溯到的人类的最早祖先。

这种基因技术的依据便是线粒体（细胞质内粒状或棒状的细胞器，具有相对的遗传独立性，并且其突变有一定的周期性）中的DNA只能由母亲传给女儿。上海复旦大学生命遗传学院实验室对来自中国不同地区的两万份样本所做的基因检测也得出了相似的结论。借助一些化石考古的结果，有人甚至还为人类自非洲开始的大迁徙勾勒出一个时间表：大约15万年前，人类开始踏足亚欧大陆；靠着单薄的木筏，在大约6.5万年前，人类抵达大洋洲；大约1.4万年前，人类又经北冰洋辗转来到美洲。

虽然近年基因考古以其遗传方面的科学性成为考古学界的显学，但它与化石考古的发现却并不完全吻合，甚至还有不少抵牾之处。因此，很多化石考古学家还是坚持“多元起源论”。

必须说的是，多元起源论相信东亚地区的人类是连续并独立进化的，与非洲的古人类没有多大关系。不过，就现有的化石考古成果来看，距今20万年至10万年这一漫长的时期在域内迄今为止尚无一件有力的化石佐证。但众多的化石考古学家坚信找到相关的化石只是时间早晚的问题。与此相应的是，基因考古者从现有的基因发现推测，亚洲在那一时期可能遭遇重大变故，致使原本生活在这里的猿人无一幸免。

值得欣喜的是，十几年来化石考古又有了重大突破。2008年1月23日，国家文物局与河南省文物局在北京宣布：出土于河南许昌灵井遗址的古人类化石距今8万年～10万年，考古学界决定将其命名为“许昌人”。后经进一步研究，“许昌人”应更早远一些——距今10.5万年～12.5万年。对于“许昌人”的进一步考古发掘还在继续。

说到这里，大家也就不难理解，我们中国人到底来自哪里？至今还没有一个明确和公认的结论，新的研究成果仍在不断涌现。

二、点亮华夏文明之光

根据近年的考古发现，从大约七八千年前开始，在我国的长江流域、黄河流域以及辽河流域等地就已经出现很多相对集中的古人类聚居场所。我们所说的近古时期指的就是从这时起一直到第一个专制政权夏朝建立之前的这段时间。虽然没有任何一手的文字资料可供参考，但借助考古发现和《史记》等一些古籍，我们还是可以比较清晰地知晓此段历史。

顺便交代一下，由于自夏朝开始的各王朝时期，各王朝频频更迭，为了叙述方便，我们会以王朝为单位逐一进行讲说。

1. 炎黄子孙的来历

我们伟大的祖国幅员辽阔，历史悠久，是公认的“世界四大文明古国”（即主要发源于长江、黄河流域的中国，印度河流域的古印度，幼发拉底河、底格里斯河流域的古巴比伦，尼罗河流域的古埃及）之一。其灿烂可考的文明至少可以上溯到距今七八千年以前，有文字可考的历史也不下四五千年。因此，毫不夸张地说，在我们这片古老的大地上，处处彰显着文明，事事透露出文化。发现红山文化遗址（位于内蒙古赤峰市红山）的辽河流域这一宝贵的文化圣地姑且不说，长江流域和黄河流域更是我们先人繁衍生息的集中所在。

长江流域以河姆渡文化遗址（位于浙江省余姚市）为代表。据考古发现，生活于七千多年前的河姆渡原始居民就已经懂得用耒耜（lěi sì，一种下端尖锐可用于松土的木制农具）耕田种植水稻，饲养家畜，制造精美的磨制石器，挖井取水，建造干栏式房屋（草木结构，下面养牲畜，上面住人），甚至已经开始烧制陶器，并且还会用一种底部带孔的陶器——蒸笼的前身——来蒸米做饭。

特别值得一提的是这些陶器，它们可是中国悠久制陶史的光辉见证。众所周知，中国是世界上最早生产和出口瓷器（在陶器的基础上发展而来）的国家（商、周时即有原始瓷器的生产，唐、宋时即有瓷器的大宗出口），素有“瓷器之国”的美誉。世界各国人民大多也是从陶瓷开始了解我们的灿烂文明。因此，在原始制陶基础上发展起来的陶瓷业无疑是我们国家的一个标志性产业。也正是基于这个原因，陶瓷的英文词汇现在也成了我们国家的名字（China，在英语中指中国），并且陶瓷也被誉为“四大国粹”（京剧、国画、中医药、陶瓷；或者京剧、国画、中医药、中式烹饪；或者京剧、国画、中医药、中国武术）之一。

黄河流域同样也深得我们先人的钟爱。著名的龙山文化遗址（在山东章丘龙山镇发掘，距今约四五千年）、大汶口文化遗址（在山东泰安大汶口发掘，分早、中、晚三个时期，距今约四五千年）和渑（miǎn）池文化遗址（在河南渑池仰韶村发掘，距今约五六千年），都集中于黄河流域。

当然啦，在黄河流域最具代表性的还得数陕西西安半坡村发掘的半坡文化遗址。据考证，距今约五六千年的半坡原始居民已经能使用磨制光滑的石刀收割庄稼，还能够使用骨制箭头、鱼钩和鱼叉狩猎捕鱼，并且能够烧制刻画有符号的彩色陶器。因为主要的农作物是粟（俗称谷子，碾去皮便是小米），所以他们的主食便是小米，副食则是肉鱼果蔬无所不有。此外，由于黄河流域比温暖湿润的长江流域干冷得多，聪明的他们还因地制宜发明建造了一种半地穴式房屋，即房屋的下半部分建在地面以下。在房子的里面，他们也已经懂得使用火炕以及与火炕相连的灶台。

著名的黄帝部落和炎帝部落便都生活在黄河流域。

大约四千多年以前，我们的先民过的是群居生活。他们以血缘为基础结为一个个部落。黄河流域聚集了很多这样的部落。在这些原始部落中，炎帝部落和黄帝部落无疑都是十分强大的。炎帝与黄帝也就理所当然地各自成为周围众多部落的部落联盟（小规模的部落联盟有时也被称作部落）首领。

炎帝是一个广受称赞的好首领。他不仅让部众学会使用耒耜种植五谷，而且还屡屡冒着生命危险亲自品尝各种野草野果。正是在他置个人安危于不顾的不懈努力下，人们越来越多地认识到哪些东西是有毒的，哪些东西是可以食用的，哪些东西是可以用来解除某种病痛的……因此，后人盛赞他是开创原始农业与原始医药业的鼻祖，尊称他为神农氏。并且将他与同一时期教会人们捕鱼狩猎的伏羲氏，以及教会人们钻木取火的燧（suì）人氏合称为“三皇”。传说中，就是从这时起，人们终于结束了洞住穴藏、茹毛饮血的生活。

然而，不知什么原因，炎帝所部后来慢慢衰落，并且被黄河下游以蚩尤（chīyóu）为首领的一个部落联盟（又称九黎族，在今山东西南部）盯上。那时候，部落之间为争夺领地或猎物而发动战争原本就是司空见惯，因此炎帝部落与蚩尤部落的大战也就不可避免地爆发了。

虽然炎帝率领部众拼尽全力奋起自卫，但他们还是被强大的蚩尤部落打得大败。落败的炎帝只好来向与自己血缘较近的黄帝部落求助。后来，黄帝部落和炎帝部落联合起来终于在涿（zhuō）鹿（今河北涿鹿与怀来一带）彻底打败了对手，而且他们还把为首的蚩尤捉住杀了。这也就是史称的“涿鹿之战”。

从这以后，黄帝部落日渐兴盛。再后来，黄帝部落与炎帝部落也闹起纷争，两部落于阪（bǎn）泉（一说位于今山西运城解池附近，一说今河北涿鹿东南。其实，对于古地名的今之所在往往存有种种不一的说法，本书只是略录一二甚至只举其一以供参考）展开一场大战。“阪泉之战”以黄帝部落的大胜而告结。伴随阪泉之战的结束，黄帝部落逐渐统一整个黄河流域，炎帝部落和黄帝部落也就彻底融为一体。黄帝本人被推举为整个黄河流域的部落联盟总首领。

2. “五帝”不是传说

说到中国古老的历史，人们总喜欢提及“三皇五帝”。我们知道“三皇”指的是伏羲氏、燧人氏和神农氏（也称炎帝），那么“五帝”又是指哪些人呢?

按照司马迁《史记》的说法，“五帝”是指黄帝、颛顼（zhuān xū）、帝喾（kù）、尧帝和舜帝五人。不过，司马迁格外敬重的孔安国在他的《尚书序》一文中却说，“五帝”是少昊（hào，名玄嚣，黄帝之子）、颛顼、帝喾、尧帝和舜帝。本书采纳的是司马迁的观点。总之，无论如何，“五帝”都不是传说。

自黄帝开始的“五帝”都姓公孙，只是出于彰显各自圣德的原因，他们才各自取了一个国号。黄帝的国号是有熊，颛顼的国号是高阳，帝喾的国号是高辛，尧帝的国号是陶唐（因此尧帝又常被称为唐尧），舜帝的国号是有虞（因此舜帝又常被称为虞舜）。

黄帝名轩辕，出生于今河南新郑。据说，出于统一整个黄河流域的考虑，在看到强大的炎帝部落日渐衰落的时候，轩辕便悄悄加紧操练兵马了。成功打败蚩尤部落后不久，黄帝部落和炎帝部落也不知为什么闹翻了，在阪泉之战中早有准备的黄帝部落获得全胜，从此轩辕就成为整个黄河流域的部落联盟总首领。

在统一黄河流域后，轩辕没有丝毫懈怠：一方面当偶有不顺从的部落出

现时，他得率领队伍予以征伐平定；另一方面他还得率领部众应对无从预料的外来入侵。据说，他东征到过大海边，并且登上过丸山（也作凡山，现称吉山或纪山，位于今山东省潍坊市临朐县柳山镇）和岱宗（位于今山东省泰安市的泰山的别称）；西征到过空桐（一说位于今甘肃省平凉市西部，一说位于今河南省汝南县西南），登过鸡头山（位于今甘肃省庆阳市镇原县开边镇）；南征到过长江，登过熊山（位于今湖北省西部的神农架的别称）、湘山（又名君山、洞庭山，位于今湖南省岳阳市君山区洞庭湖中）；北征驱逐荤粥（xūn yù，匈奴的前身），并且还召集部众在釜（fǔ）山（现称历山、鬲山或覆釜山，位于今河北省张家口市涿鹿县保岱镇）开了一个盛大的庆功会。

待到天下彻底安定，轩辕下令在涿鹿山（今河北省张家口市涿鹿、怀来一带）南边建起一座都城。稍后，他拔擢风后、力牧、常先、大鸿等四位有名望的大臣委以重任，并设置了管理国家事务的大小部门；他任命仓颉（jié）为史官，并责成他整理古代的文字——遗憾的是今天的我们已经无缘得见这些文字的原貌；他还明确规定了赡养老人和为死者送葬的各种礼仪规范。他自己则潜心研究国家兴亡的规律，努力使自己的身心耳目都不懈怠，并且他也特别注意节约各种物产资源。传说，轩辕的两位妻子嫘（léi）祖和嫫（mó）母也非等闲之辈，嫘祖教人学会养蚕缫（sāo）丝，嫫母则教人制造纺机、纺轮以及纺线织布。

可以说轩辕是中国历史上第一个带领大家建立起各民族统一大家庭的伟大英雄。他这种一统天下的行为，有效地避免了各部族之间无休止的战争，从而让原始的部族社会上了通往文明的快车道。正因为如此，时人盛赞他有着与黄土地一样的美德，尊称他为“黄帝”。

后世对黄帝同样无比崇敬。为了纪念他，人们在今陕西省黄陵县北面的桥山上为他修建了一座规模宏大的黄帝陵。直到今天，每逢春节、清明等传统节日，大批来自世界各地的中华儿女便会云集桥山拜祭他。

黄帝共有25个儿子，不过他逝后接替其部落联盟首领之位的却是他的一个孙子，也就是他的儿子昌意之子——颛顼。《史记》称，颛顼和他的祖父一样也是一位圣明勤政的好帝王。他宁静深沉且富有智谋，疏旷通达又明晓事理。

遗憾的是，颛顼的儿子穷蝉却不够出众，因此接替颛顼的是他的一个侄子——帝喾［帝喾一支世系：黄帝→玄嚣（少昊）→蟜（qiáo）极→帝喾］。《史记》评价帝喾说，他耳聪目明足以明察秋毫，做事顺应自然，仁爱而有威信，广施恩惠，言而有信，能够急民之所急，并且非常注重自身的修养。

帝喾去世后，最先继位的是他的儿子——挚。因为不够贤良，挚很快便被废黜。帝喾的另一个儿子尧这才得以出任部落联盟首领。尧名叫放勋，是继黄帝之后又一个广受赞誉的好帝王。《史记》中有关他的记载比较翔实。

据说，尧特别勤于政务却不知爱惜自己。他居住的是普通得不能再普通的茅草屋，以至于外面刮风时里面就嗖嗖作响，外面下雨时里面则淅淅沥沥滴个不停。他每日吃的是糙米饭，喝的是野菜汤，穿的衣服总是破烂到无法缝补了才肯换新的，凛冽寒冬也只不过外加一张鹿皮御寒而已。

看到尧如此辛劳俭朴，百姓纷纷劝他说：“尧帝啊，你是我们的首领，吃穿住用都应该是最好的，我们心疼你这个样子啊！”尧却说：“天下如此之大，我不知道是不是还有人在挨饿受冻。我这样做就是要让全天下的人吃饱穿暖，只要天下还有一个人挨饿受冻，那就是我的无能啊！”听了这话，人们对他越发爱戴了。

虽然贵为首领，但尧做事从不独断专行，大事小情总要征求一下大家的

意见。尧还特别善于发现和使用人才，所建立的行政机构也非常有效率。对下面的舜、契（xiè，帝喾长子）、弃（帝喾次子，后来舜帝赐他姓姬，号后稷jì）、夔（kuí）、皋陶（gāo yáo，帝喾之孙）五位大臣，尧明确安排了他们各自的职责，要求他们各司其职，不得稍有懈怠。五位大臣中，舜负责民政，契负责军事，弃负责农业，夔负责文化，皋陶负责司法。

在他年近五旬的时候，尧按照当时的惯例召开部落联盟会议，让大家推选继承人。出于对尧的尊重，大家纷纷推举他的儿子丹朱。尧知道丹朱不能成器，如果把自己的位子传给他，丹朱自然是满心欢喜，但天下的百姓却要为此遭殃；如果把自己的位子传给舜，虽然丹朱会不高兴，但天下的百姓却会因此得到实惠。于是，尧对众人说："还是不能让天下的百姓受害而让丹朱一人得利啊！"最终尧真的把部落联盟首领的位子传给了舜。

舜名重华，也是黄帝的后代。关于他的身世，《史记》中也有明确的记载：黄帝→昌意→颛顼→穷蝉→敬康→句望→桥牛→瞽（gǔ）叟→舜。虽然他的先祖穷蝉因为才能拙劣而未能出任部落联盟首领，但舜却是一位才能极其卓绝的圣人。

舜的父亲瞽叟是个瞎子——他的名字“瞽叟”就是瞎老头的意思。舜的生母早早就故去了，瞽叟便续了弦，并且又有了一个叫象的儿子。瞽叟是个十足的糊涂蛋。对后妻及其所生的儿子异常宠爱，却唯独把舜视为眼中钉。面对不明事理的父亲、自私自利的继母、傲慢粗野的弟弟，舜总是忍气吞声，百般迁就。尽管如此，舜最终还是被父亲逐出家门。

被赶出来后，舜独自一人到历山（今山东济南千佛山）下盖了一间小小的茅草屋，依靠开荒耕种维持生计。舜品德高尚，为人极尽谦恭忍让之能事。受他的影响，没过多久，过去那些因为田地边界而经常闹纠纷的人不再争吵，那些为了争夺渔猎场所而时不时就打得头破血流的人也能够和睦相

处。不用说，大家都喜欢和他在一起，仅仅过了一年，那个他曾经独自居住的地方便成了村庄；又过了一年，他居住的村庄成为集镇；再过一年，他居住的集镇成为一座城市。

舜后来能够出任部落联盟首领完全是因为他的品行和能力。据说，年龄稍微有些大了的时候，尧便到处寻访贤德和有能力的人来帮助他处理政务。四方的部落首领不约而同地都举荐了舜。于是，30岁的舜被召到尧的身边做事。为进一步了解舜的为人和能力，尧把自己的两个女儿娥皇和女英一起嫁给他为妻。50岁的时候，舜就开始代表尧来处理一些部族大事了。舜58岁时，尧去世了。舜礼让尧的儿子丹朱继承尧的位子，可是各部落首领都来参拜舜而并不理会丹朱。61岁的时候，舜正式登上部落联盟首领之位。他共在位39年。在100岁高龄的时候，舜还坚持去南方巡视。谁料就在此次巡视途中，他在苍梧（山名，即今九嶷山，位于湖南省宁远县东南）一病不起。逝后，舜的遗体就地进行了安葬，墓名便是“零陵”。

“五帝”不是传说，但与“五帝”相关的传说却有很多，“湘妃竹”便是其中较为著名的一个。传说，舜死后他的妻子娥皇和女英伤心不已，两人的泪水溅到身边的翠竹上，居然在竹竿上清晰地留下滴滴印记。最后，两人结伴投湘水以示忠贞，并最终成为湘水之神。为纪念她们，后人称她们为“湘妃”，把那些带着斑斑泪痕的竹子称为“湘妃竹”。

3. 禹与皋陶辩政

禹、伯夷和皋陶同为舜的重要助手。一次，在朝堂之上，就如何治国理政的问题，君臣四人谈论了许久，禹和皋陶精彩地发表了各自的见解。他俩的发言简直就像是一场辩论，不仅饶有兴味，而且引人深思。

皋陶首先发言。他说：“当政者要诚信并按道德行事，要严于律己，还应深谋远虑，这样便会有众多贤能的人来辅佐他。在此基础上，如果再能知人善任，注意安抚百姓，那就可以了。”

禹却说：“哎，尧也难以这样啊。知人善任才叫明智，只有这样才能选任优秀的官员；安抚百姓才算得上有仁爱之心，黎民百姓才会对当政者感恩戴德。要真能这样，当年尧帝也就不会听信讙兜（huān dōu）的建议而起用共工（尧时的一个部落首领。尧年老时曾一度立共工为候选接班人，让他负责水利来加以考验。结果共工乱用刑罚激起民愤，尧不得不把他流放到北方偏远的幽陵，并把讙兜流放到南方偏远的崇山），也就不需要迁徙三苗部落（在江淮流域的荆州一带，多次叛乱，后来被彻底打败，并被尧下令搬迁到西方遥远的三危地区），更不用畏惧巧言令色的奸佞之人了。”

皋陶接着说：“是啊，但总的来说执政者还是要遵循九个方面的准则，言论也要合乎道义。具体来说就是：为人宽厚并且严肃谨慎，柔顺并且能够独立，有理想并且能够与人合作，有治理国家的才能并且恪尽职守，不屈不挠有坚定的意志，正直且又温和，明快且又不草率，坚强且又务实，勇敢且又不违背道义。一个人如果能够始终做到这样就很好了。”

对皋陶的这一见解，禹深表赞同。于是，他由衷赞道：“你的说法是有道理的。如果能够这样做，确实可以取得成功。”

皋陶则谦虚地说：“我没有什么知识，只不过想辅佐您践行天道罢了。”

舜帝看了看禹道：“你也谈谈自己的想法吧。”

禹只是简短地回答道：“我没有什么可以说的，我只不过想每天做好本职工作罢了。”

对禹的这一回答，皋陶似乎很是不屑。于是，他插嘴追问道：“什么叫每天做好本职工作呢？”

禹回答道："洪水滔天，淹没丘陵，包围高山，老百姓深受其害。为了消除水患，我陆路乘车，水路乘船，穿越沼泽乘橇（qiāo），穿着带齿的木屐翻山越岭，立木桩为标记在山中行进。我还与伯益（禹的主要助手，皋陶之子）一起把粮食和新鲜的肉食分给百姓。就这样，我们疏通并让众多的小河汇入大河，也让九条大河流入大海。我还与后稷（禹的另一主要助手，尧时他就已官居高位）一起调剂食物，发现哪里食物出现短缺，就从有剩余的地方调来补充。水患消除了，我们又把百姓转移到适合居住的地方。百姓重新过上安定的生活，各部族也都和睦相处。"

听到这里，皋陶忍不住夸赞道："这确实是你的美德啊。"

禹也不虚饰，而是更进一步说道："舜帝啊，你处在这个位置上千万要谨慎。你处事一定要冷静，也一定要挑选品德高尚的辅佐人员。这样百姓就会拥护你。"

舜帝大为感慨。他说："你们啊，要像大腿、胳膊和耳目一样辅佐我。

我想参照古人的样子把衣服绣上日、月、星辰等精美的图案，你们要把服装的等级规定明确；我想通过音乐来防止社会混乱，你们如果听到不合乎规范的音律要告诉我。如果我的言行有什么不对的，你们要及时帮我纠正；你们不要当面恭维我，背后却说我的坏话。你们要尊重周围的大臣。君主真正能够任用贤良，相信那些奸佞小人也就不复存在。”

禹说：“对啊，如果君主不这样做，就会不分善恶，也不会有成绩。”

舜帝说：“你们千万不要像丹朱那样傲慢放纵，只知道游山玩水，在无水的地方行船（让人模拟水中行船的样子，拉着船在陆地上行进），在家中成群地淫乱。你们可不能学他啊！”

禹说：“我娶了涂山氏为妻，并生了儿子启。我连儿子都没顾上教育，这才取得治水的成功，并辅佐你设置了‘五服’制度——京师周围五百里以内为甸服，甸服之外的五百里以内为侯服，侯服之外的五百里以内为绥服，绥服之外的五百里以内为要服，要服之外的五百里以内为荒服——让远近各尽职守。”

舜帝说：“把我的德政弘扬开来都是你的功劳啊。”

皋陶从此对禹也非常敬重。因为负责民政工作，他便号召百姓以禹为榜样勤勉工作。

后来，舜在去世之前果然把部落联盟首领的位子传给禹。禹也效仿当年舜礼让丹朱的样子礼让舜的儿子商均，不过众部落首领并不买商均的账，就这样禹成了舜的继承人。

三、夏朝

虽然自黄帝开始的“五帝”时期已经建起都城，也逐步建立了一些行之有效的管理制度，乃至各位首领后都被尊称为“帝”，但这些充其量只能说明当时已经有了一些国家的雏形。史学界一般将其认定为原始的部落联盟，而非王朝政权。继“五帝”之后的夏朝无疑是一个纯粹的王朝政权，它开创了我国历史的一个新纪元。

夏王朝的缔造者应该追溯到禹。禹因治水有功而被舜帝封为夏伯（“伯”是爵位的一个等级。具体来说，古时爵分五等，依次为：公、侯、伯、子、男），其领地也就被称为夏地。在舜禅位之初，为了礼让舜的儿子商均，禹曾避居夏地。不过众部落首领情愿不远千里跑到夏地来朝拜禹，也不愿就近听从商均的差遣。于是，禹在夏地阳城（今河南登封。一说阳翟，今河南禹州）顺水推舟即了位并建国号为夏。阳城也就成为夏朝早期的都城。到少康在位时，他又把都城迁到安邑（今山西夏县）。

禹即位后也和“五帝”一样采用选用贤能管理的方法。他先是用皋陶（gāo yáo）来协助自己处理重要事务，这也就是说他打算传位皋陶，可惜皋陶却先他而逝。于是，他又起用皋陶之子伯益。禹去世后，按当时的惯例应由伯益来继位。由于上任的时间不长，再加上禹的儿子启又非常贤能，所以当伯益礼让启的时候，各部落首领真就齐刷刷站在启这一边，启也就继了位。启仍以夏为国号，所以史书多称他为夏启。

夏启临死的时候没有遵循传位于贤者的惯例，而是径直把王位传给自己的儿子太康（一说太康在五兄弟的夺位之战中胜出）。

综合上面的情况我们不难看出，夏王朝实际上是从禹受禅的约公元前2070年开始的，一直维持到约公元前1600年夏桀在位之时，前后历时约470年，共传有17位帝王。其帝王世系（没有特别注明的即是父传子）是：禹→启→太康→中康（太康之弟）→相→少康→予→槐→芒→泄→不降→扃（jiōng，不降之弟）→廑（jǐn）→孔甲（不降之子）→皋→发→桀（jié）。

1. 大禹治水

尧帝时，他们居住的黄河流域经常洪水泛滥，百姓生活苦不堪言。尧派人四处寻访贤能之人来协助自己治理洪水。很多部落首领都向尧举荐鲧（gǔn）。由于对鲧有一些了解，所以尧说："鲧不懂得体恤民众，做事也不知顺其自然，用他来治水恐怕不行吧？"众首领却说："现在可以任用的人中再没有比鲧更有能力的了，还是让他来试一试吧。"就这样，尧勉强同意让鲧带人去治理洪水。果不其然，许多年过去了，水患依旧未能得到有效治理。后来，尧终于发现了品行端良且又才能出众的舜，授权让他来处理部族重大事务。舜在去各地视察工作的时候，因发现鲧的治水纯属劳民伤财，毫无功绩可言，舜便在羽山（一说位于今江苏东海县和山东临沭县交界，一说位于今山东蓬莱）把他处死，并且责成他的儿子禹来继续负责治理洪水。

禹姓姒（sì），本名文命，是黄帝的玄孙，其实禹乃他的谥号。据《史记》记载，黄帝生子昌意，昌意生子颛顼，颛顼生子鲧，鲧生子禹。禹之所以不和曾祖父黄帝一样姓公孙，是因为那时候的姓氏并不像现在这样。据说黄帝的25个儿子中只有14个姓公孙，更不要说从黄帝到禹已历经5代，所以禹姓姒也没有什么好奇怪的。

有了父亲治水无功而被处死的惨痛教训，禹治水异常尽职尽责。因为不懂得因势利导，所以鲧治水的基本理念就是水来土掩，只知道一味地高筑堤坝。禹一上来就改变了这一错误观念，取而代之的是开山凿渠以疏导为主的科学方法。另外，禹还善于根据各地的地形地貌，因地制宜有针对性地选择治水方案。他手拿尺规，身先士卒，十三年下来足迹几乎遍及中华大地。据说，治水期间，禹曾三次从自己家门前经过都没顾得上回家看一眼，就连他的妻子涂山氏生启的时候也不例外。他那坚定的意志、顽强的毅力、忘我的精神和事必躬亲的态度极大地鼓舞了参与治水的官员和百姓。

就这样，经过十三年不懈努力，不仅黄河流域的水患得到有效控制，就连长江流域和汉水流域的诸多河道也得以疏浚。在禹的合理规划下，各地的小沟小河得以汇入大江大河，长江黄河等九条大的江河则被引入大海。针对当时交通运输主要依靠水路的实际情况，禹又以江河流域为主要依据把全国划分为九州——冀州（今河北）、兖（yǎn）州（今山东西部）、青州（今

山东东部）、徐州（今江苏北部与山东南部）、扬州（今江苏大部）、荆州（今湖南与湖北大部）、豫州（今河南）、梁州（今四川与湖北一部分）、雍州（今陕西、甘肃）。禹划定的九州也成为以后各个王朝乃至今天的行政区划的重要依据。正因为如此，古文献中多有称我们的国家为“九州”之说。此外，禹治水的另一贡献便是为各地特色物产通过船运进献舜帝提供了方便。

因治水有功，禹受到舜帝的重奖——得封夏地，并且得以赐爵夏伯。非但如此，后来舜还将自己的位子传给了他。为了表达对禹的尊敬和爱戴，后人则尊称他为大禹。

2. 少康中兴

启继承王位之初，励精图治，体恤百姓，也特别重视军队建设。自打在甘地（位于今河南洛阳附近）挫败不服从夏王朝统治的有扈部落之后，他的帝王之位愈发稳固。不过好景不长，看着国都又高又厚的城墙已经筑起，又深又宽的护城河已挖就，自以为可以高枕无忧的启便开始放纵起来。他整日饮酒作乐，四处游猎，过着荒淫无度的生活。启死后，他的大儿子太康继了位。不过，自登上王位起，太康就一直放荡不羁、昏庸不堪。有一次太康到洛河北岸去打猎，因玩兴不衰，他竟然一连一百多天都没有回宫。

当时，黄河下游有个叫后羿的非常强悍且富有心计的部落首领。他是一个著名的射箭能手，也为后世留下许多美丽的神话传说。其中一则神话是这样说的：有一个时期，也不知怎的天上突然冒出十个太阳。大地简直就要被烤焦了，人们更是热得无法忍受。见此情形，神射手后羿挺身而出。但见他弯弓搭箭抬头望天，“嗖、嗖、嗖……”，眨眼之间便是九箭连发，九个多余的太阳是应声而落。人们终于重又过上正常稳定的生活。

不过，史籍中并没有后羿射日的故事，反倒是有不少让人鄙夷的记载。据说，看到太康如此沉迷游猎，后羿的非分之想就慢慢滋生。经过长期密谋策划，待到一切准备妥当，在太康再一次远赴洛河北岸狩猎的时候，后羿偷偷分兵派将控制了洛河南岸的各个渡口。等兴高采烈满载而归的太康回到洛河边时，他一下子傻了眼。就这样，被拒于京城之外的国王太康只好在洛河北岸过起悲凉的流亡生活。

说起来这后羿倒有一些自知之明，情知此时自己的威望还不足以服众，他便把太康的弟弟中康暂立为夏王，不过国政大权却牢牢控制在他一人手中。中康死后，后羿也没有急于篡国，而是继续让中康的儿子相做了一段时间的傀儡。直到看见自己的权势确实再无人能够撼动，他才把相赶下台取而代之。想必后羿也深谙美化自己之道，所以我们后人才会往往把他当作一个救国救民的大英雄来歌颂，而很少提及他篡国夺权的一面，要知道他可是开了篡国夺权的先河啊！

篡国之后的后羿竟然是很快步了太康的后尘。因为自恃箭法高超无人能敌，他便也学着太康的样子四处游猎并且乐此不疲。可他哪里知道，他的近臣寒浞（zhuó）不仅对王位觊觎已久，而且早就把他那套本事给偷偷学去了。在一次打猎归来后，疲惫不堪的后羿遭了寒浞的黑手。寒浞可比他的“老师”要歹毒得多，在除掉后羿之后，他又派人四处追杀被后羿撵走的相。相逃到哪里，寒浞就派人追杀到哪里。逃来逃去，相还是没能逃过惨遭杀害的噩运。不过，相的妻子却悄悄从墙洞逃回娘家，好歹捡了一条性命不说，后来她还顺利地生下儿子少康。

少康隐姓埋名在姥姥家生活了很多年。令人欣喜的是，这个在逆境中长大的少康从小练就一身过硬的本领。后来，少康去了舜的后代有虞氏那里。在有虞氏的帮助下，少康得以召集族人和邻近的几个部落共同讨伐寒浞。最

终，寒浞战败被杀，少康又把王位给夺了回来。这就是历史上著名的“少康中兴”的故事。

从太康到少康的近百年间，夏王朝历尽磨难，国都阳城已是破败不堪，中兴后的少康便把都城迁至安邑。

3. 夏桀无道

夏桀（jié）是夏王朝的第17个也是最后一个帝王。他本名履癸（lǚ guǐ），含有“凶猛”之意的“桀”是在其死后商汤给他的一个谥号。帝王之家成长起来的他，对于祖辈的艰辛似乎一无所知且又懒得去了解，所以他从小便骄奢淫逸，自己给自己惯出一身的臭毛病。登基之后，他更是昏庸透顶，屡创无道之“纪录”。

中国历史上第一个世袭王朝一路走得磕磕绊绊。从大禹到太康不过才三代，夏王朝便已名存实亡。这不能不说是夏王朝的悲哀，当然也是百姓的不幸。少康中兴之后，夏朝又历经了12代帝王，不难想象此前几百年来积累的弊病之多恐怕远非千疮百孔所能形容。

然而，可悲的是夏桀却丝毫不懂得体恤百姓爱惜物力，只知大兴土木营建奢华的宫殿。为满足个人毫无节制的声色犬马之欲，他不惜把百姓盘剥得精光，甚至不顾农时强逼百姓任其奴役。要知道那是一个生产力水平多么落后的时代啊，即便是劳作不辍，人们也未必就能填饱肚子。就这样，老百姓的日子很快到了无法维持的地步，民间开始流传这样一句话："你这个太阳啊，什么时候才能灭亡呢？我们情愿和你同归于尽！"

看着每况愈下的夏王朝，听着日渐高涨的民怨声，一个叫关龙逄（páng）的大臣实在坐不住了。于是，他勇敢地站出来劝说夏桀减少对百姓的盘剥，尽量去掉一些不必要的工程，让百姓多一点时间从事生产劳动，以减少他们的抱怨。谁知昏庸的夏桀非但不听，反而把这看成是对他这个帝王的轻蔑。为恐吓并阻止官员们对他的所作所为评头论足，他竟然下令把个进言劝谏的关龙逄给残忍地杀害了。由于相隔久远，史料中关于夏桀昏庸的明确记载也不是很多，不过仅凭这些，我们便不难推想这夏桀的昏庸与暴虐了。

与此同时，地处黄河下游的商部落因畜牧业的带动而异军突起，逐步具备了与夏王朝抗衡的能力。到商汤做部落首领的时候，因为重用才能出众的伊尹（yī yǐn），其势力更是迅猛壮大。看到夏桀已是众叛亲离完全失掉民心，汤便带领商部落向夏王朝发起猛攻。在鸣条一战中，夏军一败涂地，桀被迫逃往南巢。汤也没有继续追杀，而是让其流亡南巢一直到他死去。

四、商朝

自打约公元前1600年打败并流放夏桀后，汤便以部落的号“商”为国号，于北亳（今河南商丘北）建立起自己的政权。为彰显对“五帝”的尊重，他还一改夏王朝统治者称帝的做法而谦逊地自称为王。到第19位商王盘庚在位时，商都又搬迁到殷（今河南安阳小屯村。其实，盘庚迁都至此时并没有把这个地方叫作“殷”，而是称为“大邑商”。周灭商后，为了表示对商人的轻蔑，才以商都附近的商王田猎区“殷原”中的“殷”字来称呼该地），所以商朝也被称作“殷朝”或“殷商”。从汤举兵推翻夏朝建立商朝开始，到公元前1046年商纣亡国为止，商王朝历经近6个世纪，共传王30位。其帝王世系（没有特别注明的即是父传子）是：汤→外丙→中壬（外丙之弟）→太甲（汤太子太丁之子，太丁因早亡未曾继位）→沃丁→太庚（沃丁之弟）→小甲（太庚之弟）→雍己（小甲之弟）→太戊（雍己之弟）→中丁→外壬（中丁之弟）→河亶（dǎn）甲（外壬之弟）→祖乙→祖辛→沃甲（祖辛之弟）→祖丁（祖辛之子）→南庚（沃甲之子）→阳甲（祖丁之子）→盘庚（阳甲之弟）→小辛（盘庚之弟）→小乙（小辛之弟）→武丁→祖庚→祖甲（祖庚之弟）→廪（lǐn）辛→庚丁（廪辛之弟）→武乙→太丁（也作文丁）→乙→辛（谥号纣）。

商时的生产力水平已经非常发达，这就为文化发展打下坚实的基础。众所周知，语言文字的产生与发展是人类文明进步的重要标志。然而，从黄帝命仓颉（jié）整理古文字起，一直到夏王朝结束的千百年间，还没有找到任何确切可辨识的资料。随着生产力水平的提高，商代的人们已经懂得并能够把文字刻在龟甲、兽骨上，这也就使我们有了借助这些一手资料更好地了解那段历史的可能。

这些刻在龟甲、兽骨上的文字也就是人们常说的“甲骨文”（根据目前的统计，已出土的甲骨文单字约有4500个，能够识读的不下2500个）。另外，与甲骨文大约同时，那些铸刻于青铜器上的文字则被称为“铭文”或“金文”。

商代手工业水平的一个重要标志便是青铜冶炼铸造技术的成熟。不论是青铜的冶炼还是青铜器皿的铸造，商代都已达到登峰造极、炉火纯青的程度。现已出土的最有名的商代青铜器恐怕就得数后母戊（wù）方鼎。鼎是古时候的一种两耳三足抑或四足的锅，通常用于做饭或充当祭祀的礼器。这口名为“后母戊”的方鼎是1939年在河南安阳武官村被挖掘出来。它高133厘米，长110厘米，宽78厘米，壁厚6厘米，质量高达832.84千克。此鼎的腹部内壁上清晰地铸刻有“后母戊”（以前，大多史料作“司母戊”，认为“司”乃今天的“祠”字。不过，自20世纪70年代就有人指出其中的“司”字可能是“后”字，因为商时的字体形态较为自由，可以正着写，也可以反着写，而且解释为“后”字也可以更好地反映相关人物的身份——王后）三个字。据此，专家断定它是商朝晚期的商王太丁为祭祀他的母亲而铸造的，因为“戊”就是史料中记载的太丁母亲的庙号。这口鼎不仅外表纹饰优美、端庄、厚重，透着一股帝王气势，而且它的材料配比也十分科学。据测定，在它的全部用料中，铜占84.77%，锡占11.64%，铅占2.79%，其他0.8%。这种配比既易于铸造又坚固耐用。该鼎出土正逢日寇猖獗之时，为保护这一国宝，村民们曾试图将其分割开来藏放，以便避开日军一次又一次的搜索。谁知大家用尽各种可能的方法，也仅仅是砸下它的一只鼎耳而已。三千多年前我们先人的非凡智慧和才能由此可见一斑。

1. 商汤革命

汤也是黄帝的子孙。据史书记载，自黄帝到他已经有18代了。其具体的世系是：黄帝→玄嚣（xiāo）→蟜极→帝喾→契→昭明→相土→昌若→曹圉（yǔ）→冥→振→微→报丁→报乙→报丙→主壬（rén）→主癸（guǐ）→汤。这里面的契曾是尧帝和舜帝时的重臣，后来因为佐助大禹治水有功，舜帝赐给他“子”姓，并且把商地赏给他。商部落也就由此诞生。

与从前的帝王一样，汤也是他的谥号，而他的本名叫天乙。在夏桀当政时，汤就已经继任为商部落的首领。夏朝后期，在畜牧业的带动下，商部落得以迅猛壮大。看到夏桀昏庸暴虐已完全丧失民心，汤便产生了推翻夏朝的想法。当然，以商部落那时的实力还不足以撼动夏王朝，于是汤便首先把目标锁定在周边的几个弱小的部落。

那时的人们非常重视祭祀，春日祭天，秋日祭地，按时令祭祀先人，一般都搞得十分隆重。不过，商部落附近的葛部落的首领伯却是个另类。因为压根儿就不相信有什么鬼神存在，他时常将祭祀的事抛之脑后。有了这个把柄，汤要灭掉葛部落自然也就是小事一桩了。

汤先派人去责问伯为什么不按时祭祀。伯辩解说：“我们这里贫穷，没有牲口作祭品。”于是，汤让人给伯送去一些牛羊。伯不知是计，竟悄悄把这些牛羊杀掉吃了，还自以为捡个大便宜。见伯仍然没有举行祭祀，汤再次派人前往加以严厉的责备。伯只好再辩解说：“我们这里没有粮食作祭品。”汤又一次听信伯，还选派一些人去帮助葛部落耕种。谁知，这个伯非但不领情，而且还因为一件鸡毛蒜皮的小事杀死了商部落一个负责送饭的小孩。伯的这一举动自然激起商部落的公愤。抓住这个把柄，汤一声令下出兵把葛部落给兼并了。

兼并葛部落后，汤又相继拿下周围几个部落，势力得到飞速发展。虽然

这一切没有引起昏庸的夏桀的注意，但却让一个叫伊尹的人看出一些苗头。

伊尹又名阿衡，他是通过乔装扮作汤妻子有莘（shēn）氏陪嫁的奴隶来到汤家的。来到之后，凭其精湛的厨艺，伊尹很快便引起汤的注意。一次，在享用过伊尹制作的精美菜肴后，汤把他叫了过来。

汤说：“为什么你做的饭菜总是这样可口呢？”

伊尹说：“作料放得适量，加入次序得当，火候再把握准确，这样就可以做出可口的饭菜了。”

顿了顿，伊尹话锋一转接着说：“其实，治理国家也是这个道理啊。做事不可以懈怠偷懒，也不要急于求成，只有弄清要解决问题的主次，安排好顺序，注意把握好分寸，才能使人心归服、国家强大。”

汤听得不住点头。由此他也认识了伊尹这个奇才，一下子拔擢为副手，帮助自己处理各种部族事务。

一天，就如何推翻夏桀的事，汤终于来向伊尹请教了。伊尹说："我们应先试探一下桀现在是否还有一些力量。咱们不妨不去朝贡，看他会怎么样。"汤依计而行。桀果然大怒，随即就调集了几个部落的兵力来讨伐商。看到还有不少部落听桀的调遣，伊尹便建议汤赶紧向桀赔罪并恢复了朝贡。

又过了几年，看到桀对百姓的盘剥越来越过分，已经有很多部落不再听从他的号令，伊尹这才建议汤公开发兵攻打夏桀。出兵之前，伊尹为汤起草了一篇名为《汤誓》的演讲稿，让他临阵宣读，以便鼓舞士气。这是流传下来的最古老的一篇文章。作为一篇演讲稿，它通篇条理分明，气势磅礴，富有极强的感召力。不过，由于年代久远，它的文字看上去似乎有一点晦涩难懂。下面就让我们试着把它译为现代文吧：

"大家都来听我说说吧。不是我胆敢起来造反，而是夏桀的罪恶太多，老天让我来诛灭他。你们常说：'夏王不怜悯我们，让我们误了农时，从而挨饿受冻。'我听到大伙都这样说。夏桀犯下滔天罪行，我怕上天发怒，所以不敢不征伐他。你们可能要问我：'对夏王的罪恶该怎么办呢？'夏桀耗尽全部的民力，把老百姓都盘剥得精光。他的部下也都懈怠偷懒，不愿与他同心合力，并且都说：'你这个太阳啊，什么时候才能消失？我们情愿与你同归于尽！'夏桀无德到这种程度，现在我下定决心要讨伐他。希望你们能辅佐我，让夏桀受到上天对他的惩罚。如果真能这样，我会重重奖赏你们。你们不要不相信我，我是决不会食言的。如果你们有人敢不信守诺言，我就把他收为奴隶或者杀死，绝不饶恕。"

在汤的鼓舞下，商军上下勠力一心、同仇敌忾。很快，夏商两军就在鸣条（今山西运城夏县安邑镇北）相遇。结果夏军被打得一败涂地，夏桀本人被迫逃往南巢（今安徽合肥巢湖市西南）。汤也没有继续追杀，等于是把夏桀流放在南巢，直到他死去。

古代统治者为巩固地位，都会把自己说成是代行上天旨意的人，所以改朝换代又被称作“变革天命”。正因为如此，史书多称商汤伐夏桀一事为“商汤革命”。

2. 伊尹摄政

商王汤共有三个儿子：大儿子太丁，二儿子外丙，三儿子中壬。其中，太丁被立为太子，不过他尚未继位就死了。汤去世时，太丁的儿子太甲年龄还很小，于是主管政务的伊尹扶持外丙即了商王之位。三年后，外丙英年早逝，伊尹又扶持中壬即位。四年后，中壬也盛年而亡。这时太甲已经长成一个半大小伙子，伊尹也就扶持他做了商王。

然而，少不更事的太甲只知吃喝玩乐，有时甚至暴虐无常，压根儿就不把他祖父汤所制定的各项规章制度当回事。为教育和引导太甲，伊尹没少下功夫，甚至他还亲自有针对性地写了《伊训》《肆命》《徂（cú）后》三篇文章来让太甲学习。无奈太甲依然我行我素，只是因为当年爷爷和两个叔叔都非常敬重伊尹而没有当面顶撞罢了。就这样，三年时间不知不觉过去了，太甲一点长进也没有。万般无奈之下，伊尹只好与众位大臣一起把他软禁在商汤墓地附近的桐宫（位于今河南虞城），他自己则替代太甲执掌国家大权。这就是史称的“伊尹摄政”。

被软禁之初，太甲眼前每每浮现的都是自己过去如何呼风唤雨，如何为所欲为，所以他愤愤不平、满腹怨言。然而，在处理完各项政务后，已经很是上了年岁的伊尹却总是尽可能地抽出一些时间过来开导教育太甲：向他讲述汤建立商朝的种种艰辛，向他讲述外丙、中壬处理政务的兢兢业业，向他讲述那个被流放的夏桀怎样一步步滑向毁灭的深渊。随着时间的推移，太甲逐渐认识到自己以前的荒唐，也理解了伊尹的一片苦心。他不仅不再抱怨，

而且还痛下决心要改过自新。

时光荏苒，转眼间又一个三年过去了。通过暗中观察，伊尹和大臣们发现太甲不仅经常沉思默想，表现出一种强烈的忧国忧民意识，而且行为举止也中规中矩、稚气尽脱，与三年前相比简直是判若两人。于是，大家商定一起迎接他复了位。重登王位的太甲很是争气，他体恤百姓，勤于政事，上朝议事总是早出晚归，夜里睡觉常常和衣而卧，终于成为一名备受称颂的贤良君王。

后来，伊尹去世于太甲的儿子沃甲当政的时候。作为中国历史上第一位贤相，伊尹以他的无限忠诚与非凡智慧为后世树立了一个光辉榜样。

3. 盘庚迁都

自第10位商王中丁开始，在自己有儿子的情况下，多数商王也会把王位传给弟弟。这导致此后历代商王的弟弟们为争夺王位闹得不可开交，商王朝的统治能力则日渐衰弱。一些势力较大的诸侯不仅不肯朝拜商王和进贡财物，甚至还公然发兵与朝廷作对。于是，第19位商王盘庚在位时（约公元前1300年），他便产生了要把商都由奄（yǎn，今山东曲阜东）改迁到殷的想法。

这种远距离的迁都对当时的人们来说实在是件大事。交通不便不说，广大的贵族还必须放弃他们世代相传的最大财富——土地和房屋，所以盘庚迁都的想法一提出便招致各方面强烈反对。不过，最终盘庚还是成功地实现了他的迁都计划。对于此次迁都，我国最古老的书籍《尚书》中有着翔实的记载。

其实，盘庚一开始就很清楚迁都是贵族和百姓都会反对的事情，因此在迁都之前他便没少动脑筋想法子。他先是把几位重臣叫来，谆谆开导他们说："你们下去对百姓讲，迁都是因为大王重视百姓的生命，不愿让他们在原来的地方遭受杀戮。如果大家不能互相救助，只是和某些人那样妄图依靠占卜来求得上苍的眷顾，一定是行不通的。按照先王的遗训，我们必须顺应天意，因此不能在一个地方久居下去。从先祖汤开始我们的国都已经搬迁多次［据史书记载，商朝重大的迁都行动共有五次：仲丁自亳（bó，今河南偃师）迁至嚣（今河南荥阳）；河亶甲自嚣迁至相（今河南内黄）；祖乙自相迁至庇（今山东定陶）；南庚自庇迁至奄；盘庚自奄迁至殷。此外，仅汤在位时就曾先后有过三个都城：一个是北亳（今河南商丘北），一个是南亳（商丘东南），一个是西亳（河南偃师西）］，如果现在不迁都的话，还谈什么继承先王的伟大业绩呢？就如同倒下的树木可以重新萌发新芽一样，上天会让我们换个地方延续辉煌。"

可是过了很长一段时间，盘庚发现百姓对迁都一事还是不理解。盘庚清楚百姓之所以还有怨言，就是因为那几个重臣没有按他的要求去做，甚至有人还私下里煽动百姓抵制搬迁。于是，盘庚再一次把他们召集来，严肃地训诫道：

“我打算效法古制搬迁都城，因此决不容许有人隐匿我对百姓的规诫之言。我也要告诉你们，不要怀有私心，也不要倨傲无礼而安于享乐。从前我们的先王总是提拔重用旧臣来管理朝政，大臣们从来不敢隐匿大王的旨意而不下达，也不敢说什么越轨的话，所以民心稳定，百姓乐于听从指挥。先王对大臣们也很看重。现在，你们中有些人却在下面吵吵嚷嚷，编造一些邪恶的话来蛊惑百姓以不良情绪。我真不知道你们在吵嚷什么？！现在不是我荒德失行，而是你们有人对我毫不畏惧，隐瞒了我对百姓施行的德政。这一点我看得十分清楚，只不过一时拿不出好的办法，所以有人就放纵起来。

“网系在纲绳上才能有条不紊，农夫尽力劳作才能有所收获，你们除去私心才能带领百姓取得实惠。你们不是也常说要积德于民吗？如果你们不怕百姓因你们而受大害，硬要心安理得地做个懒惰的人，不把我的好意向百姓

宣布，那就是你们自取其祸。引导百姓做坏事，你们也必将受到惩罚，到时后悔也来不及了。你们看那些百姓，他们尚且听从我的劝诫，唯恐自己说错话。要知道生杀大权可是在我的手里，难道你们不畏惧我吗?

“如果你们有什么不同的想法也应该首先来向我禀报，绝对不该用虚浮之言煽动百姓。浮言是很容易传播的，就像那燎原之火，不容靠近又怎能扑灭它呢?

“用东西要选择新的，可使用人才还是要选择世家旧臣。我的先王和你们的祖先曾经同甘共苦，因此我也不会对你们擅用处罚。如果你们继承先辈的优良传统，我也不会埋没你们的功绩。我还要告诉你们，做事是很艰难的，就像射箭要有目标也还需要用力一样。你们不要轻慢年纪大的人，也不要欺凌年轻人。你们要勤奋努力，还要听从我的安排。无论亲疏我都会用刑罚来惩治罪行，用爵位来表彰善举。如果这样，国家治理好了是你们的功劳，国家治理不好是我一个人的过错。”

他这番入情入理而又软硬兼施的话语终于使得大臣们统一了思想和行动，迁都工作也就没有什么大的阻碍了。因成功地实施这一迁都计划，已现颓势的商王朝重新焕发出勃勃生机，盘庚本人也因此在历史上留下盛名。

4. 暴虐商纣

纣本名受德，是商王朝的第30位君王。商朝时人们多尊称他为帝辛，史料则多称他为商纣。就是这个以暴虐著称的商纣一手把商王朝送上绝路，他本人则成为史上与夏桀并称的臭名昭著的暴君。

《史记》说，纣原本是一个难得的全才，反应机敏，能言善辩，能够赤手空拳与猛兽搏斗。不过，他没有把这一切用于正道。他以想方设法拒绝别人的劝谏为乐，喜欢以出色的口才来掩饰自己的过错，愿意在大臣们面前炫耀自己的才能，热衷于向全天下标榜其所谓的好名声。另外，他还有贪婪成性、嗜酒无度、纵情声色等诸多坏毛病。

国都殷的规模已是非常庞大，可为了满足自己毫无节制的享乐之欲，他硬是别出心裁又在朝（zhāo）歌（今河南淇县）建起一个更为宏大的陪都。他还让人在朝歌修建了两个无比巨大的仓库——鹿台和钜（jù）桥。仅仅出于个人挥霍的目的，他就下令大幅度提高百姓的赋税比例。这些搜刮来的民脂民膏绝大部分就被他存放在这两个大仓库里——鹿台存放财宝，钜桥存放粮食。除了这两大仓库外，他又命人在朝歌的沙丘营建了一个大“公园”。“公园”里亭台楼阁随处可见，珍禽异兽不计其数。更可气的是，他还创造性地为“公园”设计了一个大池子，池子里灌满了酒，池子边上则像树林一样挂满各种肉类。为追求刺激，纣命一个叫涓的乐师创作了一些俗不可耐的曲子，编排了一些不堪入目的歌舞，并且还让一些赤身露体的男女光天化日之下在这个“公园”里表演。他带着宠妃妲（dá）己经常通宵达旦地在里面胡折腾。

纣的这些荒诞行径不仅使百姓怨声载道，而且也使得一些良心未泯的官员实在是看不下去，更有一些诸侯借机摆脱了他的统治。说起来纣也确实够“聪明”的，他很快便想出一个应对的办法，那就是以空前绝后的严刑峻法来对付所有不听号令的人。他采用的最残酷的一种刑罚叫“炮（páo）烙”（也作炮格）。具体的做法就是：先在一大堆炭火上架一根铜柱子，然后逼着受刑者在铜柱子上行走。熬不了多长时间，受刑者自然就会掉到炭火中活活被烧死。不难想象在这种非人的折磨与摧残下，受刑者会发出怎样撕心裂肺的哀号，而商纣竟然还以观看这样的施暴场面为乐。

当时，姬昌、九侯和鄂侯是纣手下地位最高的三位大臣。为了讨好纣，九侯把自己一个非常美貌的女儿献给他。谁承想，九侯的这个女儿不愿意迎合纣参与淫乐，而纣却对此怀恨在心并诿过九侯。事情发展到最后，纣竟然下令把九侯和他的女儿都杀了，而且还残忍地把九侯剁成肉酱。在为此事进谏时，气愤难忍的鄂侯又与纣发生了争执。纣索性把他也杀掉，并把他做成肉干。看到这些，姬昌很是伤心，背地里没少唉声叹气，不料却被一个叫崇侯虎的佞臣告发。就这样，姬昌被囚禁在羑（yǒu）里（今河南汤阴一带）。

闻讯，姬昌的家臣闳夭（hóng yāo）、太颠、散宜生等人连忙四处寻求绝色美女和各种奇珍异宝进献商纣。贪婪好色的纣这才将姬昌释放。出狱后，姬昌主动提出把自己封地中洛河西岸的一大片地献给商纣，以求废除炮烙这种酷刑，纣自然愉快地答应了。为表示对姬昌“识时务”的奖赏，纣还赐给他弓矢斧钺，让他全权负责征讨西方那些背叛商王朝的诸侯。

面对纣的残暴无道，当然也有一些大臣对他进行过劝谏。纣的大哥微子启（因是庶子未得继位。姓子，名启，“微”是其国号，到了汉代为避景帝刘启之讳，改称微子开）就曾多次规劝过他，无奈商纣就是听不进去。因为不愿意就这么眼睁睁看着弟弟不成体统地肆意乱为，微子启便离开国都去了其他诸侯那里。

看到西方众诸侯团结在姬昌领导下，已经对商王朝构成威胁，大臣祖伊便借卜辞说事，来对纣进行劝谏。他说：“灵龟占卜显示，我们商朝国运不旺，大王应该学习先王的一些好做法，要不上天会惩罚我们的。”谁知纣却蛮横地反驳道：“我就是上天派来的，它怎么会惩罚我呢？”

见他越来越不像话，在一次朝会上，纣的叔叔比干义正词严地说：“上天为了天下百姓才安排一个君王替大家做主，因此做君王的也不能随意虐待百姓。你无休止地横征暴敛，百姓已经承受不住。你深居宫中，不了解百姓的疾苦。现在国家的处境已经非常危险。你再这样下去，国家就会不复存在。我们祖先艰辛创下的江山社稷就要毁在你的手里，你这样做对得起祖先吗？”

纣哪能容人如此数落，没等叔叔说完就让人把他给轰出去。可忠心耿耿的比干早已将生死置之度外，被推推搡搡往外走着，他又回过头来高声喊道：“你要是不肯改过，国家就要灭亡。我不能坐等亡国，除非你答应改过自新！”

听到这里，纣的浑劲儿上来了，就听他恨恨地道：“照你这么说，我是昏君，你倒是圣人了？我听说圣人都有一颗七窍玲珑心，现在就让我们大家看看是不是这样吧！”说罢，商纣居然径直喝令刽子手当场就对自己的叔叔动起酷刑。当比干那颗血淋淋还在跳动着的心呈在纣面前时，差不多所有在场的人都把眼睛给蒙上了，而纣却乐得哈哈大笑。

无道而又残暴到如此程度的商纣怎能不众叛亲离呢？大臣们托故不上朝已是家常便饭，更有甚者携带着代表国家政权的礼器改投他处去了。

公元前1046年，姬发（姬昌之子，此时姬昌已死）率大小八百多个部落的联军向商王朝发起总攻。1月20日（20世纪末，我国集结相关领域的专家学者搞了一个“夏商周断代工程”。通过多年攻关，大家根据史料中有关天象——“天再旦”，即日食——的记载，终于解开这一横亘史学界多年的难题——牧野之战的确切时间），商军与联军在距离朝歌只有七十里的牧野（今河南新乡市郊牧野村）相遇。东拼西凑起来的七十万（一说十七万）商军早已对商纣恨之入骨，他们齐刷刷来了个临阵倒戈。到这般田地，商纣还能做什么呢？这个恶贯满盈的独夫民贼只好狼狈逃回朝歌。据说回去之后，他取出大宗奇珍异宝披戴在身，随即亲手燃起一把大火并一头扎了进去。

行文至此，我们有必要再插说几句。其实，继位之初，商纣也曾有过诸多善行。他重视农桑，选贤任能，敢于革除先王旧弊，不再屠杀奴隶和俘虏，而是让他们参加生产劳动或补充兵源，使得商王朝国力盛极一时。继承

前代商王遗志，他把商朝版图拓展至今天的山东、安徽、江苏、浙江、福建一带。有评价说："其实纣王是个很有本事、能文能武的人。他统一东南，把东夷和中原的统一巩固起来，在历史上是有功的。"不过，在位的后期，他居功自傲、刚愎自用，逐渐丧失民心。前面的故事主要是讲述了他的后半生。

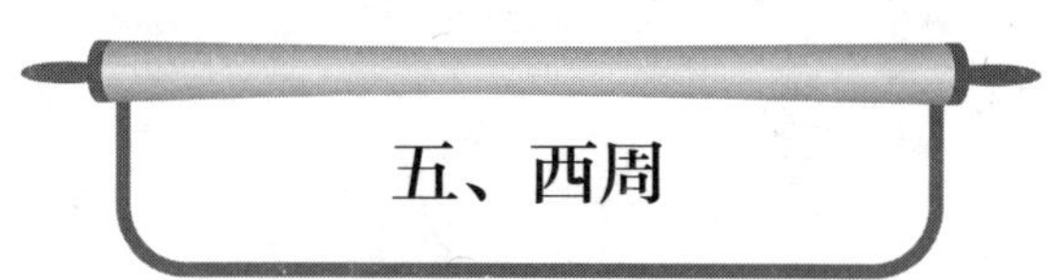

五、西周

自武王姬发于公元前1046年建立周朝开始，到公元前221年秦朝建立，周王朝共历时825年，传王30代37人。周朝统治的8个多世纪可以分为两部分：西周和东周。

公元前1046年到公元前771年，周王室有着强大的凝聚力和统治力。这一时期周的都城在相对偏西的镐（hào）京（今陕西西安），史称这一时期为西周。

公元前770年到公元前221年，周天子充其量只是名义上的一国之君，其势力实际仅相当于一个中等的诸侯国而已。这一时期周的都城主要是在相对偏东的洛邑（今河南洛阳），史称这一时期为东周。

还应该说明的是，早在秦朝建立之前，周朝的最后一个统治者周赧（nǎn）王就已于公元前256年去世。并且7年之后，也就是公元前249年的时候，作为诸侯的秦庄襄王就已经兼并了周王室直属的全部领地。不过，这时自东周以来形成的列国纷争的局面仍在延续，所以史书一般把公元前256年到公元前221年的这段时间也算在周朝（东周）内。

下面还是让我们从西周说起吧。西周的275年（公元前1046—前771年）无疑是周王朝统治的黄金时期。有赖于一系列合乎当时国情的典章制度，西周王朝得以传王12位。这一时期的周王朝在政治、经济、文化等诸多方面为后世留下大量可以借鉴的经验。

在政治方面，西周建立起一套以分封制为基础的完备的宗法制度。周王根据功劳大小和血缘远近先后分封70余家诸侯，周王便是这70余家诸侯的宗主。在各自管辖的范围内，众诸侯拥有一定的自主权，他们也可以依据功劳与血缘再进一步予以分封［西周初年周王室就已经分封了71个诸侯国，其中姬姓53个（一说40个），后世的周王及诸侯王也多有分封，所以有“周封八百”之称］。这样，整个国家便以宗法制度为基础形成一张纲目清晰的大网，运转起来自然得心应手。

在农业方面，西周王朝采用的“井田制”也非常适合当时的国情。所谓“井田制”是指国家把每一块土地按照类似“井”字的形状分为大小相等的九份，每份一百亩。“井”字边上的八份分给百姓耕种，中间的一份则作为受分封贵族的私产由分耕边上土地的百姓联合代为耕种管理。另外，按当时的规定，每家都可以分到井田中的一份，也就是每家都有一百亩的可耕田。

在军事方面，西周的制度同样十分完备。分封诸侯的时候，周王将镐京和洛邑及其周边地区作为周王室的直辖区，因此镐京又被称为“宗周”，洛邑又被称为“辅周”或“成周”。朝廷在宗周驻扎有6个师（周制每师1万人）的军队，在成周驻扎了8个师。对于各个诸侯国养兵的数目朝廷有明确的规定——大的诸侯国不能超过3个师，小的诸侯国不能超过1个师。

在社会公共道德方面，西周的礼制更是很为一些人称道。就拿当时最受人们重视的祭祀来说吧，对王室、诸侯王、各级别大臣以及平民百姓在祭祀时所使用的祭器、音乐、祭品等，周王朝都给予明确规定。这种君臣有别、尊卑有序的做法，也正是历代专制统治者的热衷追求。

1. 周文王与姜太公

周文王就是姬昌，他也是黄帝的后裔。据《史记》记载，自黄帝到他已经是第19代。具体说来就是：黄帝→玄嚣→蟜极→帝喾→弃（即后稷）→不窋（kū）→鞠→公刘→庆节→皇仆→差弗→毁渝→公非→高圉（yǔ）→亚圉→公叔祖类→古公亶（dǎn）父→季历→姬昌（书中部分帝王世系似乎有悖常理，如：商汤，黄帝18世孙；姬昌，黄帝19世孙。但《史记》是这样说的，希望能在未来得到进一步澄清）。相传，弃曾先后任职于尧、舜、禹时期，且都有大的建树。舜帝时，弃是主管农业的大臣。由于他能够带领百姓因地制宜选种五谷，所以当时的农业生产取得了长足的进步。为表彰他的卓越功绩，舜帝把邰（tái）地（今陕西武功西南）封给他，赐他姬姓，还送了他“后稷”这样一个美称。

夏朝时，后稷的曾孙公刘在被罢官之后，带领族人来到相对偏远荒凉的西方，聚居于豳（bīn，今陕西彬县、旬邑一带），并逐渐形成一个强大的部落。当时，在他们的西边还居住着一个叫戎狄的部落。戎狄部落的人不擅农业生产，经常来抢掠他们的财物。

到古公亶父做部落首领的时候，他审时度势决定带领大家远离这一是非之地。看到有些族人不大理解，古公亶父便开导他们说：“戎狄来侵扰我们就是为了争夺这块地盘和地盘上的百姓。既然现在大家都支持我，留在这里还有什么好处呢？如果让大家抵抗，势必就会有人死于战斗。我实在不忍心这样做。”不久，古公亶父带领大家渡过漆河与沮（jū）水，穿越梁山，来到岐（qí）山脚下定居下来。在这里，古公亶父带领大家建造房屋，修筑城池，一改原先的一些陈规陋习。部落的势力日益强大，很快便成为商朝属下一个数得着的强大诸侯国——周。

古公亶父共有三个儿子——长子太伯、次子仲雍、三子季历。季历的妻子在生姬昌时出现很多吉祥的征兆，所以古公亶父曾说：“我们周如果能兴旺发达的话，看来就要靠姬昌了。”为了让父亲实现把首领之位传给季历，然后再由季历传给姬昌的愿望，太伯和仲雍两人各自在身上刺了花纹，剪断头发，以此向父亲表明自己不愿继承王位的决心。而后他俩结伴离开家乡，去了当时相对荒蛮的荆地。

姬昌果然没有辜负祖父的期望。继位后，他礼贤下士，勤政爱民，很得百姓拥护。到纣为商王的时候，姬昌已是位列三公的朝廷重臣。后来，因受到奸臣崇侯虎的陷害，姬昌被昏君商纣关在羑里。不过牢狱之中的姬昌并没有自暴自弃，他潜心研究卦理，将相传由伏羲氏所创的八卦推演为六十四卦，从而为我国传统易学的发展作出不可磨灭的贡献。

为解救姬昌，他的家臣闳夭、太颠和散宜生等可谓挖空心思。最后，他们终于找到有莘氏家美艳的女儿和出自西戎的黑色骏马，从而彻底打动商纣。出狱后，姬昌又主动提出要把自己所辖洛河以西的大片肥沃土地献给商纣，以请求废除炮烙这种酷刑。商纣不但痛快地应允，而且还加其爵位为伯，并授权他征讨西方一切不听号令的诸侯。这也就为姬昌成为雄霸一方的西伯创造了条件。

西伯姬昌继续不声不响地做着合乎道义的事情，所以他的威望越来越高，就连周围有虞和芮这两个诸侯国的百姓发生争执，也会不顾路途遥远来找他评判调解。谨慎的姬昌当然清楚，仅凭这些想要推翻暴虐的商纣还是远远不够的。故而他一面继续大树威望，一面加紧搜罗人才。

一次，姬昌带着自己的亲兵卫队从渭水边上经过，一位垂钓的老翁引起他的注意。原来，大队车马经过时的喧闹一点都没有影响到这位老者，但见他泰然自若、聚精会神，还照常钓着他的鱼，好像边上什么都没有发生似的。见多识广的姬昌也为老者的气势所震住，当即派人把他给请了过来。一番深入交谈后，姬昌欣喜地发现这实在是一位难得的世外高人。在他力邀之下，老者终于答应他的请求，决定出来辅佐他。

这位老者不是别人，他就是姜尚（传说此时他已五十有余）。相传姜尚是炎帝的后裔。因为协助大禹治水有功，他的远祖得以受封在吕地，所以有些史书称他为吕尚（当时人们多有以封地名称为姓的习俗）。来到西伯姬昌身边，姜尚给他提出的第一个建议就是要他韬光养晦，一定要装成一副胸无大志的样子，以免商纣有所戒备。据史书记载，当时姜尚是这么说的：“因其所喜，以顺其志。彼将生骄，必有奸事。苟能因之，必能去之。”西伯姬昌原本就是个一点就透的人，闻听此言，他不禁大喜，盛赞姜尚道：“我的太公（即祖父，古代太公有时也指曾祖父）曾期望能有个才能出众的人助我成就一番大事业，你就是我太公所期望的这个人啊！”从这以后“太公望”也就成了姜尚的别称，后人则多据此尊称他为“姜太公”。

姜太公确实不是个一般的人物。传说中的他足智多谋，能掐会算，是个运筹帷幄之中，决胜千里之外的奇人。小说《封神演义》中，他更是被极大地神化——天界诸仙、地上各神、人间众将，无不任他调遣。其实姜太公只

是一个富有智慧、长于计谋、擅长指挥作战和处理各种政务的少见的能臣罢了。据说，在日理万机之余，他还为后世留下一部最为古老的军事著作——《太公兵法》（又称《六韬》或《太公六韬》，是一部集先秦军事思想大成的著作，对后代的军事思想有很大影响，被誉为兵家权谋类的始祖。不过现在普遍认为它是后人借姜尚之名所作，其作者虽已不可查考，但大约应为战国时人）。

在姜太公鼎力佐助下，姬昌仅仅花了5年时间便先后打败并灭掉犬戎、密须、耆（qí）国、邗（hán）、崇等，其中的崇国还是商王朝当时的一个腹心大国。遗憾的是，未等彻底实现伐纣灭商的宏愿，西伯姬昌就去世了。后来，在姜太公的辅佐下，他的儿子姬发子承父志终于灭掉商朝。姬昌被追谥（shì）为周文王，姜太公则以首功得封齐国。

2. 武王伐纣

姬昌去世后，他的儿子姬发继承了周的诸侯王位（姬昌子息颇多，传说有一百之众。史载，仅其正妃太姒便育有十子——伯邑考、发、鲜、旦、度、振铎、武、处、封和冉季载，不过长子伯邑考先姬昌而逝）。姬发尊姜尚为老师，重用贤良又能干的召（shào）公奭（shì）（姬昌庶子）和毕公，让勤勉且又仁厚的四弟姬旦协助自己处理政务，使名义上还只是一方诸侯的周国不断得以壮大。

在继位九年后，姬发听取姜尚的建议先来了个“演习”，借以察看商王朝及其他诸侯国的态度。为师出有名，“演习”之前他还搞了一次大型的祭祀，声称是祖先积下大德，让他前往讨伐无道的商纣。随后，他便率领大军渡过黄河，一路东进。在抵达孟津（今河南孟津东北）的时候，他按照计划举行了一次盛大的结盟誓师大会。看到各路诸侯如约而至，姬发这才确信自己已经拥有强大的号召力。不过，誓师过后，姬发并没有听取众诸侯的意见立即就去攻打商王朝，而是遵从姜尚的建议悄无声息地回到自己封地，耐心等待更好的时机。这次“演习”就是史称的“孟津之盟”。

又过两年，纣把颇有名望的大臣箕（jī）子囚禁起来，甚至还把他的叔叔——忠心耿耿的比干残暴虐杀。在这种情况下，大臣们纷纷称病不上朝。纣的老师疵（cī）和主管祭祀工作的强则干脆带着部分象征国家政权的礼器投奔了周。看到时机确已成熟，姬发这才再次召集起将士们并对大家说：“商纣罪大恶极，到了不可以不消灭他的时候了！”随即，姬发亲自率领三百辆战车、三千名猛士，以及四万五千名盔明甲亮的军卒浩浩荡荡向商朝都城杀来。

大军全部渡过黄河到达孟津后，为进一步鼓舞斗志，姬发也和当年的商汤伐夏一样做了一次誓师演讲。他的这篇演讲稿的名字叫《太誓》。

姬发说："现在的纣王听信他的宠妃的话，残害正直的大臣，杀死他的亲叔叔；放着雅正的音乐不听，而专听那些邪恶淫荡的曲子。这是他自讨上天对他的惩罚。我们今天就是一起代表上天来向他问罪的。大家要勇往直前，一次成功，绝不能再来个什么第二次、第三次。"

当姬发率军到达距离商陪都朝歌只有七十里的牧野的时候，来自其他诸侯国的援兵也如期而至，仅战车就增加至四千余辆。

此刻商纣也得到了消息。他东拼西凑紧急调集了七十万人（一说十七万），妄图负隅顽抗。虽说在人数上商军并不处于劣势，但他们毫无斗志，甚至其中还不乏期盼周军尽快拿下朝歌者。所以等到两下里一交锋，商军将士纷纷临阵倒戈，眼瞅着这支由七十万人组成的队伍一下子土崩瓦解。走投无路的纣只好逃回朝歌，躲进鹿台。最终，他选择满身挂满珠宝一头扎进那堆由他亲手点燃的大火。

商纣既除，姬发随即建立周朝取而代之。姬发自称武王。为彰显自己的圣德，除遍封有功之臣外，对先贤后人乃至纣的儿子，武王都给予不同的封赏。他封炎帝后裔于焦，黄帝后裔于祝，尧帝后裔于蓟（jì），舜帝后裔于陈，大禹后裔于杞（qǐ）；他封姜尚于齐，召公奭（同父异母的哥哥）于燕；他封三弟姬鲜于管，四弟姬旦于鲁，五弟姬度于蔡；他封太伯和仲雍的后裔于吴；他封纣的儿子武庚（又称禄父）于商之故都旧地……一时间举国欢腾、万众雀跃，一个崭新的时代就这样拉开大幕。

3. 周公辅成王

一天，武王登上原商都之外的一座小山。望着脚下这座古老的都城，他禁不住心潮涌动、思绪万千。回来后，他的心绪依然久久不能平静，一整夜都未能入眠。

第二天，弟弟姬旦来看他。听说这种情况，姬旦不禁问道："怎么睡不着觉呢？"武王道："上天不享受殷商的祭祀已经有60年了，这都是因为纣亲近佞臣而疏远君子造成的。想想上天让殷商建立的时候，登录在册的名士多达三百六十人，可是商王后来不再重用贤人，这才有我们周朝的建立啊。但现在天下并不稳定，我哪有工夫睡觉呢？我在南方看过三涂山，在北方也看过太行山下的城邑，发现只有伊水和洛水之间的这片土地平坦而无险阻，适合做我们的国都。"于是，武王把洛邑定为周的陪都，然后自己回到他做诸侯时的都城镐京。

武王在位仅四年就去世了，继承王位的是他的儿子姬诵，即周成王。当时天下初定，尚有部分诸侯没有归服。即便戎马一生的武王尚且时常夜不能寐，对年仅十三岁的成王来说，要支撑起这么大一个摊子又谈何容易。于是，成王的叔叔姬旦效仿商初的贤相伊尹，全面挑起管理国家事务的重担。

姬旦的封地在鲁（国都在曲阜，即今山东曲阜）。他自己要在镐京摄行国政，所以他让长子伯禽去鲁国做了国君。临走之时，伯禽免不了要问问父亲还有什么要嘱咐。姬旦说："我是文王的儿子，武王的弟弟，当今天子的叔叔。你说我的地位怎么样？"不知父亲葫芦里装的是什么药，伯禽只好老老实实回答说："当然很高了。"姬旦接茬道："可是，每次洗头的时候，一碰到有重要的事情要办，我便马上停下来，把头发握在手里去办事；每次吃饭的时候，一听说有人要见我，我就马上把来不及咽下的饭菜吐出来，去见那些要见我的人。我这样做还担心天下有才能的人不来归服。你到鲁国只不过是个诸侯国君，可不能骄傲啊！"

姬旦尽心尽力辅佐成王，可是他的哥哥管叔（姬鲜）和弟弟蔡叔（姬度）不去履行自己的职责——武王对纣的儿子武庚并不放心，以帮扶为名，安排自己的这两个弟弟对他加以监督——却在背地里大造谣言，说他阴谋篡夺王位。见此情形，一心期盼着周王室发生内乱的武庚不由心中窃喜，并且还很是积极地掺和进来。就这样，管叔、蔡叔和武庚等人各揣算计纠合一处。后来，他们又勾结武王的另一个弟弟霍叔（姬处）以及殷商时的几个旧贵族和东方几个小诸侯国，打着“讨伐阴谋篡位的姬旦”的幌子，一同闹起叛乱。

常言道“众口铄金，积毁销骨”，欲行不义之人总是喜欢以谣言中伤打头阵。果然，管叔一伙的舆论攻势搞得整个国都人心惶惶，就连朝廷重臣召公奭也有些将信将疑。

姬旦心里非常难过，但他十分清楚自己必须坚持下去，否则刚刚建立起的周王朝真就要被这帮家伙给毁掉。于是，姬旦首先找到召公奭，与他进行了一次推心置腹的长谈，使他打消了的疑虑。接着，姬旦又与齐国的国君姜太公取得联系并与之达成共识——由姜太公来对付那几个参与叛乱的东方小诸侯。一切准备停当，姬旦这才发兵与管叔、武庚一伙展开正面较量。差不多用了两年时间，姬旦终于平定了这次叛乱。带头的管叔羞愧难当自缢而死，蔡叔被充军发配，霍叔被剥夺爵位，武庚则被就地正法。

姬旦共摄政辅佐成王七年。七年后，眼见着周王朝是日益稳固，成王也一天天长大，姬旦便把一切权力交还成王。

就这样，姬旦以无比的忠诚与智勇受到时人和后人的广为称颂。为表达对他的尊敬和爱戴，人们一般都不直呼他的名字，而是尊称他为周公旦或周公（姬旦早时的封地在周，位于今陕西岐山之北，故而有此称呼）。“周公吐哺，天下归心”，曹操《短歌行》中的这句话便是对周公一生的真实写照和褒扬。

在中国的传统文化中，“圣”一向被看作是对某一领域顶尖人物的最高颂扬与肯定，像“文圣”孔子、“武圣”关羽、“书圣”王羲之、“诗圣”

杜甫等等。因受到孔子的极度钦佩与仰慕，后世儒家学人便把周公尊为“元圣”。由此我们也不难看出，在中国传统文化乃至国人的心目当中，周公的地位是何等崇高。

4. 厉王出逃

从成王一直到他的儿子康王，周王朝的政局一直比较稳定，百姓的生活也富足安适，所以史称这一时期为“成康之治”。然而，当西周王朝传到第五任国王穆王姬满的时候，由于统治阶级的挥霍无度，西周王朝明显开始走下坡路了。因赋税一再增加，百姓的不满情绪迅速蔓延，盗匪日益猖獗，整个社会呈现出一种极其动荡不安的态势。

可怕的是，姬满不从自己的执政策略中找寻不足，而是听信一个名叫哺侯的大臣的主张，妄图采用加重刑罚的办法来巩固统治。据《史记》记载，穆王时有五种残酷的刑罚：墨罚、劓（yì）罚、膑（bìn）罚、宫罚、大辟。墨罚就是在面部刺字，劓罚就是割鼻子，膑罚就是挖掉膝盖骨，宫罚就是俗称的阉割，大辟就是用刀砍头。据说，当时的法律十分“健全”，明文规定了三千条罚则。其中，有一千条是关于墨罚的，也就是说如果有人冒犯了这一千条中的任何一条，就要受到墨罚。另有一千条是关于劓罚的，有五百条是关于膑罚的，有三百条是关于宫罚的，有二百条是关于大辟的。仅凭这些，我们便不难想象当时的社会矛盾是何等尖锐。

第十任国王厉王姬胡，更不是个东西。他宠信一个叫荣夷公的贼臣，并依其所言把各地的山林水泽都规定为国家所有，不允许百姓无偿捕鱼狩猎。对此，老百姓自然是满腹怨言。听到国人（当时称居住在都城的平民为国人，而称那些居住在都城之外的人为野人）反对的呼声越来越高，大臣召公虎（也作召穆公）劝厉王说：“现在的政策实在是有些苛刻，百姓都快忍受不了了，希望大王能够及早改变做法，等到闹出乱子就不好收拾了。”谁知厉王却满不在乎地说：“你不用着急，我自有办法对付他们。”

不久，厉王传下一道命令，禁止所有国人议论朝政，如此明目张胆地限制人们的言论自由，实在是令人费解。更可恨的是，厉王还专门从卫国（周朝的诸侯国）找来一个巫师，让他带着爪牙全权负责监视国人言行，抓捕那些顶风而上者。卫巫一伙不仅为虎作伥而且还变本加厉，只要看到国人交谈时“有点可疑”，就抓起来残暴虐杀。这样一来，别说议论朝政了，就连平日里熟人相见也没人敢打招呼。

看到几乎无人再对朝政说长道短，厉王不禁有些飘飘然。一天，他洋洋自得地对召公虎说：“你看，现在不是没人敢议论朝政了吗？”召公虎忧心忡忡地提醒道：“唉，这怎么行呢？堵住人的嘴巴不让说话，比堵住河流还要危险啊！堵住水道不让流淌，水积多了就会冲毁堤坝；堵住人的嘴巴不让

说话，也是要闯大祸的。”是啊，举国上下只能听见一个声音抑或一片沉默都是极其可怕的。然而厉王却依旧不以为然，照样与荣夷公、卫巫等人一起胡折腾。

就这样，西周王朝又勉强支撑了几年。到公元前841年的时候，忍无可忍的国人（即居住于国都之人）终于联合起来举行了一次大规模的反抗，即史称的“国人暴动”。厉王早已失掉民心，无人肯来保护他，国人很轻松便冲进王宫。厉王只好带着几个亲随从小门逃出王宫，然后没命地往北逃窜，直到过了黄河来到彘地（今山西霍州东北）才战战兢兢停下脚步。自知罪孽深重，厉王就在彘地过了14年的流亡生活，到死也没敢再踏入京城半步。

回头再说国人这边。冲进王宫却没有搜到厉王的他们自然不会甘心。要知道多年来积聚在他们胸中的愤恨情绪已经达到极限，而这种情绪不释放出来又怎么能行呢？有人便提出要把厉王的太子姬静杀掉。此时姬静已经逃到召公虎家里。得知这个消息，国人迅即包围了召公虎的家，强烈要求他交出太子。恰巧召公虎有个儿子和姬静年龄相仿，而国人中又无人认识太子，于是召公虎狠狠心把自己的儿子交给国人杀了。

厉王已经出逃，太子姬静也不敢出来继承王位，大家便公推两位最有威望的大臣——周公（也作周定公，并非前文所说的周公旦）和召公虎，联合代行周天子的职权。这就是历史上著名的“周召共和”［另说，是共国（约今河南新乡辉县一带）的国君和（也作和伯，或伯和）独自代行天子职权］。周公和召公虎联合执政14年后，从北方传来厉王已死的消息，再加上此时国人的怨气已经消减，他俩便共同扶持太子姬静即了王位。姬静也就是周宣王。宣王比较开明，他执政的46年里周王朝有了很大程度上的恢复和发展。

“国人暴动”发生的公元前841年，即“周召共和”元年，也是我国历史有确切纪元的开始。这以后的重大历史事件的发生时间通常都会有据可查。

5. 千金只为买一笑——幽王的荒唐行径

周幽王是西周的第十二个国王，也是西周最后一个国王。他在位满打满算也就十一年。仅仅用这么短短十一年便把已经有了相当起色的西周王朝给断送，周幽王是怎么做到的呢?

自打继位开始，周幽王就一改父亲宣王勤政爱民的作风，一味追求享乐，大有当年夏桀和商纣的遗风。因为实在看不下去，一个叫褒珦（bāo xiàng）的大臣便勇敢地站出来劝他弃恶扬善、重振朝纲。然而刚愎的幽王非但不接受劝谏，反而把他投进大牢。

褒珦的家人简直急坏了。知道幽王贪恋女色，褒家人便想方设法花大价钱从乡间买来一个花容月貌的姑娘，教她唱歌跳舞，并且为其取名“褒姒（sì）”，谎称是他们褒家的女儿。待到一切安排妥当，褒家人把这个漂亮的姑娘献与幽王。不用说褒珦随即就被放了出来。

想必这褒姒确有倾国倾城貌、万般风月情，要不妃嫔无数的幽王怎么会一下子就被她迷得神魂颠倒呢？虽然得到幽王的宠爱，在王宫过的也是锦衣玉食极尽奢靡的生活，但褒姒还是因为思念亲人而一直郁郁寡欢。看着可心的人儿总是一副闷闷不乐的样子，幽王自然也没少动心思。无奈任凭他百般迁就哄逗，这褒姒脸上就是不肯放晴。情急之下，幽王公开许下一个诺言：如果谁能想出个法子让王妃（即褒姒）笑一下，就赏他千金（当时的金即今天的铜）。在当时，这一赏格简直就是个天文数字。

俗话说得好，“重赏之下，必有勇夫”，更何况还可以借机讨得国王的欢心呢。于是，有个叫虢（guó）石父的家伙为幽王献了一策。他说：“我想如果大王到骊（lí）山（今陕西临潼东南）上玩几天，到晚上咱们再把烽火（又称烽燧，白天点燃狼粪等物冒出的浓烟为烽，夜晚点燃干柴等物燃起的大火为燧）点起来，让周围的诸侯赶来上个大当，王妃见了保管会笑的。”

这家伙所说的点燃烽火可不是件闹着玩儿的事情。原来，为了抵御来自犬戎的侵扰，周王朝在骊山一带每隔几里就建有一座烽火台。这样的烽火台共有20余座。如果犬戎打过来的话，把守第一座烽火台的士兵就会迅速点燃烽火，将敌人来犯的消息传给第二座烽火台。把守第二座烽火台的士兵也会迅速点燃烽火，将消息传给第三座烽火台……这样周王朝便可以迅速做出反应。

令人感到匪夷所思的是，幽王竟然真就听信虢石父的馊主意，将此等军国大事视同儿戏。当骊山上的烽火在半夜三更燃起的时候，附近的诸侯果然按照事先的约定纷纷带领兵将向骊山一带聚拢过来。看到犬戎人杳无踪迹，众人是一头雾水大惑不解。谁知，过了不大一会儿，幽王的近侍之臣跑来冲着大家喊道："刚才是大王和王妃在骊山上点烽火玩儿来着，犬戎并没有打过来，你们回去休息吧。"不难想象，当众诸侯和将士们听到这一消息的时候，该是多么气愤啊！

再说幽王这边，他哪里还顾得上众诸侯与将士们有何反应，此时的他正沉浸于虢石父的"妙计"中兴奋得不能自已呢。因为就在褒姒看到一队队人马疾驰而来旋即又闹哄哄地散了而疑惑不解的时候，幽王向她和盘托出事情的经过。这个终日不见笑脸的冷美人，也不知是真的喜欢这一出，还是被幽王的胡闹给气乐了，总之她是真的就咧开小嘴儿笑了。不用说，她这一笑也给虢石父带来巨额的赏金。

按照西周的祖制，幽王的位子应该传给王后所生的大儿子，这也是古时候通常的立嗣之法。因此，申王后所生的儿子宜臼（jiù）早就被立为太子。谁料这幽王爱屋及乌，后来竟无端把宜臼废黜，而将褒姒所生的儿子伯服改立为太子。

申王后的父亲是申国（**西周的诸侯国**）的国君。对于幽王这一离经叛道的做法，他很是愤恨，联合了犬戎发兵攻打西周，很快如铁桶一般把镐京围住。听到犬戎兵包围镐京的消息，最初幽王还有些将信将疑。因为，以往犬戎来犯，通过各个烽火台燃起的烽火周边的诸侯便会令而行，先行予以截击。所以通常他们也就抢夺一些财物而已，根本不可能对镐京构成威胁。可是他哪里知道，这次负责把守烽火台的将士也燃起烽火，但周边众诸侯以为又是幽王在闹着玩儿呢，因此也就无一人出兵抗敌。这真是一个现实版的“狼来了”的故事。

没有任何帮手又缺乏思想准备的镐京守军勉强抵挡一阵子便土崩瓦解了。幽王、虢石父以及那个无辜的伯服都做了敌军的刀下之鬼，褒姒被犬戎抢走。西周王朝就这样画上句号。

春秋战国

（东周）

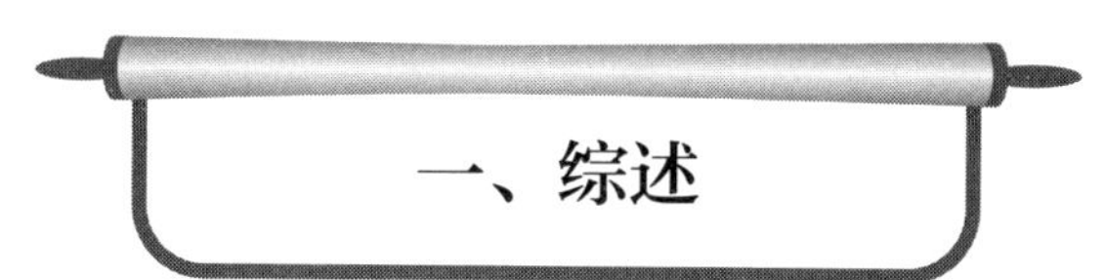

一、综述

周幽王死后，众诸侯联合起来把犬戎赶了回去。那个被幽王废黜的太子姬宜臼被扶上王位，也就是周平王。考虑到犬戎的威胁，再看看这满目疮痍的京城，周平王只好率领文武百官和百姓迁到原来的陪都洛邑（今河南洛阳）。从此洛邑成为周王朝新的都城。都城东迁后的这段时期也就被称作“东周”。

东周王室的直辖领土已是非常有限，大约只相当于当时一个中等诸侯国而已。此外，西周时期所制定的一些约束各诸侯国的规章制度也已形同虚设，因此周王只是各诸侯国名义上的君王，有时甚至会被当作诸侯争霸的一个招牌，而并非名副其实的一国之君。

东周起于公元前770年，止于公元前221年［关于东周纪元的截止年份，史料多取周赧王去世时的公元前256年。本书不采用此说原因有三：一、周赧王时周王室已经一分为二，周赧王迁回镐京称“西周”（此“西周”并非今人所说的西周），所以赧王死时只是“西周”降秦而亡，“东周”（此“东周”也非今人所说的东周）尚在。据《史记》所载，秦彻底灭此“东周”当在公元前249年；二、通常情况下，我们把东周划分为春秋和战国两部分，而战国显然是止于“六国”中最后一个灭亡的齐国降秦时的公元前221年；三、秦朝纪元始于公元前221年不存在任何异议］，共549年，传王25个。

东周可以分成两个相对独立的时期——春秋和战国。春秋时期是指公元前770年到公元前404年这一段时间；战国时期是指公元前403年到公元前221年这一段时间。

“春秋”这一名称来自先贤孔子所著的《春秋》一书（《春秋》纪事上起鲁隐公元年——公元前722年，下止鲁哀公十四年——公元前481年）；“战国”之名来源于当时各大诸侯国连年交战的史实。本书中我们把属于“战国七雄”的韩、赵、魏三个国家成立的公元前403年作为春秋与战国的分界点。

不过，也有很多历史书籍是把公元前476年作为春秋与战国的分界点。公元前476年是周元王元年，这一年是《史记》中的《十二诸侯年表》（此年表共列出周王室及十三家诸侯，即周、鲁、齐、晋、秦、楚、宋、卫、陈、蔡、曹、郑、燕、吴）和《六国年表》（此年表共列出周王室及七家诸侯，即周、秦、魏、韩、赵、楚、燕、齐）的分界点。但司马迁当年之所以把这两个年表分割开，是以周王室的纪元为依据，或许还有竹简卷伸方便的原因。

我们知道，西周时期人们使用木制、石制工具进行农业生产，其生产效率极其低下，经济文化的发展自然也会受到制约。到了东周时期，随着铁制农具和牛耕的广泛使用，生产效率突飞猛进。正是基于这一根本性的改变，东周时期的政治、经济、文化都较前一时期有了长足进步。

东周时期实在是思想文化发展的一个盛世。以孔子、孟子、荀子为代表的儒家学派，以墨子为代表的墨家学派，以老子、庄子为代表的道家学派，以商鞅、韩非为代表的法家学派，等等，它们中有哪一个不是在这一时期产生并达到其巅峰的呢？因此我们说“诸子蜂起，百家争鸣”是这一伟大时期的真实写照。

春秋时期的一个显著特点是，为了争夺地盘各诸侯国之间战事不断。一场场战争下来，一些小的诸侯国纷纷被兼并或成为大国的附庸。那些势力强大的诸侯国则往往称霸一方，其国君也俨然一副天子的做派，动辄向其他诸侯发号施令。

春秋时期活跃于政坛的主要有十四家诸侯（《史记·十二诸侯年表》实际列出十三家诸侯，越国并没有列出）。它们分别是：鲁（都曲阜，今山东曲阜）、齐（都临淄，今山东淄博）、晋（都绛，今山西翼城东）、秦（都雍，今陕西凤翔东南）、楚（都郢，今湖北荆州）、宋（都商丘，今河南商丘南）、卫（都沬，今河南淇县）、陈（都陈，今河南淮阳）、蔡（都上蔡，今河南上蔡）、曹（都陶，今山东定陶西北）、郑（都新郑，今河南新郑）、燕（都蓟，今北京西南）、吴（都吴，今江苏苏州）、越（都会稽，今浙江绍兴）。而在广袤的中原地区先后称霸的有：齐桓公（公元前685—前643年在位）、宋襄公（公元前650—前637年在位）、晋文公（公元前636—前628年在位）、秦穆公（《史记》作秦缪公，公元前659—前621年在位）、楚庄王（公元前613—前591年在位）五人。这也就是我们常说的“春秋五霸”。另外，在长江中下游一带还有吴王阖闾（hé lǘ，公元前514—前496年在位）和越王勾践（公元前496—前465年在位）先后称霸。

这里需要说明的是，“五霸”之说并非只有一种。战国时期的人们就多把齐桓公、晋文公、楚庄王、吴王阖闾和越王勾践并称为“春秋五霸”。

春秋时期，各诸侯国内贵族之间争权夺利的斗争也相当激烈，君权旁落乃至国君被杀的情形时常发生。曾经一度十分强大的晋国后来就被它的韩、赵、魏三家大夫给瓜分。

到了战国时期，齐、楚、燕、韩（都郑，今河南新郑）、赵（都邯郸，今河北邯郸）、魏（都大梁，今河南开封）、秦等七个诸侯国均已相当强大。它们或统领一些小的诸侯国，或只与自己为伍，同时称雄一方。这七个诸侯国也就是史称的“战国七雄”。长期一统的中华大地就这样硬生生被分割开来。于是，战乱频仍、民不聊生就成了这一时期的显著特点。

治世多贤臣，乱世出英雄。战火纷飞的东周时期确实是一个英雄辈出的年代。能言善辩的政治家大行其道，运筹帷幄的谋士各显神通，勇猛强悍的将军驰骋沙场……今天我们重温这段历史，仍然不免会为一个又一个可歌可泣的英雄人物深深感动。

说到战国时期，一件至今还在造福人民的兼具防洪、灌溉、航运等功能的综合性大型水利工程——都江堰（早期称都安堰，唐代时称楗尾堰，到宋代时始称都江堰），实在是不能不提及。都江堰是战国时期秦国蜀郡（治所

在今四川成都）太守李冰及其儿子二郎在岷江上共同主持修建的一个大型水利工程。它由渠首和灌溉渠道两大系统组成。其中，渠首分为分水鱼嘴（又称都江鱼嘴）、飞沙堰、宝瓶口三部分。岷江是长江上游一条较大的支流，发源于四川北部一片海拔约3000米的群山中。在流经平均海拔约600米的成都平原时，原本汹涌澎湃的岷江水速骤缓，江水中夹杂的大量泥沙、石子就势沉积下来淤塞了河道。因此，在春夏多雨之时，岷江西岸常常为水灾所困；岷江东岸却因有玉垒山的阻挡而时常经年饱受干旱之苦。设计独具匠心且又施工巧妙的都江堰工程（在水流湍急的岷江中拦水筑坝修成分水鱼嘴的艰难，在两千多年后我们也是不难想象的。传说李冰采用的方法是，先编成一个个大竹笼，在竹笼中装满鹅卵石，然后将它们在江中层层相叠；在一个没有炸药的时代，将玉垒山这样一座大山变成一个可以用来分水灌溉的宝瓶口的难度同样不容小觑。李冰的方法是，先让民工将木柴堆积在要破除的岩石上暴烧，待岩石被烧得滚烫之后，再令人迅速泼上冷水，岩石也就自然开裂）竣工后，岷江下游数百万亩农田就变得是旱涝保收（“水旱从人，不知饥馑”）。成都平原也因而获得“天府之国”的美誉。新中国成立后，经过数次整治，都江堰可以灌溉的土地已达上千万亩。2000年的时候，都江堰被联合国教科文组织列入“世界文化遗产”名录。

由于东周时期的诸侯国有着相对的独立性，所以下面的故事我们要以诸侯国为单位展开。除上面提到的，东周时期还有很多诸侯国，我们就把这些诸侯国相关的故事合并在“其他”一节中。这样，接下来的顺序就是：齐国、宋国、鲁国、晋国、秦国、楚国、吴国、越国、韩国、赵国、魏国、燕国、其他。

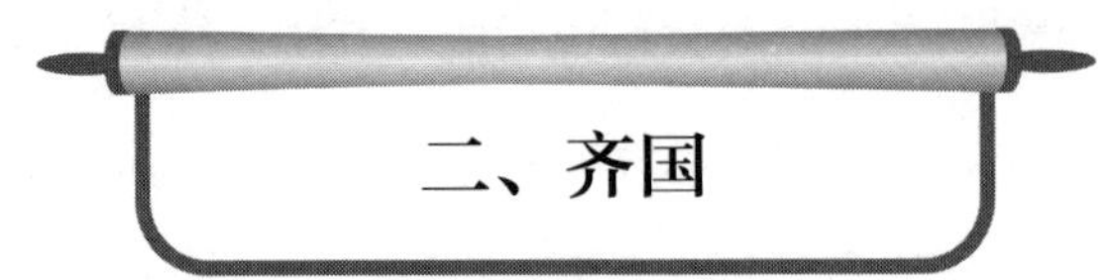

二、齐国

1. “五霸”之首——齐桓公

齐国地处今山东的东北部，都城临淄（今山东淄博市临淄区），是姜尚（也作吕尚或姜太公）的封地。因为在周王朝的建立过程中立下头功，姜尚得到武王的首封。在几十个诸侯国中，齐国不仅具有地域辽阔、土地肥沃的优势，而且还有濒临大海适于发展渔业和盐业的便利。姜尚为人宽厚，在治理国家时，以顺应当地风俗人情为要，充分考虑百姓的意愿，简约礼法，勤勉为政，从而使得齐国民殷国富、长盛不衰。

话说公元前698年，齐釐（xī）公死了，他的儿子齐襄公继承国君之位。这个齐襄公自私狭隘、鼠肚鸡肠，没有丁点人君之气，而且人面兽心，最终被公孙毋知、连称和管至父等人杀死。杀死齐襄公后，仅仅做了三个月的国君公孙毋知也为仇家所杀。当时的情形，有资格继承国君之位的是齐襄公的两个弟弟——公子纠和公子小白。

由于欺凌大臣、滥杀无辜，齐襄公引起公愤，为避免受连累，他的这两个弟弟早就去了国外。公子纠在管仲和召（shào）忽陪伴下去了不远的鲁国（都曲阜，即今山东曲阜），公子小白则在鲍叔牙陪伴下去了近一些的莒（jǔ）国（都莒城，即今山东莒县）。

关于管仲和鲍叔牙，我们得多说两句。管仲和鲍叔牙年轻时候就是朋友，两人在南阳合伙做过生意。那时由于家中有老母亲需要赡养，在分配财物时，管仲经常会占一些小便宜。因为知晓他的家境，所以鲍叔牙并不认为这是管仲贪婪。后来他们放弃生意，各自四处宦游，希望能够有机会做官出人头地。过了很长一段时间管仲也未能如愿，不过鲍叔牙并没有因此而觉得管仲无能。在以后相当长的一段日子里，管仲有了几次为官的经历，可是每每都以遭驱逐而告终。即便这样，鲍叔牙还是坚信管仲的能力，相信他将来一定会有所作为。又因为多次在战场上战败逃跑，管仲受到很多人讥讽，鲍叔牙却能理解他这样做的目的只是为了活下来侍候自己的母亲。后来，公子纠争位失败后，召忽是从容赴死，可管仲却苟且偷生甘做囚徒，鲍叔牙为此还夸奖管仲不拘小节、志向远大！管仲曾动情地说："父母生养了我，鲍叔牙理解我啊！"这就是备受后人仰慕的"管鲍之交"。

话接前文，公孙毋知被刺杀后，握有实权的大夫高傒（xī）等人希望立公子小白为国君，于是他们把这个消息第一时间报告给莒国。这么重大的事情鲁国当然也听说了，鲁庄公随即派出大队人马护送公子纠回齐国争夺国君之位。

为确保万无一失，管仲主动请缨带领人马去往公子小白的必经之路进行阻击。小白和鲍叔牙一行果然中了管仲的埋伏，一箭射中小白袍带上的钩子。小白急中生智，顺势大叫一声佯装跌倒在车里。为了进一步麻痹对方，他又装作确已死去的样子，让人把自己抬进专门运送尸体的车子。不过，他们行进的速度是丝毫没有放慢。

管仲以为小白真的已经死了，马上派人把这一消息报知公子纠。听说没了竞争对手，公子纠不免有些放松，一路游山玩水，行进的速度大打折扣。就这样，公子纠还在半道的时候，小白已经在鲍叔牙、高傒、隰（xí）朋等人的拥戴下即了国君之位。小白也就是后来的齐桓公。

出乎众人所料的是，这当口鲍叔牙竟然向齐桓公进言说："如果大王只是想把齐国治理好的话，有我们这班大臣就行；如果是想进一步拓展疆土称王称霸的话，那就需要管仲的辅佐。”经过几年的相处，桓公对鲍叔牙早已是言听计从。于是，他一面下令出动大军阻挡鲁国护送公子纠的队伍，一面让人给鲁庄公送去一封信。信中说：“公子纠是我的兄弟，我不忍心杀他，你们就把他杀了吧；管仲是我的仇敌，我要把他剁成肉酱，请你们把他押送过来。”面对强大的齐国已经另立新君的局面，原本就不怎么强大的鲁国只能唯命是从。

押送管仲的囚车还没有到达齐国都城，就碰上了鲍叔牙亲自率领的迎接队伍。接下来，齐桓公按照鲍叔牙的建议以极其隆重的礼节见了管仲，并且拜他为相，地位比鲍叔牙还高。后来，齐桓公成为春秋时期的第一个霸主，管仲起了至关重要的作用。

管仲，字夷吾，是中国历史上继伊尹之后的又一著名贤相。管仲的治国之策的确与众不同。“仓廪实而知礼节，衣食足而知荣辱”，这句千古名言就出自管仲之口，它也是管仲最基本的理念。

上任伊始，管仲首先向齐桓公提出一整套经济方案：①废除按田地平均交纳赋税的办法，改为按土地的肥沃程度征收赋税；②像重视农业一样重视工业生产和商业流通；③提倡职业世袭，以便大幅度提高各行各业从业者的技能水平；④运用价格、货币等手段控制生产、消费和收入，保持国家经济平稳运行；⑤大力发展金属冶炼业和制盐业，巩固齐国对周边国家的经济强势地位；⑥开放口岸，鼓励外贸，进一步拓展国外市场，借以带动其他行业的发展。

不久，针对异常重要的外贸业的发展，管仲再提出四点具体措施：①降低国家征收税赋的比例，鼓励更多人参与其中；②积极拓展外交领域，为外贸业牵线搭桥、保驾护航；③国家提供免费饮食，吸引更多外国商人来齐国投资经商；④发展转口贸易，即从周边国家廉价购得某些商品，然后加价卖往第三方国家。

有齐桓公的信任与支持，以及鲍叔牙等人的通力配合，管仲提出的一系列方针政策很快得到贯彻落实。齐国经济自然是突飞猛进，整个社会呈现出一派欣欣向荣的景象。

此外，管仲还懂得通过操控市场打压周边国家，从而拉大齐国与其他国家的差距。史籍中关于这方面的生动案例有不少。当时与齐国相邻的鲁国和梁国都出产一种厚实的叫绨（tí）的丝织品，于是管仲建议齐桓公穿起了绨袍。有道是“上有所好，下必甚焉”，看到国君穿上绨袍，不仅大臣们纷纷效仿，就连普通百姓也引为时尚。这样一来，鲁国和梁国经营绨的商人都赚了个盆满钵满，两国的织绨业自然是膨胀式发展。可好景不长，因为就在两国织绨作坊纷纷上马的时候，管仲又动员齐桓公穿起了棉布袍子。国君的引领作用再次爆发巨大威力，过了不长时间，齐国上上下下男女老少便清一色改穿起棉袍。鲁、梁两国织绨业遭受的重创可想而知。这一近乎全民参与的产业的垮塌引发连锁反应，粮价暴涨，百姓流离失所，社会动荡不安，不少人甚至举家搬迁到齐国。人力资源无疑是众多资源中最为宝贵的一种，尤其是当时的情况下，因此在这场没有硝烟的战争中，齐国的收获简直是无与伦比。

使用类似的办法，管仲还使邻近的莱国（又称莱子国，公元前567年为齐所灭）和莒国的木材大量积压，粮价陡增至平常的几十倍。一场又一场商战的取胜，使齐国的势力远远超过周边所有国家。

周朝的刑罚非常严苛，管仲却借此巧妙地解决了齐国武器装备不足的问题。在这方面他又是怎样做的呢?

其实，管仲的思路很简单，那就是“以物抵刑”。具体做法是：如果能够拿出一副犀牛皮做的铠甲和一杆戟的话，就可以免除一个人的死罪；如果能够拿出一面皮革制成的盾和一杆戟的话，就可以免除一个人的肉刑；如果能够拿出一定量的铜铁或弓箭的话，也可以相应地免除一些刑罚。就这样，不到几年的工夫，齐国的武器装备便堆积如山了。

地大物博且又兵精粮足的齐国自然受到中原地区各诸侯国的推重。桓公七年，即公元前679年，齐桓公在鄄（juàn，今山东菏泽鄄城县）召开了一个有众多诸侯参加的结盟会议。会上除了通过共同维护周天子和共同抵御外敌入侵两项盟约外，齐桓公还被公推为盟主，即俗称的“霸主”。在管仲等人的辅佐下，仅仅用了七年时间，齐桓公就成为春秋时期的首位霸主（关于齐桓公的称霸时间《史记》中有两说，另一说为公元前651年，会盟地点为葵丘，即今河南民权东北），这委实是一个伟大创举。接下来他的命运又如何呢?

做了霸主后的齐桓公难免会滋生一些骄傲的情绪，有时甚至对管仲的一些中肯建议也充耳不闻。

公元前648年的一天，管仲病得已是非常厉害，齐桓公亲往探视。一番寒暄后，君臣二人很自然就谈论起管仲的继任者问题。

桓公忧心忡忡地说：“现在你的病情如此严重，我真担心你有个三长两短。到时候让我依靠谁来处理政务啊？”

管仲轻叹一声：“唉，可惜甯（níng）戚和宾须无都不在了。”

桓公说：“难道我们齐国再就没有人才了？你觉得鲍叔牙怎样？”

管仲说：“鲍叔牙是位贤德的君子，也是我的朋友。不过他爱憎过于分明，对坏人坏事痛恨过度。这就势必导致对一般性的错误也会严厉惩处，从而使人难以接受。”

桓公说：“那么隰朋怎么样？”

管仲说："隰朋虚心好学，即使在家里也念念不忘国家大事，我只是担心你任用隰朋的时间不会长久。"

桓公说："易牙、竖刁、开方这三个人可以说对我忠心耿耿吧？"

管仲说："这三个人我也正想跟你说呢。人世间的感情没有比爱儿女更深的，易牙却肯舍弃儿子，他又怎么会在乎君王呢？人没有不爱惜自己身体的，竖刁连自己的躯体都能割舍，他又怎么会在乎君王呢？即使是一个小国太子地位也已经够尊崇了，开方却甘愿放弃，这说明他的欲望已是无法控制，他又怎能令人信任呢？希望大王千万不要重用易牙和竖刁。对于开方则不能留情，要坚决杀掉，以除后患。"

不久管仲便去世了，但齐桓公却并没听取他临终的谆谆告诫，对易牙、竖刁和开方都予以重用。既然这三个小人得志专权，齐国发生内乱也就是早晚的事了。

齐桓公有三位夫人——王姬、徐姬和蔡姬，不过她们都没有生儿子。桓公还有六位妃嫔——大卫姬、小卫姬、郑姬、葛嬴（yíng）、密姬和宋华子。巧的是她们每人都生有一个儿子，即大卫姬生子无诡，小卫姬生子元，郑姬生子昭，葛嬴生子潘，密姬生子商人，宋华子生子雍。

管仲在世时，齐桓公已经明确指定昭为太子，把他委托给宋襄公照顾。后来桓公听信谗言，打算改立无诡为太子。于是，在桓公病重期间，除雍外，他的其他五个儿子为君位明争暗斗闹得不可开交。

公元前643年，齐桓公一去世，这场王位争夺战迅即白热化。可怜这个生前叱咤风云的“五霸”之首，死后却落个被扔在床上67天无人管，生出的蛆虫从窗户向外爬的可怜下场。后来，易牙和宦官竖刁内外勾结杀掉一大批反对派，无诡这才好歹做了国君，王位争夺的闹剧算初步有个结果。

无诡继位后，为躲避灾祸，原太子昭逃到宋国。不久，宋襄公便联合几家诸侯，商定共同出兵护送太子昭回国夺回王位。显然太子昭这边是名正言顺，因此当宋襄公率领的大军还在路上的时候，齐国就已经发生了内乱——上台不到三个月的无诡遭人刺杀。不过，这次回国太子昭并未实现其继位的愿望，因为与他争位的四个兄弟中的另三个还在，无诡的党羽也没有除净。不得已他只好再返宋国求助。宋襄公还算能干，在他的帮助下，太子昭最终还是回国即了国君之位，也就是齐孝公。

齐孝公仅仅在位七年就被开方派人刺杀了。接着，开方把孝公的弟弟潘扶上台，也就是齐昭公。

齐昭公在位19年后病死，他的儿子舍继位。不过舍大约在位五个月就被他的叔叔商人派人刺杀。原来，在前面说的众兄弟的王位争夺战中败下阵来的商人一直没有死心。他一面装出一副关心百姓疾苦的谦谦君子样子，一面私下广交游侠豪士，静待时机。一天，他的帮凶终于逮到机会将舍刺杀。一些被假象蒙蔽的大臣把他推上国君之位，也就是齐懿（yì）公。

齐懿公是典型的中山狼式的人物，得志以后立马就换了副嘴脸。一个叫丙歜（chù）的人的父亲以前曾在打猎比赛中赢过他一次，齐懿公居然怀恨在心，上台后立即下令砍掉丙歜父亲的两只脚不说，还把丙歜收为随车的奴仆。还有一个叫阎职的人只因为娶了个漂亮的老婆，不仅老婆被齐懿公霸占，自己也落个和丙歜差不多的命运——被迫给齐懿公驾车。公元前609年的一天，这两个苦大仇深的人终于团结起来将齐懿公杀掉。他的尸体被抛到荒郊野外的林子中。

鉴于齐懿公的无道，在他死后，大臣们没有让他的儿子继位，而是拥戴他的哥哥元做了国君，也就是齐惠公。至此，也就是在桓公死后第34个年头，他的儿孙们的王位争夺战终于画上句号。

齐桓公一度贵为霸主，深得周天子的器重，因为后来没有听从管仲的忠

告，一味亲近小人、远离贤臣，并且在立太子一事上态度含混不清，最终落了个腐尸生蛆的可悲下场。他的子孙为争权夺利而骨肉相残，使曾经十分强大的齐国转瞬间泯然于众。

2. 齐晋“鞍之战”

春秋时期，王室衰败，列强争霸，大大小小的战争不计其数。规模较大且史料较为翔实的有晋楚“城濮（pú）之战”（公元前632年。城濮在今山东鄄城西南，一说在今河南范阳西南）、晋楚“邲（bì）之战”（公元前597年。邲在今河南荥阳东北）、齐晋“鞍（ān）之战”（公元前589年。鞍在今山东济南附近）、晋楚“鄢（yān）陵之战”（公元前575年。鄢陵在今河南鄢陵西北）四场。这也就是后人常说的“春秋四大战役”。

自公元前679年齐桓公称霸以来，中原地区又有宋襄公、晋文公、秦穆公和楚庄王相继称霸。公元前591年，随着最后一个称霸的楚庄王的离世，齐国、晋国和秦国等几个大国又掀起新一轮争霸风潮。齐晋鞍之战便是这轮风潮的一个缩影。

公元前589年，齐顷公（前文所说齐惠公之子）在位时，齐国首先挑起事端，发动了针对晋国的两个盟国——鲁国和卫国——的战争。在强大的齐国面前，鲁、卫两国哪是对手？于是它们不约而同来向晋国求救。

晋景公当然明白齐国此战的用意，因此他立即传令郤（xì）克率领中军（即主帅。晋文公首创了这一将晋国军队分为中、上、下三军的做法。各军设将佐二人，即中军将、中军佐，上军将、上军佐，下军将、下军佐。中军主将地位最尊，统率全军，也称“中军元帅”。后世的“元帅”“将军”之称便始于此），士燮（xiè）和栾书分别率领上军和下军，以韩厥（jué）为司马，出八百辆战车（按《周礼正义》的说法，周朝时战车还是军队的一种编制单位，其具体规定是：五人为一“伍”，五伍为一“两”，这里的“两”也就是“辆”，即战车一辆。在这五伍当中有甲士二伍、步卒三伍，甲士中最勇猛者居于车上），浩浩荡荡直奔齐国而来。

获知晋军大兵压境，齐顷公也不敢怠慢，亲率兵马前来迎击。就这样，齐军与晋军在鞍地相遇了。

凭借战胜鲁国和卫国的余勇，齐军上下情绪浮躁、傲气十足，压根儿就没把晋军放在眼里。两军刚一碰头儿，齐顷公便派使者到晋营傲慢地挑战：“你们晋国的军队光临我们的土地，我们兵力虽不雄厚，但还是明天就开战，决一雌雄吧！”

晋军主帅郤克礼貌地回应：“我们晋国（周成王时，成王将晋地封给弟弟姬虞，都城在绛，即今山西翼城东）、鲁国（周武王时，武王将鲁地封给弟弟姬旦，都城在曲阜，即今山东曲阜）和卫国（周成王时，纣的儿子武庚因参与叛乱被处死。摄政的周公将武庚封地的一部分改封给九弟姬封，都城在沫，即商时朝歌，今河南淇县）同为姬姓国家。他们来告诉我们的国君，齐国经常派军队到他们的国土上发泄不满。我们的国君不忍心看着自己的兄弟之国遭受不幸，所以派我们来向强大的齐国求情。如果非战不可的话，我们也只好遵从你们大王的命令。”

自恃勇力过人，没等双方正式开战，齐国一个叫高固的大夫竟独自一人徒步闯入晋军营地，用大石头砸伤几个晋兵，抢走一辆战车。为了进一步鼓舞士卒的斗志，齐顷公让高固乘上抢来的那辆战车在军营中跑了个遍。高固一边纵马驰骋，一边不住地喊：“想要勇气的人，尽管来买我多余的勇气吧！”不言而喻，齐军上下的傲气更盛了。

再说晋军这边，将士们简直被高固的挑衅行径气疯了。他们一个个摩拳擦掌、咬牙切齿，恨不能马上就到战场上与齐军拼个你死我活。

第二天，早饭没吃，甚至都没有按照常规给战马披上铠甲，齐顷公就下令出发了。他不知天高地厚地夸口说："等到消灭了晋军再吃早饭。"这天给齐顷公驾车的是邴（bǐng）夏，担任护卫的是逄（páng）丑父。

晋军这边可是早早就做好了各项准备。为主帅郤克驾车的是解（xiè）张，担任护卫的是郑丘缓。开战不久，郤克便负了伤，血顺着他的腿流满了鞋子。不过，他并没有放下手中的鼓槌，只是因为伤情过重才忍不住自言自语道："我受伤了。"解张一边驾车一边安慰鼓励他说："将军一定要坚持。我的手和肘也早就被射伤，为方便驾车，我就把箭杆折断了。你看左边的车轮已被血染红了。"郑丘缓也说："大军进退全凭我们车上的旗鼓指挥，我们千万不能因为自己受伤而坏了国家大事。穿上铠甲，拿了兵器，本身就是抱定必死的决心。希望将军能够挺住，即使我们车上只剩一人也要坚持。"他们就这样相互鼓励硬撑着。后来，见将军郤克确实伤得厉害，解张便腾出一只手接过了他的鼓槌。

在指挥车的引领下，晋军将士人人奋勇、个个当先，简直就是一群下山的猛虎。不大一会儿，因骄傲而准备不足的齐军就败下阵来，被晋军追着沿华不注山跑了一圈又一圈。

快到华泉的时候，齐顷公的战马被树枝钩住了。眼瞅着晋军越来越近，逄丑父悄悄和齐顷公交换了位置。他们穿着相同的铠甲，所以不认识的人如果单从位置判断很容易把逄丑父误作齐顷公。

不大一会儿，晋军司马韩厥的战车便追上来了。聪明的逄丑父以打发齐顷公到华泉打水为由使他逃脱，自己成了晋军的俘虏。

要说这齐顷公还算仁义，在自己成功逃脱后，他几次组织人马冲击晋军试图营救逄丑父，只可惜都未能如愿。

逄丑父被押到晋营后如实地说明了情况。得知被骗了，刚开始郤克非常愤怒，当场就下令要把逢丑父砍了。逢丑父却平静地对郤克说：“从古至今少有代替自己的君主赴难的人。现在有这样一个忠臣在这里，难道你们还要杀掉他吗？”这句话让郤克不由心里一震。他一摆手止住下面的刀斧手，若有所思地说：“一个臣子不怕以死来使他的国君免于祸患，我们杀掉你不吉利，还是放了你来鼓励那些全心全意侍奉君主的人吧。”就这样，绝处逢生的逢丑父又回到齐国。

这场战争让双方都感受到对手的力量，他们也就各自断了称霸的念头。

3. 晏婴为相

在管仲去世八九十年后，齐国又出了一位中国历史上响当当的贤相——晏婴。

晏婴（？—前500年），字平仲，齐国夷维（今山东高密）人。因为比较长寿，他接连辅佐了齐灵公、齐庄公和齐景公祖孙三代。他是在齐灵公二十六年（即公元前556年）开始出任齐卿并继而拜相的，直到齐景公四十八年（即公元前500年）去世为止（一说晏婴晚年听了吴公子季札的忠告，交出相印并献出自己的封邑，从而避免了一场灭门之灾）。虽影响齐国政坛长达五六十年，但他一直没有跋扈专权。有关他的故事，各种史书以及诸子百家都不乏记述。为了表达对他崇高人格的景仰和不朽功绩的缅怀，后人多尊称他为晏子。

根据史料看，晏子的优点与长处委实是数不胜数，而最为难能可贵的是，作为一个权重朝野的人物晏子却始终生活节俭，一如普通士人。据说，他一顿饭从来不会吃两道荤菜。他和妻妾的服装佩饰从不讲求奢华，他的小妾甚至没有穿过任何丝绸做的衣服。

对国君，他从来不僭（jiàn）越礼法。当然他也时刻不忘自己的职责，该建言献策之时，绝不瞻前顾后、畏首畏尾。据说，只要国君向他问话，他就会严肃认真地回答；如果国君在和别人说话，他会正襟危坐，从不交头接耳。

此外，他做事既讲原则又不失灵活。如果国君的要求符合道义，他会不折不扣地贯彻执行；如果国君的要求不合道义，他就会适当地加以变通。正因为如此，他不仅受到姜氏三代国君一贯的倚重，也深受百姓的爱戴和拥护。

下面的两则小故事便都与晏子有关：

一次，晏子乘车外出。为他驾车的车夫的妻子碰巧从门缝里看到了他们。车夫妻子发现，晏子沉着稳重，一副谦恭和悦的神态，而自己的丈夫却趾高气扬，摆出一副不可一世的架势。于是，等丈夫一回家，她就提出要“离去”（也就是现在所说的离婚）的请求。她那莫名其妙的车夫询问起原因，车夫妻子回答说：“你看晏子身长不满六尺（约合今1.40米），却已经官拜丞相、名扬诸侯。但今天我看到他坐在车子上，依旧那么沉着稳重、谦恭和悦，就好像还有很多地方不如别人似的。再看看你，身长八尺（约合今1.85米），只能为晏子驾车。这倒也没什么，可笑的是你那副趾高气扬、威风凛凛的样子，好像谁都比不上你似的。这就是我要离开你的原因。”

听了妻子的这番话，车夫惭愧不已，发誓以后坚决收敛那原本不该有的骄气。看到自己的劝告没有白费，车夫的妻子也就不再要求离开了。后来，这个车夫再驾车的时候果然一改往日的那副德行，不再有丝毫的傲慢之态。

还有一次，齐景公在泰山上宴请群臣。不承想，喝到兴奋处景公却突然放下酒杯举目远眺，继而又长长叹息一声说：“唉，将来我也要离开这样一个泱泱大国而死去啊。”一边说着，伤感的眼泪流了下来。左右的大臣纷纷放下酒杯，陪着哭泣。有人还一本正经地附会说：“我们这些地位低下的人尚且不愿意死，何况是大王您呢？放弃这样一个强盛的大国，又有谁会心甘情愿呢？”

一旁的晏子却是一边拍着双腿哈哈大笑，一边高声说：“今天喝得真高兴啊！”景公脸色陡变，怒声呵斥道：“我说到伤心的事，你却独自大笑，这是为什么？”晏子不紧不慢地回答：“今天看见一个懦弱的君王和一群阿谀的臣子，所以我才大笑。”景公追问说：“什么是懦弱？什么又是阿谀呢?”晏子说：“自古以来人都是要死的。这就可以让贤能的人得到休息，让缺德少才的人销声匿迹。如果古代的君王能够得以不死，太公至今尚且健在，你又怎么能得以享用齐国呢？”顿了顿，晏子接着说：“有兴盛就会有衰落，有生就会有死。这是自然规律，有什么好悲伤的呢？大王到年老的时候，因怕死而感到悲伤就是懦弱，周围的人陪着哭泣就是阿谀。”

景公不由微闭双目陷入沉思。

作为丞相，晏子身体力行倡导节俭，主张轻徭薄赋、简约刑罚，又能够为民请命、勇于直谏，为国君为百姓是殚精竭虑、鞠躬尽瘁，堪称一代贤相、千古楷模。司马迁在《史记·管晏列传》中盛赞晏子说：“假令晏子而在，余虽为之执鞭，所忻慕焉。”他的意思是，要是晏子还活着，能为他牵马坠镫自己也会很高兴。在《史记》中，司马迁为之立言立传的人物何止千百，晏子却是得到他如此仰慕的唯一一人。

4. 田穰苴用兵

齐景公时，齐国曾饱受国无良将之苦，甚至一度同时遭到晋国和燕国侵犯，丢失大片的土地。危急时候（公元前531年），晏子向齐景公举荐了田穰苴（ráng jū）。晏子说：“穰苴虽然是田氏的庶支，但他文采足以令众人亲附，武备足以威慑敌人。希望大王能够试一试。”

说到田氏，我们有必要简单介绍一下。田氏原本姓陈。齐桓公十四年，即公元前672年，陈国（周武王时，舜帝庶支后裔妫满得封陈地，都城在宛丘，即今河南淮阳。此后其族人改妫姓为陈姓）爆发内乱，国君陈厉公的一个儿子陈完不得已逃到齐国。到齐国后，陈完把姓氏由“陈”改成“田”。后来，齐桓公任命田完做了掌管全国水利工作的高官，田氏的嫡传子孙得以在齐国成为显赫一族。

齐景公先把田穰苴叫来，进行了一番考验。果然如晏子所说，这田穰苴对兵书战策无所不知，说起排兵布阵更是头头是道。于是，景公任命田穰苴为将军，负责对付来犯的晋、燕之敌。

出征前，田穰苴向景公提出一个要求。他说：“我一向卑贱，大王把我从百姓中间提拔上来，地位超过了大夫，但将士们现在还不会亲附和信任我。因此希望大王选派一个地位尊崇的大臣做监军。”就这样，景公派亲信大臣庄贾（gǔ）做了监军。

出征前一天，田穰苴与庄贾约好第二天中午在军营见面。第二天，田穰苴早早就来到军营等庄贾了，可自恃地位尊贵的庄贾又怎么会把田穰苴放在眼里呢。中午约定的时间到了，庄贾是连个影子都没有。田穰苴独自一人把将士们召集起来，向他们申明行军打仗的各种规定和制度。到了傍晚，庄贾终于醉醺醺姗姗而来。

见此情形，田穰苴强压怒火问道：“监军为什么不按时到军营呢？”庄贾满不在乎地回答：“众大夫和亲戚们为我摆宴饯行，一时脱不开身，所以来晚了。”闻听此言，田穰苴颜色顿变，怒斥道：“作为将军，接到出征的命令，就要忘掉自己的小家；领兵带队用军法约束队伍，就要忘掉自己的亲人；听到战鼓擂响，就要舍生忘死英勇前进。现在敌人已经深入我们国境，百姓流离失所，将士们风餐露宿，国君寝食难安。值此国家危难之时，百姓的幸福、将士们的身家性命都寄托在你我身上，你怎么还能有心思享用别人为你安排的送行酒宴呢？”说着，田穰苴一侧脸对着军法官问道：“按军法，迟到该当何罪？”军法官响亮而简洁地回答：“依法当斩！”听到这里，庄贾的酒一下子被吓醒了。他一面忙不迭地向田穰苴求饶，一面示意亲随去向景公求救。

不大一会儿，景公的使者手举赦令飞车赶到。出乎众人所料的是，田穰苴冷冷对使者说：“我作为将军，在军营中恕不能接受国君的命令。”非但没有买景公的账，紧接着他又向军法官问道：“纵马在军中奔驰，该如何处置？”军法官高声回答：“依法当斩！”景公的使者一下子也给吓蒙了。就听田穰苴厉声道：“国君的使节可以饶恕，就斩他随车的护卫和拉车的左马以示惩戒吧。”在斩了庄贾和景公使者的护卫后，随着田穰苴一声令下，大军整齐地出发了。这队伍那才叫一个令行禁止、纪律严明呢！

行军途中，田穰苴把本该由自己享用的精美食物悉数分给众人，他自己却和士卒吃同样的饭菜；安营扎寨、挖井垒灶一类的琐碎事情，他也是事必躬亲；士卒有了病患，他更是亲往探视，嘘寒问暖，呵护备至。如此一来，不用说齐军上下自然是团结一心、众志成城。

闻听田穰苴治军有方，而齐军上下也已脱胎换骨今非昔比，所以还没等开战，晋军和燕军就主动开溜了。田穰苴审时度势，果断下令追击，对入侵者一通穷追猛打，不仅缴获大宗战利品，而且把此前的失地都收了回来。

凯旋的时候，齐景公亲自率领文武百官到郊外迎接，并且还授予田穰苴大司马之职，让他统领全国的军队。后人因此尊称他“司马穰苴”。

5. 田氏代齐

齐景公晚年，贤相晏婴去世。对于齐国的稳定，这是一个巨大的损失。

齐景公五十八年，即公元前490年，王后燕姬所生的嫡子死了，齐景公便想立深得自己喜爱的芮姬所生最小的儿子荼（tú）为太子。芮姬只是一个妃嫔，以前也没有表现出什么佳言懿行，她儿子也没有突出的地方，所以大臣们希望景公能够慎重一些，立一个品行好、年龄比较大的儿子为太子。看到若要立荼会招致大家的反对，再加上景公此时年岁已高，颇为忌讳说到与死亡有关的事情，立嗣一事也就被搁置起来。

就在这年秋天，景公突然患上重病。于是，他仓促命国惠子和高昭子将荼立为太子，并且把其他儿子都迁到莱地（今山东龙口市一带）。这年冬天齐景公死了，荼继位，也就是后来的晏孺子。

为躲避杀身之祸，没等景公下葬，他外迁的那些儿子便纷纷离开莱地去往国外。倘若不是冬天，恐怕当年桓公腐尸生蛆的悲剧又要重演了。因为就是借着这个机会，一个叫田乞的大臣挑起了一场内乱。他先是装出对国惠子和高昭子一班权臣忠心耿耿的样子，甚至每逢上朝都会殷勤地为他们做随车护卫，从而获得他们的信任。然后，他就开始两边煽风点火。私下里，田乞找到一些反对国、高二人的大臣，挑唆鼓动他们说：“高昭子这个人很恶毒，要惩治一部分与他意见不合的大臣。我们应抢在他前面动手啊！”找个机会，他又一本正经地对国、高二人说：“你们立荼为国君，可是很多大臣都因以前曾反对过立他为太子而感到害怕。我听说他们正在密谋一场叛乱呢。”就这样，在田乞的拨弄下，朝廷上下人人自危，内乱眼看着是一触即发。

不久，内乱真的爆发了，而这场内乱正是那个说他人阴谋发动叛乱的田乞一手挑起的。当田乞和鲍牧等人带着大队人马围攻王宫时，高昭子闻讯也急忙率领一支队伍前来救驾。不过，志大才疏的高昭子到底没能斗过蓄谋已久的田乞，自己做了别人的刀下鬼不说，还连累了晏孺子和国惠子。晏孺子后来被人刺杀于流放的途中，国惠子好歹捡了条命逃到莒国。而与此同时，田乞把一个名叫阳生的流亡公子从鲁国悄悄接到家中。

一天，以家中有一些祭祀用过的菜品为由，田乞将朝中重臣悉数请来宴饮。事先，他让公子阳生端坐正中，并用一个大布袋罩起来。等客人到齐，田乞猛然把布袋扯掉，朗声对大家说：“这就是我们的国君。”由于事发突然，大臣们来不及做任何思考便稀里糊涂跪倒一片。

为防止事情再起变故，宴后田乞要求在场所有人一起立约盟誓。这一切本来都是田乞一人的主意，但在盟誓时，他却硬说这是素有名望的鲍牧和自己一起谋划的，妄图以此来赚取这一行动的合法性。因为一向与阳生不和，鲍牧忍不住回了一句：“难道你忘了景公的遗愿了吗？”言外之意，他并没有参与谋划这一行动，也不同意立阳生为国君。不过，久经官场的鲍牧看到木已成舟，自己再怎么坚持也没有用不说，恐怕闹不好还会因此招来杀身之祸。于是，他旋即话锋一转说："都是景公的儿子，立阳生公子为国君当然是可以的。"就这样阳生名正言顺即了位，就是后来的齐悼公。

仅仅在位4年齐悼公就被曾经反对过他的鲍牧刺杀了，鲍牧自己则逃往吴国。齐悼公的儿子齐简公在位4年又被田乞的儿子田常杀死。田常拥立了齐简公的弟弟齐平公。之后，平公传位儿子齐宣公，宣公传位齐康公。不过从齐平公开始，姜姓国君只是个摆设，真正操控国家大权的则是田氏一族。

齐康公十四年，即公元前391年，担任齐国丞相的田和（田常的曾孙）干脆以沉湎酒色为名把齐康公流放海边，仅给他一座城池作为食邑。又过5年，即公元前386年，经周天子允许，田和得以和齐康公并列为齐国诸侯。公元前379年，在位26年的齐康公死了。康公没有儿子，与他并列为齐侯的齐威王（田和之孙）索性把姜氏那座仅有的城池也收入囊中。至此齐国彻底成田氏的天下。

6. 齐威王理政

齐威王是个有能力的国君。但在继位后，齐威王却并没有来个"新官上任三把火"，而是将大事小情全部交由相关人等去处理，他自己则连过问一下都懒得去做。这样一来，齐国频频受到吴国、越国、鲁国、卫国、韩国、赵国、魏国等的侵扰，以致很多地方百姓怨声载道、流离失所。齐威王对这一切却仍是一副漠不关心、听之任之的样子。

转眼几个月过去了。一天，齐威王突然下令把即墨（今山东即墨）和阿地（今山东阳谷东）的两个大夫同时召过来。威王对即墨大夫说："自从你去治理即墨以来，诋毁你的言论差不多每天都会传来。可是我派人前去察看，才发现你那里广垦良田、百姓富足、社会稳定，官衙也没有积下需要处理的事务。这说明，你没有通过收买我身边的人来赚取名誉啊。"于是，威王厚赏即墨大夫，一下子赐予他一万户食邑。

一转脸，威王对阿地大夫说："自你去治理阿地以来，我每天都能听到赞颂你的话。可我派人到那里一考察才知道，你那里应该开垦的土地被撂荒，百姓生活困苦不堪。前几年，赵国侵犯鄄城，你不去救助；卫国抢夺薛地（今山东滕州东南），你竟然不知道。这肯定是你用丰厚财物贿赂我左右之人的结果。"言罢，威王当场下令杀了阿地大夫，并把身边曾经称赞过阿地大夫的一些人也给杀了。

从这以后，齐国大大小小的官员一心一意扑在工作上，没人敢有丝毫懈怠以及沽名钓誉、文过饰非之举。齐国的风气就这样一下子彻底变了样。

不久，齐威王又出动大军讨伐赵国和卫国，夺回大片失地。看到这一切，周围的国家后来有二三十年没敢对齐国发动战事，齐国经济因此得到很好恢复和发展。

齐威王有一个弹琴的雅好，为此有个叫驺（zōu）忌（《史记》作驺忌，《战国策·齐策》作邹忌，并载有一则寓意深刻的故事——"邹忌讽齐王纳谏"。故事大意是：齐国有一个著名的美男子叫徐公。一天邹忌问自己妻子和小妾一个同样的问题，"我与徐公比，谁更美一些呢？"妻子和小妾居然都说邹忌更美。邹忌想了一夜终于弄明白了：他的妻子说他美，不过是出于偏爱；他的小妾说他美，不过是因为怕他。邹忌就把这件事原原本本告诉了齐威王。齐威王大受启发，悬重赏让人指出自己的过失。由此，齐国臣民进谏之风日盛）的人凭借弹得一手好琴受到格外赏识，被安排住在威王卧室右边的房子里。

一天，威王操琴在手，刚刚拨弄几下，驺忌轻轻推门而入赞颂道："大王弹得真是好啊！"闻听此言，威王勃然大怒道："你只是看到我这么拨弄几下，还没有仔细听过琴声，怎么就知道我弹得好呢？"

驺忌不慌不忙回答道：“从大王刚才的弹奏中，我听出大弦发出的声音浑厚而温和，就像国君；小弦发出的声音明亮而清脆，就像臣子；琴弦摁得深重放得舒展，就像政令畅通；高音低音和谐一致，强声和弱声相互补充；韵律回旋曲折又不相互干扰，就像一年中的四季变化一样。我是从这些地方听出你弹奏得巧妙啊。”

威王被说服了，不由夸奖道：“你很善于谈论音乐嘛。”

驺忌接茬道：“不仅仅是音乐，治理国家安抚百姓也是这个道理啊。”

因为觉得他这是在夸海口，齐威王便不无教训之意地说：“如果只是谈论音乐的规律，确实没有比你更高明的，但治理国家安抚百姓怎能和弹琴相提并论呢？”

驺忌道：“大弦温和浑厚象征国君，小弦明亮清脆象征臣子，拨弄琴弦象征发号施令，声音高低抑扬的变化象征四季运转，音韵循环往复而不混乱象征政治清明，节奏紧凑而不迟滞象征救亡图存，所以说琴声调和则天下大治，再没什么能比音乐更好地诠释执政理念。”

听到这里，齐威王是茅塞顿开。此后他又多次与驺忌谈论治国安邦之道，驺忌也每每以其真知灼见让他有耳目一新之感。没出三个月，齐威王便把相印交给了驺忌。在驺忌的鼎力辅佐下，齐威王察民情、解民意、行仁政，齐国很快便成为“战国七雄”中的佼佼者。

7. 孙膑和庞涓

孙膑（公元前378—前310年），本名伯灵，是战国时期齐国阿（今山东阳谷东）和鄄（juàn，今山东鄄城）之间的人。之所以被称作孙膑，是因为他曾遭受过膑刑（挖掉膝盖骨）。他的先祖便是春秋时期因辅佐吴王阖闾（hé lǘ）称霸而鼎鼎大名的孙武。孙武是一个伟大的军事家，有《孙子兵法》传世。

受家传影响，孙膑自幼就喜好谈论兵法战阵之事。长大后，他拜著名的鬼谷子（姓王，名禅，字诩，道号“鬼谷子”，魏国邺城即今河北临漳人，后在卫国都城旁的云梦山中传业授徒并著书立说。他是战国时期著名的教育家、军事家，开创了纵横家学派，相传苏秦、张仪、孙膑、庞涓、商鞅、白起等都是他的门徒）为师，继续研习军事。

在老师鬼谷子那里，孙膑结识了同窗庞涓。这庞涓也颇有一些才能，当时各国都在广揽人才，所以他在到魏国后很快就得到魏惠王的青睐，被任命为将军。上任伊始，本质嫉贤妒能的庞涓首先便想起处处都表现得比自己出色的同学孙膑。不久，他编造了一个谎言，假称魏惠王有意要拜孙膑为大将军，从而把孙膑诓到魏国（一说孙膑是经墨翟推荐来到魏国）。当然庞涓不会真的把孙膑举荐给魏王。于是，等孙膑到来后，狡猾的他以魏王公务繁忙暂时来不及接见为由把孙膑先稳了下来。

不久，庞涓背地里指使几名亲信谎称魏王已经查明孙膑有害魏助齐的阴谋，把孙膑关进大牢，并且声称要治他死罪。在孙膑下狱后，庞涓又现身了。他装出一副很仁义的样子到牢中探视，而且还信誓旦旦地说："咱们是老同学，我一定会尽全力营救你，你尽管放心好了。"

又过了几天，庞涓跑来煞有介事地对孙膑说："我在魏王面前替你说尽好话，可魏王知道你非常有才能，担心如果放了你，你会回到齐国与魏国作对。我好说歹说，他才同意对你处以膑刑（割去膝盖骨），以防你入朝为官。"说着，庞涓装模作样地长长叹一口气，而后接茬说："要早知魏王如此心胸，我就不向他引荐你了。唉，现在看来都是我害的你啊！"

你看，他这戏演得多么逼真，难怪孙膑一时也被蒙蔽。看到庞涓如此着急与自责，孙膑反倒安慰他。孙膑说："这怎么能够怪你呢？这都是我的命啊！如果没有你的帮助，我恐怕早死了，我感激你还来不及呢。"

一听孙膑提到"感激"二字，贪婪的庞涓不由眼前一亮，顺势说道："事到如今还谈什么感激呢？不过，听人说你有一部祖传的《孙子兵法》，不知能不能借我拜读几天？"

这书可是孙膑最为看重的宝贝，他怎么会随身携带呢？不过，聪明好学的孙膑早已将书牢记于心。于是，他对庞涓说："这部书我倒是有，但没有带在身边。如果你确实想看的话，我可以把它默写下来。"

庞涓自然是欣喜异常，马上便命人拿来一切应用之物。于是，这边孙膑夜以继日地赶着为庞涓默写《孙子兵法》，那边庞涓残害孙膑的计划还在紧锣密鼓地进行着。就在孙膑快要默写完全书的时候，受庞涓的唆使，有人竟残忍地挖掉了孙膑的两块膝盖骨，并且还在他的脸上刺了字。

再狡猾的狐狸也逃不过猎人的眼睛，时间久了庞涓的阴谋又怎能不被孙

膑察觉呢？察觉之后，孙膑的心里那才叫一个悲凉凄苦。也就是孙膑，到了这时候还能想出一条逃脱之计——装疯。史料中对他如何装疯的记载并不翔实，可想想庞涓本身就是一个“表演天才”，连他都能瞒过，孙膑得吃多少苦头啊。

好在天无绝人之路，某天一个从齐国来魏的使者听说孙膑的悲惨遭遇后，动了恻隐之心。通过斡旋，这个在异国他乡被折磨得没了人形的孙膑总算活着回到故土。按照当时礼制，受过膑刑的人不可以做官，于是满腹才学的孙膑只好投到齐威王手下一个大臣田忌那里做了一名普通门客。

当时齐国上下风靡赛马，齐威王和田忌也不例外。他俩的玩法是，各自从家里挑出上等、中等和下等战马共三匹，然后分别进行三场比赛，在三场中赢得两场就算获胜。

每次和威王赛马都会落败，这让田忌很是沮丧。见此情景，孙膑问田忌：“将军的上等战马也比不过大王的中等战马吗？”田忌毫不犹豫地说：“能。”孙膑接着又问：“那么将军的中等战马与大王的下等战马比呢？”田忌想了想说：“应该是我的中等战马跑得快一些。”了解了这些，孙膑便建议说：“下次比赛，将军不妨先以你的下等战马对大王的上等战马，接着再以你的上等战马对大王的中等战马，最后以你的中等战马对大王的下等战马。我想将军定会取胜。”有了孙膑的指导，在接下来的一次赛马中，虽然威王和田忌选用的战马与前次比赛完全一样，但田忌还是破天荒赢了。

输掉比赛，威王自然也就听说了这个足智多谋的孙膑。不过由于孙膑在魏国受过膑刑，威王只好暂时打消授职孙膑的念头。

威王三年，即公元前354年，魏军在大将庞涓的带领下进犯赵国。次年，魏军居然攻下赵都邯郸（今河北邯郸）。情急之下，赵王只好遣使向齐国求救。齐威王以田忌为大将，以孙膑为军师，引兵前往救援。

按着自己的想法，田忌想马上带领大军直扑邯郸。孙膑却一板一眼分析说：“要解开纷繁杂乱的绳结，不能急于用力去拉；要化解争斗，自身不能参与其中，避实击虚，形势一变问题自然就解决了。现在魏国进攻赵国，它的精兵强将必定悉数出动，留守国内的只是一些老弱残兵。如果我们引兵疾驰直捣魏国的都城大梁（今河南开封），抢占他们的交通要道，冲击他们的城池堡垒，魏军一定会放弃攻打赵国而回来自救。这样我们不就可以一举解了赵国之围并轻松打败魏军吗？”见孙膑分析得头头是道，田忌采纳了他的建议。

闻听齐军已然威胁大梁，庞涓只好放下赵国这头儿匆匆撤军回救。此时，齐军早已在魏军必经的桂陵（今河南长垣）设下埋伏。于是，在毫无思想准备的情况下，疲惫行进的魏军一头撞进以逸待劳的齐军的包围圈。顷刻之间，魏军被打得四散奔逃，溃不成军，主将庞涓也被齐军俘获。这就是“围魏救赵”的故事。这一经典战例被后人列为著名的“三十六计”（《三十六计》我国古代的一部军事谋略专著，作者不详。全书共分六讲，三十六计。第一讲，胜战计：瞒天过海、围魏救赵、借刀杀人、以逸待劳、趁火打劫、声东击西；第二讲，敌战计：无中生有、暗度陈仓、隔岸观火、笑里藏刀、李代桃僵、顺手牵羊；第三讲，攻战计：打草惊蛇、借尸还魂、调虎离山、欲擒故纵、抛砖引玉、擒贼擒王；第四讲，混战计：釜底抽薪、浑水摸鱼、金蝉脱壳、关门捉贼、远交近攻、假道伐虢；第五讲，并战计：偷梁换柱、指桑骂槐、假痴不癫、上屋抽梯、树上开花、反客为主；第六讲：败战计：美人计、空城计、反间计、苦肉计、连环计、走为上）之一。

孙膑可不像庞涓那般歹毒。念及同窗之谊，他不计前嫌，力主把庞涓给放了。

13年后，也就是公元前341年，魏国联合赵国（战国时期国与国之间今日为友明日成敌的现象司空见惯）攻打韩国。韩国抵敌不过也来向齐国求助。这时威王因对是否出兵一时拿不定主意，只好召集几位重臣共同计议。

驺忌首先发言说：“我们犯不着为别人火中取栗，还是不出兵为好。”田忌却说：“放任魏国吞并韩国，魏国强大之后势必对齐国构成威胁，我们应该尽快发兵。”一时间两人各执一词，争得面红耳赤，孙膑却在一旁笑而不语。

威王禁不住问孙膑：“先生你看该怎么办呢？”孙膑不慌不忙回答说：“如果马上去救韩国，魏、赵两军士气正盛，那就等于代韩受敌；如果不去救韩国，那就等于拿韩国去资助敌人。现在的善策莫过于答应韩国的请求，以坚定他们抗敌的决心，然后等双方消耗殆尽之时再发兵。这样一定会事半而功倍。”

威王依计而行。诚如孙膑所料，在得到齐国的答复后，有了底气的韩军拼死抵抗。魏、赵两军虽然小有斩获但却付出沉重代价。

就在韩国人望眼欲穿的时候，以孙膑为军师，以田忌、田婴和田盼为将军的十万齐军终于出发了。让魏国主将庞涓怎么也没料到的是，齐军竟会故伎重演，再次直逼大梁。魏军只好再次回师救援。

审时度势，孙膑这次打算再加上一个诱敌深入之策，将魏军来个一网打尽。为统一思想，孙膑给几位将军分析说："魏军一向自恃强悍骁勇，从不把我们齐军放在眼里，甚至称我们是'懦弱之师'。指挥作战的人就要善于因势利导。兵法说得好：'不以百里为远而盲目追求胜利的军队就会损失大将，不以五十里为远而盲目追求胜利的军队就会损兵折将。'现在如果我们利用魏军骄傲自大的心态，引诱他们不惧遥远来追赶的话，就一定会大败魏军。"

于是，与魏军稍一交手，十万齐军就调头而走。庞涓也并非完全浪得虚名，因害怕其中有诈，他只是率军在后面远远地跟着，并没有下令穷追。对此，孙膑早有预料，并已经有所安排。他要求军卒在垒灶做饭时，第一天要垒可供十万人使用的灶台，但第二天只需垒可供五万人使用的灶台便可以了，第三天则仅仅垒足可供两万人使用的灶台就行。

在后面跟了三天的庞涓对齐军灶台每天大幅减少的情况自然也是了如指掌。于是，他向亲征的太子申（庞涓尚未回来时，魏惠王已组织了一支十万人的队伍由太子申率领迎击齐军。魏国与韩国相隔并不远，所以太子申与庞涓很快便会合一处）建议说："早就知道齐军胆子小，没想到他们怕成这个样子。我们才追了三天，他们就逃亡过半，趁此良机我们应该一鼓作气消灭来犯之敌。"

就这样，太子申让庞涓精挑细选两万人马，轻装前进，日夜兼程从后面紧追而来。看到敌人已然中计，孙膑再命令士卒把军械旗帜等物丢得到处都是，以进一步坚定魏军的信念。

计算一下行程，孙膑料定魏军在晚间会追至马陵（**今山东郯城。另说，今河南范县**）。马陵一带两山夹一谷，地势险要，道路狭窄，树木茂密，是个天然的伏击地。孙膑便在路边的丛林深处埋伏下几千名弓弩手。

夜色来临，魏军果然如期而至。匆匆行进间，魏军前部忽见一棵大树挡在道路中央，树边还堆满枯枝乱石，根本没法通行。接报后，庞涓急忙驱车亲往察看。来至树下，庞涓发现大树的皮被扒掉了，上面影影绰绰好像还写了些什么。于是，他命人燃起火把一看究竟。这一看不要紧，把个庞涓登时就给吓傻了。原来树上清清楚楚写了八个大字——“庞涓死于此树之下”。这时再想下令撤退已然来不及了，因为约定以火光为号的齐军早已万箭齐发。自知气数已尽，庞涓只好拔剑自刎。临死之前，他不由哀叹道：“遂成竖子之名。”

孙膑在军事上屡

有建树，齐国也因此变得越来越强大。后来孙膑结合自己平生所学以及亲身参与的众多战役，编写了一部对后世影响极其深远的军事专著——《孙膑兵法》。此书一度失传，1972年于山东临沂银雀山汉墓出土的竹简中保存了这部书的部分内容。该书主张“慎战”，强调“事备而后动”，即战前一定要做好充分的准备，才能“兵出而有功，入而不伤”。

8. 孟尝君田文

孟尝君田文与魏国的信陵君魏无忌、赵国的平原君赵胜、楚国的春申君黄歇，被后世并称为“战国四君”，也称“战国四公子”。田文是战国时期一个举足轻重的人物。他的祖父便是大名鼎鼎的齐威王。因战功显赫，他的父亲田婴早在齐威王晚年时就担任了丞相，公元前321年，得到薛邑这块封地。田婴有权有势，总共生养了四十多个儿子。

田文的生日是五月初五。因为听说五月出生的儿子长到窗户那么高时将会给父母带来不利，田婴便要田文的生母把他掐死。谁知田文的母亲却偷偷把他给养大了。

长大后，田文当然没有给他的父母带来厄运。于是，一次在与父亲闲聊时，田文不无调侃地问道：“人的命运是受上天安排呢，还是受窗户安排？”田婴自然是无言以对。看到父亲默不作声，田文便自己回答说：“如果人的命运是受上天安排，你又何必担心我这个五月生的儿子呢？如果人的命运是由窗户高矮决定的，把窗户安得高一些，让谁也长不了那么高不就可以了吗？”田婴被说得脸上实在有些挂不住，只好摆出家长作风，蛮横地训斥说：“你还是闭上嘴吧！”

这个年岁并不大的田文很有见地。一次，见到父亲有空，田文装作请教的样子，恭恭敬敬问：“儿子的儿子称作什么？”虽然不知儿子葫芦里卖的是什么药，但田婴还是认真地回答：“孙子。”

田文紧接着又问：“那么，孙子的孙子呢？”

“玄孙。”

“玄孙的玄孙呢？”

田婴还真就被问住了，只好如实地说：“再往下我也不知道。”（其实，我国古代有关称谓的规定相当严格而规范。汉朝时有人还集录了一本名为《尔雅》的书。书中说，玄孙之子称来孙，来孙之子称昆孙，昆孙之子称仍孙，仍孙之子称云孙。也就是说，玄孙的玄孙应该称“云孙”。）

田文终于可以开始进入正题。待到父亲话音落定，他真切地劝道：“您在朝中为官已经辅佐三代君王（齐威王、齐宣王、齐湣王），可是不见齐国的土地有所增加，咱们家里的财富却已累至万金。我听人家说：‘将门出将，相门出相。’可是遍观咱家，再不见有什么贤能之人。咱家的人出入都乘坐装饰豪华的车子，众门客却只能穿粗布做的衣袍；咱家的人粮肉不断，众门客却连糟糠也吃不饱。现在您又喜欢积聚钱财，想要留给连您自己都不知道的人，却把国家大事放在一边。儿子私下里认为您这样做是不合适的。”

听了儿子的这番话语，田婴既惭愧又惊喜。也就是从这时起，田婴彻底改变了对这个五月出生的儿子的看法，而且还放手让他协助自己处理各种家务。

田文行仁仗义乐善好施，所以田家门人宾客越聚越多，田文的美名是传遍四海。后来，田婴将田文立为世子，让他继承了自己的封地薛邑。这田文也真争气，日后也和父亲一样做了丞相不说，死后还被齐襄王（湣王之子）追谥为“孟尝君”。为表示对他的尊重，下面的故事我们就称他为孟尝君了。

初到薛邑，孟尝君继续发扬他乐善好施、救危济贫的恩义作风。各国的奇人异士乃至一些被追捕的逃亡之人纷纷慕名而来。人多的时候，他家里的门客竟然有数千之众。宴请门客的时候，孟尝君从来都是一视同仁，自己和大家吃同样的饭菜。一次宴请时，有个人因为怕光而独自避到黑暗处。还以为是孟尝君待客不均，另一个新来的门客气愤地放下了碗筷。见状，孟尝君连忙上前询问缘由。待新门客把话说完，孟尝君便把自己吃的饭菜端来让他看个究竟。意识到是自己误会了孟尝君，这门客竟惭愧得拔剑自刎了。

后来，日渐声名远扬的孟尝君被齐湣王拜为丞相。有一次，门客魏子受命到薛邑去收赋税，可是他一连去了三次竟然连一粒米也没有拿回来。孟尝君追问起来，魏子却说："那里有一个贤良的人，我自作主张把粮食都给了他。"孟尝君听了很是生气，把他狠狠训斥一顿。不过木已成舟，对于这些粮食的处置问题孟尝君也没有再深究。

过了几年，有人向齐湣王进谗言诬说孟尝君蓄意发动叛乱。巧合的是，就在此后不久，一个叫田甲的大臣还真就劫持了湣王。虽然田甲的阴谋最终未能得逞，但湣王却怀疑孟尝君参与了其中的谋划。不得已之下，孟尝君逃往国外暂避风头。

闻听此事，魏子所说的薛邑的那个贤良之人便上书湣王说："孟尝君不会参与叛乱，对于这一点我可以以死来作证。"后来，这个人真就在宫门外自刭而死。大受震惊的齐湣王传下命令详查此案。不久，水落石出，果然是湣王错怪了孟尝君。就这样，孟尝君又被请回来，他家里的门客越发地多了。

因家里穷得实在揭不开锅，一个叫冯驩［huān，《战国策》作冯谖（xuān），齐国人］的人也慕名投奔到孟尝君这里。他自称没有什么爱好和特长，孟尝君左右的人便把他作为下等宾客（孟尝君家的门客是分等级的，与前文所说的他在宴请门客时一视同仁不是一回事）来对待。对此冯驩很不满意，一次又一次要求提高待遇，孟尝君是一次又一次无条件地满足了他。

要供养数以千计的门客，仅凭俸禄和薛邑的赋税是不够的，于是孟尝君便在薛邑发放一些贷款，以便收取利息贴补家用。不知不觉又到了一年中该收利息的时候，孟尝君就把这件差事交给这个一再要求提高待遇的冯驩。临走之时，冯驩问："收完债还需要买点什么吗？"孟尝君随口说："你看我家里还缺少什么，就买些什么吧。"

来到薛邑，冯驩立即把欠债的人召集起来，向大家宣布："大人要我告诉大家，你们欠的债不用还了。现在我就代表他把以前所立的债券烧掉。"说着，他真就一把火把所有的债券给烧了。

不几天的工夫，冯驩就回来向孟尝君交差了。孟尝君非常惊讶，禁不住问："先生把债都收上来了？"

冯驩说：“收上来了。”

孟尝君问：“你买了一些什么吗？”

冯驩说：“您说‘看家里还缺少什么，就买些什么’，我看您的家里堆满奇珍异宝，棚厩挤满狗马，阶下站满美女。要说还缺少什么的话，我看缺少的也就只是‘义’了，所以我便私自做主给您买回了‘义’。”

孟尝君说：“买回了‘义’？！这话怎么讲啊？”

冯驩说：“现在您拥有一个小小的薛邑，不把那里的百姓当作子女一样爱护，却以商人之道与他们争财夺利，我私下认为不妥。所以，我就假托您的命令把债款都赏赐给他们，并把债券都烧了。百姓都非常高兴，这就是我给您买的‘义’啊！”

这件事过去也就差不多一年的光景，齐湣王死了。因听信谗言，继位的齐襄王不打算继续任用孟尝君为相。他委婉地对孟尝君说：“我不敢把先王的臣子当作自己的臣子用。”就这样，孟尝君只好举家搬回自己的封地薛邑。树倒猢狲散，转眼间数千门客走个精光，最后竟只剩下冯驩一人。

不用说薛邑的百姓也听到这个消息。在孟尝君一行距离薛邑还有一百多里的时候，大队百姓就扶老携幼迎接出来。此时此刻，孟尝君终于理解冯驩当年的良苦用心。于是，他不由赞叹道：“先生替我买‘义’的道理，今天我才明白啊！”

冯驩借机进一步向孟尝君提议道：“聪明的兔子营造三个巢穴，也只不过能逃脱一死罢了。现在您只有一条路可以走，还不能高枕无忧。就让我去给您再找条路吧。”于是孟尝君让冯驩去了秦国（《史记》说他去了秦国，《战国策》说他去了魏国）。

见了秦惠王，冯驩开门见山就说：“秦国和齐国是当今天下的两大强国，所以天下游说之士或西行来秦，或东去入齐。到了秦国的人就希望秦国强大而齐国弱小，到了齐国的人就希望齐国强大而秦国弱小，这是因为两强终归不能并立啊。”

听了冯驩的这番高论，秦惠王不由挺直身子，认认真真地问：“先生有使我们秦国强盛的办法吗？”

冯驩也不作答，而是反问：“大王知道齐国的孟尝君吧？”

秦惠王说：“知道。”

冯驩说：“使齐国强大而名扬天下的就是孟尝君。不过现在的齐襄王并不重视他，把他撵到薛邑，为此孟尝君已经心生怨恨。如果大王把孟尝君迎接过来，他一定会背弃齐国而一心帮助秦国。孟尝君对齐国的国情了如指掌，大王要想得到齐国不就很容易了吗？”

听完这话，秦惠王立马便派遣使者带十辆大车和百镒黄金到齐国邀请孟尝君。

在秦使尚未到达齐国的时候，找个借口，冯驩已经提前一步赶回来。一回来，他便悄悄拜见齐襄王，把秦国来请孟尝君的消息透露给他。末了，冯驩提醒襄王说：“如果孟尝君被秦国请去，我们齐国恐怕就危险了。”

就这样，秦国的使者还没有到达薛邑，齐襄王已经派人把孟尝君接回都城，恢复了他的丞相之职。

对于冯驩，孟尝君自然是感激不尽，而对于那些见利忘义的门客，他则是伤透了心。一天，他恨恨地对冯驩说：“真不知道以前的那帮门客还有什么脸面再来见我。如果让我碰到他们，我一定要唾他们的脸。”

闻听此话，冯驩立刻站起身一拜，直言谏道：“您说得不对啊。富贵了门客依附，贫贱了缺朋少友，这是很自然的道理。您没见过那些一大早争先恐后往市场赶，天黑后却又拼命往外挤的人吗？他们不是喜欢早晨厌恶晚上，而只是贪恋从市场上捞到一些好处啊。希望如果遇到以前的门客您还能待之如常，不要因为怨恨他们而堵塞了招贤纳士之路。”

孟尝君恍然大悟，立马起身对着冯驩深施一礼说：“我一定听从先生的指教。”

在门客帮助下，孟尝君先后为相几十年，也没有招致什么真正的祸患。不过，在他死后，他的儿子们为争名夺利闹得不可开交。齐襄王借机联合魏国的安釐（xī）王一同灭掉薛邑。

9. 田单复国

话说齐湣（mǐn）王在位后期，在公元前286 年灭掉宋国后，一贯骄傲自大的他更是目中无人，除整日盘算着要当天子外，似乎再没什么别的事要做。

北边的近邻燕国多年来受尽齐国欺负。不过，于公元前312年继位的燕昭王是一个很有抱负的人。登基以来，他礼贤下士，广罗人才，使得燕国面貌有了很大改观。特别是在拜赵国人乐毅为亚卿之后，燕国的形势更是蒸蒸日上。

公元前284年，燕国联合秦、韩、赵、魏等四个国家，共同出兵来攻打齐国。在五国联军的强大攻势下，齐湣王被迫逃往国外。他先后到过卫国、邹国和鲁国，但因他的傲慢无礼，这三个国家都没能长期收留他。万般无奈之下，他只好又回到齐国的莒城（前莒国都城，公元前431年莒国为楚国所灭，不久其整个领地被齐国并吞）。不知怎的，在莒城他又惹恼了从楚国赶来救援齐国的淖（zhuō）齿（当时他已兼任齐国丞相），并为此丢掉性命。就这样，齐湣王自己死了不说，而且在不到半年的时间里齐国接连失去七十余座城池。到最后，偌大的齐国只剩下莒城和即墨（今山东青岛市即墨区）。

不久，秦、韩、赵、魏四国相继罢兵，燕军却在乐毅的率领下继续围攻即墨和莒城。一次，在与燕军交锋时，即墨主将不幸以身殉国。因为是国君的远支族人，又懂得用兵之道，一个叫田单（曾经在临淄做过小官，未得重用）的人被大伙推举为将军。

在田单带领下，燕军围困即墨五年也没能攻下。就在这时燕昭王死了，他的儿子燕惠王继位。听说燕惠王在做太子的时候与乐毅有过节，于是田单就秘密派人到燕国散布谣言说：“齐湣王已经死了，齐军早就丧失斗志。现在乐毅统率如此大军五年都没能攻陷即墨和莒城，是因为他自己想在齐国称王，而齐国人又都不拥护，所以他才以伐齐为名，长期滞留不归。其实，齐国人就怕燕王派别人接替乐毅。”

这愚蠢的燕惠王果然中了田单的离间之计，派大将骑劫换下乐毅。乐毅也没有再去燕国，而是回到自己的故乡赵国。

为了让将士们树立坚定的信心，田单又想出一计。他向百姓发出号召，要求大家吃饭时一定要在庭院里为先人设祭，以祈求祖先神灵的庇佑。那时的人们非常迷信，再加上田单很有威望，所以这一倡议得到很好贯彻实施。大量的祭品自然引来飞鸟无数，这也成为吃饭时即墨城一道独特的风景。

借着这个机会，田单又让人大造舆论说：“这（指飞鸟齐集一事）就是神要来帮助我们的先兆啊！不久一定会有一位神人来做我们的老师，他将指导我们打败敌人。”

有一个士兵猜出了田单的心思。一天，趁着人多的时候，这人径直走过去对田单说：“我可以为老师吗？”说完，他掉头就走。田单赶紧追上去把这个士兵请回来，并且恭恭敬敬按照对待老师的礼节向他行礼问安。没人的时候，士兵悄悄对田单说：“我是欺骗将军的，我根本没有什么才能。”田单轻声说：“你不用说了，我都知道。”在以后的日子里，田单每次号令军队，都会声称是奉了这位“神师”的指导。

田单清楚，光有信心还远远不够。为进一步激发将士们的斗志，他又秘密派人到燕营散布谣言说：“齐军就怕被燕军割掉鼻子，只要把齐军俘虏的鼻子割掉，再让他们走在队伍前面，守城的齐军一定会很害怕，即墨城也就不攻自破。”这骑劫比燕惠王还听话，真就照着田单的话去做了。当守城的齐军将士看到自己的战友一个个被削掉鼻子的惨象时，他们简直肺都要气炸了。

见骑劫已然上钩，田单趁热打铁再次让人到燕营散布谣言说：“齐军就怕有人把他们城外的祖坟掘了，如果侮辱了他们的先人，将士们就会因为心寒而丧失战斗力。”这次，骑劫竟然指挥燕军三下五除二把即墨城外所有坟墓都给扒了，并且还把一些未腐烂的尸骸点火烧掉。闻听此事，城里军民无不掩面而泣。

就这样，城中军民的斗志被燕军接二连三的暴行彻底激发，他们一个个怒火中烧、摩拳擦掌，恨不能把敌人生吞活剥。

此时田单依然保持着冷静，因为他十分清楚双方的力量对比——此时的齐军与燕军实在是不能同日而语。“如何才能彻底打败强大的燕军呢？”无时无刻田单不在思考这个问题。思来想去，他终于又想出一条妙计。这次他来了个三管齐下：一面将城中妇女，包括他自己的妻妾，尽数编到队伍中，让她们轮流到一些城外能够看得到的高处站岗放哨；一面派遣使者到燕营请降；一面又安排城中一些富商悄悄出城贿赂燕军将官，说什么等即墨守军投降的时候，希望燕军能够网开一面不要抢掠惊扰他们的家人。看到这些，骑劫不由大喜，一门心思等着齐军来投降。整个燕军上下是一派祥和与喜悦，哪还有半点身在战场的样子？

与此同时，城里的齐军却在有条不紊地做着战前的各项准备。他们把全城一千多头耕牛集中起来。每头牛的犄角都绑上明晃晃的尖刀，尾巴上系着整捆浸过油的芦苇，身上披着大块画满龙纹的绸子，乍一看简直就是一头头神兽。

夜里，遵照田单的意思，将士们以极快的速度在城墙四周同时开凿了数十个大洞，并且差不多在同一时间将一千多头穿戴齐整的牛由大洞牵到城外。一切准备就绪后，随着田单一声令下，牛尾巴上的芦苇被同时点燃。

这下可热闹了，一千多头因灼烧而发了疯的“火牛”，不约而同选择冲向扎在开阔地带的燕军营帐。它们一个个上蹿下跳、左冲右突，单是咆哮声就已经够让人心惊胆寒了。从睡梦中惊醒的燕军官兵是一个个蒙头转向、哭爹喊娘，惨状令人不忍目睹。不少人还没弄明白是怎么回事，就已经或是成了牛刀下之鬼，或是成了自相践踏的牺牲品。紧随火牛后面的还有五千名憋足了劲儿的齐军将士。手持短刀长矛的他们，一个个争先恐后、奋勇非常。城头上的男女老少也没闲着，或操铜盆，或操铜壶，敲击呐喊，声音震天动地、响彻云霄。就这样，顷刻之间那支曾经不可一世的燕军便被杀得尸横遍野、血流成河。骑劫本人也死于乱军之中。

少数侥幸得脱的燕军官兵，惶惶如惊弓之鸟，茫茫似漏网之鱼，只知道没命地往北逃窜，哪里还顾得上组织反击？齐军将士则在田单的率领下乘胜紧追，所过之处敌军闻风丧胆，纷纷败逃。就这样，不到几个月工夫，被燕、秦、韩、赵、魏五国侵占的七十余座城池便被全都收了回来。接着，田单又到莒城把齐襄王（齐湣王之子）接回国都临淄（今山东淄博市临淄区）。至此（公元前279年），几近亡国的齐国终于是奇迹般起死回生。因在这次复国战争中功勋卓著，本为一介平民的田单一下子被齐襄王封为安平君，这在当时是一种至高无上的荣誉。襄王的儿子田建继位后（公元前265年），田单一度还被拜为丞相。不过由于田建昏聩透顶，满腹韬略的田单未能得以再展身手。

10. 田建亡齐

田建是齐襄王的儿子，在位共四十四年。他后来投降秦国，没有谥号，所以史书多称他为齐王建。在说田建之前，还是让我们先来了解一下他的父亲襄王是如何得以继位的吧。

这是一段凄婉感人的故事，它就发生在燕、秦、韩、赵、魏五国联军来攻打齐国期间。话说这天，乐毅又在调兵遣将了。当说到画邑（今山东淄博市临淄区朱台镇桐林村西南）时，他特别叮嘱奉命攻打该地的将领："画邑周围三十里不得侵犯。"你知道这是为什么吗？

原来，画邑城住着一个叫王蠋（zhú）的人。虽然这王蠋只是一个退隐之人，但重义忘利的他不仅在齐国享有盛誉，而且在列国也是远近闻名。所以此次乐毅非但对画邑手下留情，而且不久还亲自来邀请他出山。乐毅明确表示说："齐国人都非常敬佩先生的义气，我们燕人也十分景仰。如果先生能来我们燕国做将军，就会得到一万户的封邑。"谁知王蠋根本不为所动，坚决地回绝了乐毅的邀请。见软的不行，乐毅又威胁说："如果你再推辞，我就要命令大军对画邑屠城。"王蠋说："忠义的大臣不会侍奉第二个君主，贞烈的女子不会改嫁第二个男人。湣王不听我的劝谏，所以我才来到乡间种田养家。现在既然国家败亡，我也不能独自存活。你还想对我威逼利诱，我又怎能助纣为虐呢？与其做个不义之人苟延残喘，还不如死了呢。"说罢，他真就起身把脖子置于两根树杈之间，然后用力拉扯，直至气绝身亡。

在听说这件事后，那些亡命天涯的齐国公卿大夫们无不羞愧感奋。有人由衷赞叹："王蠋只是一个普通百姓（归隐之后他的身份就是普通百姓），然而却能决意不做燕国的臣子，我们这些有官位食俸禄的人又怎能落后呢？"

就这样，在王蠋的精神感召下，一些本已逃到国外的齐国大臣回到尚处于血雨腥风中的莒城，拥立已经被迫改名换姓的齐湣王的儿子田法章即了国君之位，也就是齐襄王。

公元前265年，齐襄王去世，继位的是他的儿子田建。可惜的是这田建并无半点其父遗风，既缺乏治国安邦之道，又少有勤政爱民之举。更要命的是他忠奸不分，专宠小人佞臣。

齐王建六年，即公元前259年，强秦入侵赵国，齐国和楚国应邀出兵相救。对此秦国颇为顾忌，只好拟定了一个相对机动的作战原则，即：如果齐国和楚国全力以赴，就赶紧退兵；如果齐国和楚国只是派兵观望，就倾力攻打赵国。田建听信谗言，果然只是派兵观望，并未真正出手相助。更可恨的是，当赵国军粮极度短缺而前来求借之时，他仍执迷不悟不肯出手援助。

当然齐国不是没有贤能之臣，只是昏聩的田建不识罢了。就拿赵国借粮这件事来说，大臣周子就曾力谏说："应该借粮给赵国。秦国见我们借粮给赵国，就会知道我们两国一心，从而主动撤兵。如果我们不借粮给赵国，秦国就不会撤兵，那么我们齐国就会因工于谋算而失策。况且，赵国是我们齐国抵挡强秦的一道屏障，就好像嘴唇和牙齿的关系一样。嘴唇没了，牙齿就会受冻。如果我们今天面对赵国的灭亡而坐视不顾，明天我们齐国就会有祸患了。现在我们救助赵国就会让秦国退兵，并向各国显示我们的正义，使得我们齐国名扬诸侯。如果我们过于爱惜粮食不救助危难、不彰显正义，就是一种错误的决断啊！"

这实在是一个入情入理的分析，然而田建却不为所动，一意孤行，拒绝了赵国的借粮请求。可以说齐国的不管不顾，也是四十余万赵军将士最终在长平（今山西高平西北）一战中惨遭坑杀的一个重要原因。赵国自此一蹶不振，齐国的祸患当然也就不远了。

综观战国后期，齐国无疑是唯一一个能够与秦国相抗衡的国家，所以当时就有“东齐西秦”之说。然而，田建在位期间不思进取，放任秦国逐一蚕食“战国七雄”中的另外五个，还傻乎乎地做着与秦国划地而治的美梦。这不是自取灭亡，又是什么?

齐王建三十五年（公元前230年），秦国占领韩国；齐王建四十年（公元前225年），秦国灭掉魏国；齐王建四十二年（公元前223年），秦国并吞楚国；齐王建四十三年（公元前222年），秦国又先后拿下燕国和赵国。当上述五国受到秦国入侵的时候，不是没有人提醒田建，要他谨防秦国的贪婪，要他明白兔死狐悲的道理。可他就是不听，只把个丞相后胜的话奉若神明。从某种意义上说，田建是不是称得上是成就秦始皇一统天下的“第一功臣”呢?

据史料所载，那个被田建最为倚重的奸相后胜是一个吃里爬外的可憎家伙。背地里，他老早就接受了秦国的大宗贿赂，所以尽出一些对齐国不利的馊主意。这不能不说是田建的一大悲哀。不过，这么长的时间田建对后胜的所作所为竟丝毫没有察觉，足见他的昏聩也实在是到顶了。

齐王建四十四年，即公元前221年，秦军铁蹄终于踏上齐国的土地，浑浑噩噩的田建也终于美梦做到头了。万般无奈之下，他只好最后一次听取奸相后胜的建议，乖乖地向秦王（即后来的秦始皇）投降了事。后来，田建被迁到共（gōng）地（一说今河南辉县，一说今甘肃泾川北），据说他最终被活活饿死。

三、宋国

1. 孔氏家族的变迁

我们都知道孔子是春秋时期的鲁国人，可你知道吗，套用现在的话说，他的原籍却属宋国，而宋国则是商纣王的哥哥微子启（也作微子开）的封国。

说到这里，我们还是先来介绍一下宋国的来历吧。当初武王伐纣攻克商朝都城殷的时候，由于商纣已经自焚，微子启只好带着殷商祭祀所用的礼器，蒙着脸、赤裸着上身，左手牵了一只羊，右手拿了一把茅草，到城外跪行向武王请罪。因为知道他是一个素有德行的君子，也为了彰显自己的盛德，武王赦免了微子启。

后来，受封在殷商故地的商纣之子武庚因与管叔、蔡叔一起叛乱而被诛灭。当时摄政的周公便把商地一分为二，一部分封给九弟姬封建立卫国，国都在沬（mèi，今河南淇县）；另一部分则改封给微子启建立宋国，国都在商丘（今河南商丘南）。

在自己有儿子的情况下，微子启之后的宋国第五代国君宋湣公把国君之位传给弟弟宋炀（yáng）公。此事引起湣公儿子鲋祀（fú sì）的强烈不满。后来，鲋祀杀死叔叔炀公欲拥立自己的长兄弗父何，无奈弗父何却坚决不肯违背父亲的遗愿。于是，鲋祀自立为国君，也就是宋厉公。

弗父何嫡传的一支——弗父何生子宋文周，宋文周生子世子胜，世子胜生子正考父——则得以相继为宋国大夫。到正考父的儿子孔父嘉（名嘉，字孔父，其后人遂以孔为姓）时，更是位列三公，官拜大司马，掌管着全国的军队。

孔父嘉的妻子非常漂亮。某次外出，她被权臣太宰华督撞个正着。华督本就一好色之徒，他一下子便为孔父嘉妻子的美貌所迷，忍不住注视良久。为了达到与孔妻长期厮守的肮脏目的，色迷心窍的华督一面给孔妻送去大宗精致礼物，一面指使人到处宣扬说："大王（宋国此时的国君是宋殇公）即位才只有十年，我们宋国就先后卷入十一场战争，百姓苦不堪言，这都是大司马孔父嘉导致的。我们应该团结起来杀掉孔父嘉，让百姓过上安宁的日子。"不久，华督真就带人把孔父嘉杀死，并且霸占了他的遗孀。孔氏与华氏从此结下血海深仇。对于华督的这一行径，国君殇公也甚为不满。谁料，这华督竟来个一不做二不休，把殇公也给杀了，而后拥立殇公的弟弟公子冯为国君，也就是宋庄公。

宋庄公即位后，华督被任命为丞相，并且逐渐把控了国家大权。到孔父嘉的曾孙孔防叔时，因不堪华氏的欺凌，孔氏举家搬迁到鲁国的陬（zōu）邑（今山东曲阜南）。到了鲁国，孔氏也就由世家大夫降为普通士人。后来，孔防叔生子伯夏，伯夏生子叔梁纥（hé），叔梁纥生子孔丘。孔丘也就是孔子。

我们还是着重说说叔梁纥吧。他人高马大，智勇超群，在鲁国屡立战功。下面所说的便是其中最为显赫的两次：

话说公元前563年，当时中原地区的老大晋悼公（由于在公元前575年的鄢陵之战中大败楚军，晋国已经成为中原地区事实上的霸主）突发奇想要把鲁国南边的小国偪（bī）阳（今山东省枣庄市台儿庄区涧头集、张山子镇一带）攻下来送给宋国大夫向戌（xū）。鲁国也应邀派兵参战。作为鲁国少有的一员猛将，叔梁纥自然也参加了这场战役。就在大军围城急攻的时候，没想到偪阳人冷不丁吊起悬门，以晋军为首的多国联军将士来不及细想就朝城门蜂拥而去。接下来，更出人意料的一幕发生了，偪阳人又猛然放下悬门。眼看着联军队伍就要被截为两段，大家一时都傻了眼。千钧一发之际，但见叔梁纥抢步上前，高举双手硬生生把这正在下落的足有千斤之重的悬门给托住了。那些盲目冲进城去的将士们这才得以安全撤出。

还是这一年，一次，齐国军队大举入侵鲁国，大夫臧纥被围困在防邑（今山东临沂费县）。危急关头又是叔梁纥与臧纥的两个弟弟臧畴和臧贾带着三百名敢死队员，冒着生命危险星夜突围，把臧纥转移到安全的地方。更令人钦佩的是，叔梁纥又主动请缨冲破重重包围回到防邑率众死守，并且最终使得齐军无功而返。

接连荣立两大战功，叔梁纥终于被鲁襄公封为陬邑大夫。

虽然年近七旬的叔梁纥膝下已有九个女儿和一个跛足的儿子，但为了生养一个健全的儿子发扬光大祖业，他还是又向颜氏提出求婚。就这样，年纪轻轻且又笃奉礼法的颜徵（zhēng）在遵从父命与叔梁纥结为夫妻。后来，他们夫妇祷告于尼丘山终于如愿以偿生下孔子。

自言“十五志于学”的孔子后来开创了对中国文化有着深远影响的儒家学派，并被后世尊称为“圣人”，因遭逼迫而搬迁到鲁国的孔氏一家也由此焕发出勃勃生机。

2. 宋襄公之义

宋桓公在位时按制将嫡子兹甫立为太子。因为觉得自己才疏学浅，远不及身为庶子的弟弟目夷，兹甫便向父亲提出要把太子之位让与目夷。看到兹甫如此宅心仁厚，反倒更加坚定了宋桓公传位兹甫的决心。公元前650年，兹甫继位为国君。他也就是后来被称为“春秋五霸”之一的宋襄公。富有远见卓识的目夷被哥哥襄公任命为丞相。

襄公八年，即公元前643年，春秋时期的首个霸主齐桓公死了。因晚年在立太子一事上态度含混，齐桓公自己落个腐尸生蛆的下场不说，而且也给儿孙们留下争权夺位的祸根。由于齐桓公生前曾将一度被立为太子的昭托付给宋襄公照顾，宋国也就卷入此事。

当某一天昭哭哭啼啼跑来向他诉说国君之位被弟弟无诡给抢走自己被迫逃离家园的时候，忠厚笃仁的宋襄公简直震惊了。不久，襄公便联合几家诸侯共同发兵把昭护送回去。不过这一次昭并没有顺利达到目的，所以他只好再度来向襄公求助。随后，襄公召集了更多的人马，终于帮助昭成功登上国君之位，也就是齐孝公。

对于宋襄公的鼎力相助，齐孝公自然是感恩戴德、没齿不忘。看到强大齐国的国君都对宋襄公敬重有加甚至唯命是从，其他诸侯自然对他更是不敢小觑。自此，中原各国在重大问题的决断上往往都会尊重宋襄公的意见，他也就成了继齐桓公之后的又一位霸主。也有人认为当时宋国的实力不够强大，襄公本人也不曾得到周王的认可，所以不同意把他列入“五霸”之中。

我们还是接着来说襄公。为了进一步巩固和加强自己的优势地位，他竟然想出一个颇具狐假虎威意味的主意，即召开一个会议借助南方强大的楚国和北方强大的齐国的力量来让更多小国听从自己的调遣。闻知此事，丞相目夷劝阻道：“小国去争做盟主是会自取其祸的。”然而，头脑正发热的襄公又怎能听得进去呢？见襄公依然执迷不悟，目夷又建议说：“如果你一定要组织这次会议，希望你能提前做好准备，多带一些兵马，以防不测。”襄公却很是不屑地说：“那怎么行呢？我们是为了不互相攻伐而举行会盟，怎么能够自己反倒带着兵马去威慑对方呢？”看到说服不了哥哥，目夷只好黯然退了出来，不无忧虑地自言自语道：“国君的欲望怎么这么大呢？国家的祸患就要来了。”

就这样，襄公十二年即公元前639年的秋天，宋、齐、楚三方的会谈在盂（yú，今河南睢县西北）如期举行，参会者则是宋襄公、齐孝公和楚成王。按照宋襄公的想法，这次会盟研究的是下一步如何会合众诸侯订立盟约以求互不侵犯、共谋发展的问题。对于这样的和平会议当然也就不需要兴师动众，所以他没有做丝毫防范轻车简从便来赴会了。

会上，宋襄公居然想借助齐孝公的支持对跋扈的楚成王发号施令。自恃地大物博且又戾气十足的楚成王岂能吃宋襄公这一套，所以会议不欢而散。更令宋襄公始料未及的是，会议结束后楚成王竟然下令把他给劫持到楚国。

直到这年冬天，在齐孝公的倾力斡旋之下，宋襄公才被放回来。回国后，宋襄公并没静下心来总结教训，而是以郑国亲近楚国不听号令为由挑起战争来发泄内心的愤懑。对此，大臣子鱼等人竭力劝阻，无奈宋襄公再一次固执己见、一意孤行。

面对宋国的强大攻

势，郑国只好来向楚国求助。楚成王真是厉害，竟然亲率人马径直扑向宋国。要说起来，孙膑实施围魏救赵之策（公元前353年）比他要晚将近三百年呢。宋襄公闻报只好率军从郑国撤回本土，并在泓水（今河南柘城西北）南岸安营扎寨，严阵以待。

很快楚军便到了。就在楚军忙于渡河的时候，丞相目夷建议："楚军人多势众，我们人少，不如趁敌人还没有完全过河，先给他们来个迎头一击。"谁料这宋襄公非但不听，而且还不无责备之意地回道："我们是讲仁义的国家，敌人还没有完全过河，怎么能出手呢？"不大一会儿，楚军就全部过了泓水。目夷又建议道："趁楚军现在还没排好阵势，我们一鼓作气打过去还是可以取胜的。"宋襄公却不温不火地说："不急，等他们排好阵势再说。"等到楚军已然从容列好战阵，宋襄公这才下令让将士们上前拼杀。结果可想而知，弱小的宋军哪是强大的楚军的对手？不消片刻工夫，宋军就被打了个七零八落，襄公本人也被射伤大腿。

狼狈地败逃回国都，宋襄公免不了会受到大伙的指责，可他却依旧愚顽不化，还一本正经地辩解道："君子不能围困那些陷于绝境的敌人，不能攻打还没有排好战阵的敌军。"子鱼听了忍不住顶撞道："打仗就是为了取胜，怎么能够用平常的标准来评说呢？如果照大王这么说，我们干脆做俘虏好了。"宋襄公哑口无言，无语以对。

这个志大才疏的宋襄公竟然要和敌人讲仁义，当然不会有好下场。就在泓水大战两年后，宋襄公终因大腿所受之伤复发而殒命。

3. 叫停一场战争的墨子

在百家争鸣的春秋战国时期，墨家与儒家一样一直被视为显学大派，所以《韩非子·显学》称："世之显学，儒、墨也。儒之所至，孔丘也；墨之所至，墨翟（dí）也。”《吕氏春秋·有度》也说：“孔、墨之弟子徒属充满天下。”墨家的创始人便是宋国大夫墨翟。由于史料最为翔实的《史记》没有为他单独立传，所以我们只能依靠其他史料推测得知，他大约生活在公元前468年至公元前376年之间。为了表达对他的敬重，后人一般都称他墨子，他的弟子门生更是尊称他“子墨子”。

墨子去世后，墨家又分为三个支派。他们各自对墨子的学说故事留下一些记载，并且大同而小异。后来，有人就把这些记载汇编成今天我们所见的《墨子》一书。《墨子》原有71篇（见《汉书·艺文志》），现存53篇。其中著名的“十论”——《尚贤》《尚同》《兼爱》《非攻》《节用》《节葬》《天志》《明鬼》《非乐》《非命》——的每一论都存在文字稍有异同的上、中、下三篇，如《非攻上》《非攻中》《非攻下》。这就是因为墨家后来分为三个支派而造成的。特别值得一提的是，《墨子》还首开为不同篇章设立标题之先河，这在中国散文史上无疑是一个具有里程碑性质的事情。此前的诗歌也好，比如《诗经》，语录体散文也好，比如《论语》，历史散文也好，比如《左传》，都是没有标题的。

从《墨子》一书我们不难看出墨家的思想和以孔子为宗师的儒家的思想有很大差异，有些方面甚至完全对立。我们知道司马迁是儒家学派的传人和极力推崇者，在《史记》中他没有为墨子立传是不是有这方面的原因呢？要知道著史的基本原则就是要客观公正，如果真是这样的话，作为备受后人尊崇的司马迁先生可就犯了这一史家之大忌，但愿这只是笔者的一种猜测。

墨子生活的是一个战乱频仍的非常时期。国与国之间，各诸侯国贵族之间，尔虞我诈，你攻我伐，老百姓的生产生活自然受到严重影响。因此，墨子旗帜鲜明地提出“兼爱”和“非攻”的主张，也可以说这两大主张便是墨家学派思想的核心。

墨子认为：人与人相爱，就不会相互伤害；士大夫之间相爱，就不会相互勾心斗角；诸侯相爱，就不会相互发动战争。这样天下就可以太平，百姓也就可以安居乐业。无疑，墨子的这一思想与我们所说的创建和谐社会其实同理。不过在当时贫富分化日益加剧，公平正义的基本社会原则受到严重破坏，阶级矛盾异常尖锐的情况下，这显然只能是一种美好的理想。

在“兼爱”与“非攻”思想的基础上，墨子又提出“尚贤”、“节用”、“节丧”和“非乐”等一系列具体措施。具体说来就是，要选拔贤能的人来管理国家，废除爵禄世袭的不合理制度；要提倡节约，反对生活奢靡和铺张浪费，反对大操大办丧事；等等。这些当然都值得赞赏，可问题就出在富有金钱和特权的封建统治阶级愿意这么干吗？也许墨子先生没有认识到，只是依靠自觉自律万难行得通。至于墨子所提出的希望统治阶级和百姓都要放弃音乐等一切文艺活动，从而彻底解决“饥者不得食，寒者不得衣，劳者不得息”的所谓百姓眼中的“三患”问题的看法，我们现在看来显然更是有失偏颇。

另外，《墨子》一书不仅为我们后人宣讲了墨家的思想，而且也留下许多生动有趣的故事。这其中流传最为广泛的恐怕就要数《公输》一文中所说的墨子与公输盘（bān，也作“班”或“般”）斗智斗勇的故事了。

这个故事大约发生于公元前440年。话说雄心勃勃的楚惠王正在为筹划重建像当年楚庄王那样的霸主伟业而四处招募人才的时候，一个叫公输盘的能工巧匠闻讯来到楚国。这个公输盘可不是一般的人物。传说，他的木工手艺已达炉火纯青、出神入化的程度，我们今天还在使用的许多传统木工工具都由他发明，后人把他奉为木工业的鼻祖。又因他是鲁国人，人们也多称他“鲁班”。

针对当时普遍存在的因对方城墙高固或护城河宽深而难以形成有效进攻

的难题，公输盘发明了一种号称“云梯”的特别长的攀爬用具。有了云梯，即便对方的护城河再宽、城墙再高，攻城也不再是一件很困难的事。

得到公输盘的帮助，楚惠王的信心更足了，并且他还把与楚国紧邻的宋国列为首个要侵略的目标。就在楚国加紧筹备的时候，这一消息不胫而走，很快便传到宋国。闻知此事，墨子非常着急，也来不及怎么准备便只身赶往楚国。一路之上，他不敢住店歇息，饿了就随便弄点吃的，困了就在车上打个盹。就这样日夜兼程，十天之后，墨子终于赶到楚国的都城郢（yǐng，今湖北荆州）。

来到楚国，墨子首先拜会了公输盘。一场饶有兴味的智斗也就随之开演。

公输盘说：“先生有什么要吩咐的吗？”

墨子说：“在北方我被一个人侮辱了，请您帮忙去杀掉他好吗？”

公输盘面沉似水地说：“这怎么可以呢！”

墨子说：“我愿意奉送千金给您作为报酬。”

公输盘说：“我信守道义，无论如何也不会帮你去杀人。”

墨子再次起身行礼，说：“请听我解释一下刚才我为什么如此唐突吧。我在北方听说先生正在加紧赶制云梯，为准备攻打宋国之用。难道宋国有什么过错吗？楚国疆域辽阔而人口不多，在这种情况下让士卒去送死而夺取已经很富足的土地，不能说是‘智’；宋国没有过错，而要发兵去侵略，不能说是‘仁’；知道这些道理，而不劝阻楚王，不能说是‘忠’；竭力去争取，最后也一定不会得到什么好处，不能说是‘强’；自称信守道义不愿帮助我杀一个人，却又要帮助楚王去荼毒生灵，不能说是‘知类’。”（“知类”是懂得类推的意思。公输盘是儒家弟子，所以墨子才用儒家学派所崇尚的“智”“仁”“忠”“强”“知类”等来说服他。）

公输盘不住地点头说：“我算是服了先生。”

墨子说：“那么，可以停下你手中的活计了吧？”

公输盘说：“那可不行，我已经向大王许下诺言。”

墨子说：“为什么不引我去见楚王呢？”

公输盘点点头说：“好吧。”

楚惠王在朝堂上接见了墨子。他们之间的对话同样也是趣味横生。

墨子说：“听说有这么一个人，放着自己彩绘的好车不用，看到邻居有一辆破车，就想偷过来；放着自己的锦衣华服不穿，看到邻居有一件粗布衣衫，就想偷过来；放着自己的美味珍馐不吃，看到邻居有一点粗茶淡饭，就想偷过来。大王，您说这是一个什么人呢？”

楚惠王说：“这个人有喜欢偷盗的怪癖吧？”

墨子说：“楚国方圆不下五千里，而宋国方圆不足五百里，这就如同好车和破车相比；楚国有云梦这样的大泽，所以像什么犀牛、麋鹿、鱼、鳖、虾、蟹无所不有，而宋国连野鸡、野兔、鲫鱼都很少，这就如同美味珍馐和粗茶淡饭相比；楚国遍地松树、梓树，也不乏楠木、樟木，而宋国连棵高大的树木也没有，这就如同锦衣华服和粗布衣衫相比，因而我觉得大王攻打宋国就如同那个有偷盗怪癖的人一样。”

楚惠王虽然被揭露得体无完肤，但还是禁不住点头赞许说：“先生说得有道理啊。不过，公输盘先生已经为我制造了大量云梯，所以我不能辜负他放弃攻打宋国的计划。”

墨子说：“可以请公输盘先生与我一比高下吗？”

楚惠王说：“好啊。”

于是，一场别开生面的战斗演练开始了。墨子随手解下自己的腰带围起来当作城池，用小木板当作守城的器械。虽然公输盘使出浑身解数，不断变换着方法，可他就是怎么也攻不上城去。公输盘终于有些恼羞成怒，就听他气呼呼地说："现在我已经有了对付你的办法，只是不屑挑明而已。"闻言，墨子哈哈大笑着回应道："我知道你的办法，我也不愿挑明。"看到两人斗起哑谜，在一旁听得一头雾水的楚惠王忍不住问道："你们俩到底说的是什么意思呢？"

见楚惠王追问，墨子平静地回答说："公输盘的办法就是把我给杀了。杀死我，宋国不就没有人能够阻止楚国的进攻了吗？可他哪里知道，在来楚国之前，我早已安排我的弟子禽滑厘等几百人带着我为他们准备的器械在宋国严阵以待，所以即便杀了我，也丝毫不会影响宋国的防御。"听了墨子的一番话，再加上已经目睹两人的演练，楚惠王终于明白，即使他们出兵攻打宋国也不一定能达到预期的目的。于是，他也就来个借坡下驴，明确表示取消攻打宋国的一切计划。就这样，一场一触即发的战争被墨子以其非凡的智慧和无与伦比的雄辩给成功化解。

四、鲁国

1. 曹刿与“长勺之战”

虽然一直未能称霸，但就历史影响而言，鲁国并不比曾经一度称霸的齐、宋、晋、秦、楚、吴、越等国中的任何一个逊色。其实，早在齐国称霸之前，鲁、齐两国就于公元前684年在长勺（今山东莱芜东北，一说曲阜北郊）展开过一次较量。应当说，就军事实力而言，当时的齐国要远远胜过鲁国，然而就是因为一个普通百姓曹刿（guì）的参与，最终却使得鲁国创造了一个以弱胜强的奇迹。

事情的起因是这样的：公元前686年，鲁国的近邻齐国接连发生一些重大变故。先是公孙毋知杀死无道的齐襄公而篡立，可没出仨月公孙毋知又为仇家所杀。齐襄公没有儿子，所以按照惯例应由他的俩弟弟纠和小白中的一个来做国君。当时公子纠客居鲁国，而公子小白客居莒国。虽然鲁庄公出动了不少人马意欲帮助公子纠把国君之位抢到手，可最终还是让公子小白捷足先登。这公子小白便是后来成为春秋时期第一位霸主的齐桓公。就是因为鲁国曾经帮助公子纠与自己作对，所以待到国内稍稍稳定下来，齐桓公便催动大军来攻打鲁国。

得知强大的齐国发兵来犯，鲁国上下人心惶惶，国君鲁庄公也是一筹莫展。一天，一个叫曹刿的人前来求见，并且他还声称有退敌之策，这让鲁庄公不由眼前一亮。

其实，这曹刿只是一个普普通通的庄稼人。当听说他要去为国君出谋划策时，家人和邻居无不反对。有人劝他说："你一个平民百姓操什么心呢？还是让那些吃肉的人（意即当官者）去想办法吧。"曹刿可是个自信而有主见的人，他当然不会轻易放弃初衷。就听他解释说："那些吃肉的人目光短浅，不懂得深谋远虑。现在国家已经到了生死存亡的关键时刻，我怎能坐视不管呢？"见他心意已决，别人也就不好再阻拦。

鲁庄公立刻便接见了曹刿。大敌当前，所以这场国君与平民的对话也就显得格外直截了当。

曹刿说："大王凭借什么来抵御齐军呢？"

鲁庄公说："有了吃的用的，我从来没有独自霸占，一定要分一些给臣子们共享。"

曹刿毫不客气地说："这样的小恩小惠不可能遍及所有人，百姓又怎么会听从你的号令呢？"

鲁庄公想了想说："每当祭祀的时候，贡品有多少，我就向神灵报多少，从来不敢以少报多有所欺瞒。"

曹刿依旧直言不讳地说："这不过是一种小信用罢了，神灵是不可能帮助大王战胜齐军的。"

鲁庄公沉思片刻说："那些大大小小的官司，虽然我不能一件一件亲自去查证，但却会尽可能处理得合情合理。"

曹刿说："这倒是大王做的一件尽本分的事，百姓一定会支持你，这样也就一定能够打败齐军。如果哪天开战，请大王允许我跟随你一起去。"

鲁庄公因见曹刿分析得头头是道，就说："那可太好了。"

第二天，鲁庄公便和曹刿同乘一辆战车率军出发了。这一天，齐、鲁两军在鲁国的长勺相遇。双方随即摆开阵势，一场血战眼瞅着就要开始了。

自恃人多势众，齐军一上来就忙不迭地擂响战鼓叫起阵来。一般来说，鲁军不该示弱，也要擂响一通战鼓以示回应，然后双方主帅便可以挥兵上前一决胜负。看到鲁庄公真要下令击鼓进军，曹刿连忙制止道：“且慢！大王，现在还不到时候。”

见鲁军没有反应，齐军主将不免有些沾沾自喜，还以为鲁军是被吓怕了呢，所以紧接着他便下令擂响了第二通叫阵的战鼓。再看看那些齐军的将士，一个个张牙舞爪，扯着嗓子大喊大叫，哪里还把鲁军放在眼里。

因为早已注意到鲁庄公被齐军的这种嚣张气焰给激怒了，所以曹刿及时提醒道：“大王别急，现在还不到我们击鼓进军的时候。”

看到鲁军还是没有动静，齐军上下更是洋洋自得、忘乎所以，就好像他们已然取得胜利。也许是齐军主将想干脆吓退鲁军算了，反正他是急匆匆就又下令擂响了第三通战鼓。不过，这一次齐军全然没了前两次的气势。

站在高高的指挥车上，曹刿把齐军的一举一动看得清清楚楚。看到齐军斗志已消，曹刿果断提醒鲁庄公说：“大王，赶紧下令击鼓进军吧。”伴随着鲁庄公一声令下，鲁军战鼓齐鸣，其声震天动地、响彻云霄，早已憋足了一股劲儿的将士们则犹如一只只下山猛虎冲了上去。齐军还真就没有料到鲁军会来这么一手儿，转眼间阵形就被冲了个七零八落，乱了方寸的他们只剩下各自没命逃窜的份儿了。

看到齐军败逃，训练有素的鲁军将士并没有急于追赶，而是静待着主帅的命令。这样的好机会鲁庄公又怎能放过呢？可就在他要挥手下令之际，曹刿却再次拦住了他。

就见曹刿先是迅速跳下车俯身仔细观察了一会儿齐军战车留下的痕迹，接着又利落地重登战车拢目远眺，然后才郑重地对鲁庄公说：“请大王下令追击吧。”就这样，鲁军将士随后掩杀过来，而早已溃不成军的齐军可就惨了。但见他们一个个丢盔弃甲、叫爹喊娘，其窘状实在是令人不忍目睹。

这就是“长勺之战”的大致经过。

直到凯旋，这个指挥大军完胜对手的鲁庄公还是满脑子的疑惑。他怎么也不明白，面对敌人一次又一次叫阵，曹刿为什么要一再阻止他下令进军呢？而看似那么强大的齐军怎么就这样不堪一击呢？再次回到朝堂之上，鲁庄公不禁把心中的这些疑问一股脑儿地倒了出来。

曹刿解释道：“作战凭借的可是勇气，第一次击鼓能够振作将士们的勇气，第二次击鼓的时候将士们的勇气就没有那么高涨，第三次击鼓的时候将士们便没什么勇气可言了。敌军的勇气丧失殆尽，而我军的勇气正是最为鼎盛的时候，所以我们就胜利了。对于齐国这样一个大国，有些事情很难预料，故此我担心他们会有埋伏。当我看到他们的车辙确实杂乱无章，战旗也是东倒西歪的时候，这才敢断定他们是真的败了。”（《左传·庄公十年》：“夫战，勇气也。一鼓作气，再而衰，三而竭。彼竭我盈，故克之。夫大国，难测也，惧有伏焉。吾视其辙乱，望其旗靡，故逐之。”）

在这里我们还要补充说明一点，曹刿生活的时代比司马穰苴所处的齐景公时期（公元前547—前490年）以及孙武所处的吴王阖闾（hé lǘ）时期（公元前514—前496年）可要早得多，更不要说战国时期的孙膑和吴起了。再加上假托姜尚之名的《太公兵法》可能成书于战国时期，所以《左传》所记载的曹刿关于作战的这些论述是我们今天能够得见的最早的军事理论。

2. 千古一圣人——孔子

我们一般是愿意尊称孔子为圣人的，其实，“圣”、“文圣”抑或“至圣”都是历代统治者对他的一种追谥。要说这“圣”可不是一般意义上的褒奖，据《谥法》说：“扬善赋简曰‘圣’，敬宾厚礼曰‘圣’。”追溯历史，我们会发现最早称孔子为圣的当属北魏孝文帝，他在公元492年便追谥孔子为“文圣尼父”。而在众多的谥号当中，最为响亮的还得算“大成至圣先师”。

孔子是鲁国昌平乡陬邑人，生于鲁襄公二十二年夏历（相传自夏朝时就有这种以月相为主要参照的历法，今也称农历或阴历）的八月二十七日（公元前551年9月28日），卒于鲁哀公十六年二月十一日（公元前479年4月11日）。他名丘，字仲尼。据《史记》称，孔子的父母因祷告于尼丘山才得此贵子，就以“丘”、以“尼”来为他起名取字。至于“仲尼”里的“仲”则是古人为区别兄弟之序所多有采用的一个字。通常情况下，兄弟长幼多以孟、仲、季或伯、仲、叔、季等来加以区分，而孔子有一个同父异母的哥哥孟尼（也作孟皮，“皮”即“跛”字的异写，他有跛足之疾）。

细究起来，孔子乃是黄帝的后代。我们知道创建商朝的汤是黄帝的第十七世孙，汤传三十世而至纣。这纣有一位庶兄，人称微子启（也作微子开，早时得封微国）。周成王时，微子启得以在商丘（今河南商丘南）一带建立宋国。宋国国君传到第六世时，继位的本该是弗父何，可是他的父亲却没有把王位传给儿子而是传给自己的弟弟宋厉公。弗父何的弟弟鲋祀弑厉公后欲拥立哥哥，而弗父何却坚辞不就。就这样鲋祀即了位，弗父何则被封为大夫。弗父何的后人宋文周、世子胜、正考父、孔父嘉、木金父、祁父（也作睾夷父）也相继为大夫。由于孔父嘉的原因，祁父的儿子孔防叔被迫携家人搬迁到鲁国（参见《宋国·孔氏家族的变迁》）。当然，到鲁国后，他们一家也就没了世袭大夫的殊荣，只能算是普通的士人家庭（士人又称士，是西周与春秋中前期的一个社会阶层。在经济上，士有一定地位，也有由庶人代为耕种的田地，过着不劳而食的生活。但在政治上，他们居于卿大夫与庶民之间，属于贵族的最低层，往往不得不依附卿大夫，只能担任一些低等的职务。春秋中后期，士作为一个社会等级逐步解体。不过，在失去“铁饭碗”的同时，他们也获得较大的发展上的自由。特别需要说明的是，士人并不等同于后世的士大夫。士大夫的称谓是战国中叶才流行开来的，可以说它是士人与官僚大夫合二为一的产物，也是士人崛起的见证）。后来，孔防叔生子伯夏，伯夏生子叔梁纥，这叔梁纥便是孔子的父亲。

说到这里可能有人会问，那么仅为普通士人的孔子为什么后来会被尊称为圣人呢？这就需要我们来全面了解一下他的卓绝贡献。

首先，孔子是一个伟大的教育家。

孔子是怎样由一个懵懂少年成为一个伟大的教育家的呢？我们还是从他的求学生涯开始说起吧。孔子生活的春秋末年，东周王室已是日渐颓废，根本无力约束各个诸侯国，所以整个中华大地礼崩乐坏、动荡不堪。因其忧国忧民的伟大情怀和敏锐卓绝的洞察力，孔子还真就发现了其中的症结所在。

为恢复礼乐旧制，重现古时淳朴之风，少年孔子艰难地踏上漫漫求学之路。相传，他勤奋异常，学无常师，曾问礼于老聃（dān，老子），问乐于苌（cháng）弘，学琴于师襄。其中，他向师襄学琴的故事尤为引人深思。

据说，为提高弹琴的技艺，一天，孔子慕名找到了师襄。可是连续十天，他老是弹奏同一首曲子。师襄便提醒他："这首曲子你已经会弹，可以学习新的了。"孔子却满是认真地说："老师，这曲子我是会弹了，但我弹得还不够熟练。"过了一段时间，师襄又提醒他："你弹得已经够熟练，可以学习新的了。"孔子依旧谦虚地说："老师，我还没有领会到这支曲子的神韵呢。"又过一段时间，师襄再次提醒他："现在你可以学习新曲子了吧？"对自己仍不满意的孔子回答说："老师，我还没有从曲子的意境中体会出作者是谁呢。"再过一段时间，一次，正专心致志弹奏乐曲的他突然停下来。就见他一会儿眉头紧锁，一会儿举目远眺，冷不丁他站了起来，兴奋地对师襄说："老师，我体会出作者的样子了——他皮肤黝黑，身材高大，目光炯炯，就像一个统率四方诸侯的王者。对了，除了周文王，又有谁能够谱写出这样的曲子呢？"这一番话简直把师襄给惊呆了，他连忙起身离席，对着自己的这位学生躬身一礼说："是啊，当年我的老师好像对我说过这首曲子就叫《文王操》。"

这个故事就记载在《史记·孔子世家》之中。今天听来，这委实有些让人感到不可思议，但我们不要忘了，那个时候有条件接触音乐的只有社会的上层，而真正有能力谱写乐曲并传之四海的恐怕也只有那些高高在上的帝王抑或其御用乐师，因而孔子有这样的感悟似乎也在情理之中。

可以说正是因为他的这种精益求精的治学态度，以及作为一个普通士人不可避免的艰辛求学经历，才使得他最终成为一位名垂千古的教育家。在他之前，学校为官家所有，因此除了王公贵胄、世家子弟有机会接受文化教育外，普通百姓断无机会踏入学校之门。有感于自己求学的艰辛，孔子开馆授徒，首开私人办学之先河。更为可喜的是，孔子还取得极其显赫的教学成绩。《史记·孔子世家》称："孔子以《诗》《书》《礼》《乐》（都属儒学经典"六经"的范畴。"六经"指《诗》又称《诗经》，《书》又称《尚书》《书经》，《礼》又称《周礼》《礼记》，《易》又称《周易》《易经》，《乐》又称《乐经》，《春秋》）教，弟子盖三千焉，身通六艺者七十有二人。"其实，这里的"三千"也好，"七十二"也罢，都是一些约数。这也是因为古人有喜欢用三的倍数来举其大概的习俗。而在《史记·仲尼弟子列传》中，作者则引用孔子之语——"受业身通者七十有七人"，点明了其得意高徒的具体数目。该文还对颜回、闵（mǐn）损等三十五人的事迹进行了简要记述，对冉季、公祖句兹等四十二人也列出了名字。单从这一个个真真切切的数字，我们便不难想象孔子办学的规模有多大，其影响又是何等深远。

作为一名伟大的教育家，孔子提出一系列意义非凡的教育理念，如"有教无类"（无论什么人都可以受到教育）、"不愤不启，不悱（fěi）不发。举一隅不以三隅反，则弗复也"（不到学生很想弄懂而又弄不懂的时候，就不要开导他；不到学生很想讲出来而又不知如何表达的时候，就不要启发他。已经给他讲清楚事物的一个方面，但他还不能触类旁通，就不要急于传授他新的知识）等。在教学中，他所表现出的循循善诱的智慧、因材施教的方略、身教重于言传的风范……都被他的弟子或再传弟子以语录的形式辑录于《论语》当中。《论语》被后世儒家传人奉为经典，到南宋的时候，它还被列为"四书"（《论语》《孟子》《大学》《中庸》）之首，成为士人学子的必修科目。

其次，孔子还是一个极其伟大的文学家和历史学家。

在孔子之前，作为当时文学作品主要形式的诗歌的数量虽然已经不少，但因缺乏系统地整理，很不利于后人学习和传诵。于是，孔子把流传下来的三千多首古诗进行梳理——剔除其中一些重复的内容，删掉那些不合礼制的篇章，遴选出精品305首，然后按照《风》（各地民歌，共160篇）、《雅》（宫廷宴飨或各类聚会所用曲辞，重大场合所用称“大雅”，较小场合所用称“小雅”，其中《小雅》74篇、《大雅》31篇）、《颂》（宗庙祭祀所用曲辞，内容多为歌颂祖宗功业，其中《周颂》31篇、《鲁颂》4篇、《商颂》5篇）的次序加以排列。对于这一点，《史记》有着明确的记载：“古者诗三千余篇，及至孔子去其重，取可施于礼义，上采契（商王之先祖）、后稷（周王之先祖），中述殷（商）、周之盛，至幽、厉之缺（周幽王和周厉王时政治上有缺失），始于衽席（即席子，借指男女之情）。故曰，《关雎》之为《风》始，《鹿鸣》为《小雅》始，《文王》为《大雅》始，《清庙》为《颂》始。三百五篇，孔子皆弦歌之，以求合《韶》《武》《雅》《颂》（四者均为古时乐曲名）之音。礼乐自此可得而述，以备王道，成六艺。”

不过，自宋代开始，便有许多学者对孔子删诗一说持有异议。理由五花八门，其中有代表性的是：“《左传·襄公二十九年》记载了吴公子季札游鲁观周乐（因为鲁国是周初重臣周公旦的封国，所以在众多诸侯国中只有鲁拥有并较好地传承了周王室的音乐），鲁国的乐工们为他演唱《风》《雅》《颂》，编排的次序和篇目与今本《诗经》差不多一样，而当时孔子还不满十岁。由此可以断定，今本《诗经》根本不可能是由孔子删定。”其实，《史记·吴太伯世家》对此事的记载更为翔实，乐工为季札演唱了《周南》《召南》《邶（bèi）》《鄘（yōng）》《卫》《王》《郑》《齐》《秦》《魏》《唐》《陈》《郐（kuài）》（以上皆为《诗经·风》中的篇章），以及《小雅》《大雅》《颂》。如果找来今本《诗经》对照一下，这个演唱顺序还真就与它相差无几——《诗经》中《秦》列在《魏》《唐》之后。

那么，据此真就可以断定孔子删诗之说子虚乌有了吗？不然。一者，《左传》是为解释孔子所著《春秋》而作，其作者显然晚于孔子，而《史记》的作者当然更是晚于孔子，他们在记述这件事情时不会参阅孔子所删改裁定的《诗经》吗？再者，孔子删诗时恐怕也不会无所参考吧？他会不会近水楼台参阅了鲁国乐工所传的篇目呢？要知道，《春秋》便是孔子参阅鲁国史官所辑史料编纂而成。

虽然我们的先人很早就有了对历史文献的正确认识［汉代史学大家班固曾说："古之王者，世有史官，君举（一举一动）必书（记录下来），所以慎言行，昭法式也。左史记言，右史记事，事为《春秋》，言为《尚书》，帝王靡不同之。"据说，周朝时的史官分工更是明晰，已经有了太史、小史、内史、外史、左史、右史之别］，并且也留下众多的珍贵资料，但这些资料难免支离破碎，缺乏系统性和可读性。于是，根据鲁国众史官记载的史料——当然他们所记所述并非仅仅是鲁国的事情——孔子从鲁隐公元年（公元前722年）写起，到鲁哀公十四年（公元前481年）结束，简明扼要地记载了242年间鲁国乃至整个东周王朝的一些重大历史事件。这部以微言大义著称开创我国史学创作之滥觞的不朽之作便是《春秋》，自然它也被后世列为儒学经典。

另外，根据《史记》所载，儒家的另一文学经典——《尚书》（也作《书》或《书经》）也是孔子依据残存的资料整理而成。

孔子还是一个伟大的思想家和政治家。

春秋与战国之交，古老的中华大地迎来一个思想大解放的非常时期。这期间哲人辈出、诸子蜂起，有"九流十家"之说（"九流"指儒家、道家、阴阳家、法家、名家、墨家、纵横家、杂家、农家，另外还有一个小说家，所以班固在《汉书·艺文志》中有此说），孔子所开创的儒家学派无疑是其中最有影响的一家。孔子思想的核心就是“仁”和“礼”。简单地说，“仁”就是“爱人”，也就是我们常说的关爱他人、以人为本；“礼”就是要服从礼制，恪守和维护等级制度，也就是孔子形象解释的“君君（国君要有国君的样子），臣臣，父父，子子”。正因如此，孔子的思想不仅得到百姓较为普遍的拥护，而且还受到除极个别人之外的历代统治者的大力推崇。

我们常说“学而优则仕”，其实这也是儒学的一个基本观点，是儒家所倡导的积极处世态度的高度概括。细说起来，孔子的一生正是在不断地践行这一儒学之大道。早在青年时期，学有所成的孔子便抱着一个积极的态度投身社会。虽然官职低微，只是乘田（看管牛羊）、委吏（管理仓库）一类的小官，所做的都是一些不起眼的小事，但孔子一直尽职尽责，做得是有声有色。后来，因长时间不受重用，已届中年的他才不得不退而开馆授徒。

公元前501年（鲁定公九年），已经做了几年“教书匠”且已年满51岁的孔子终于等来一个出任中都宰（中都即今山东汶上县，宰也就是行政长官）的机会。这官虽说也不大，但却是个实职，孔子自然是全力以赴。就这样，仅仅用了一年工夫，孔子就把中都给治理得井井有条。为此，不久孔子就被鲁定公擢升为司空（执掌营建），旋即又被拜为大司寇（执掌全国刑狱纠察），成为和大司马（执掌全国军队）、大司空（执掌全国营建）、大司徒（执掌全国力役调配）并列的上卿，并且他还代理了宰相一职。这也是孔子一生中唯一得以施展政治抱负的一段经历。著名的“夹谷会盟”和“堕（huī，意为毁坏）三都”的故事就发生于这期间。

话说孔子被任命为大司寇后，一得知这个消息，与鲁国紧邻的齐国便开始骚动不安了。此前孔子的大名早已传到齐国，因此他们很担心鲁国会就此强大从而威胁到自己的安全。于是，齐景公来个先发制人，邀请鲁定公到夹谷会盟。一阵寒暄过后，齐国人便开始发难了。齐国的相礼（司仪）抢先上前启奏道：“请奏四方之乐。”齐景公自然照准。可谁知随即上来的竟是一群乌合之众，表演的也尽是一些不登大雅之堂的低俗节目。这显然是齐国在向鲁国示威。见此场景，担任鲁国相礼的孔子小步紧挪而上。就见他快步来至会场中央，高声制止道：“两国国君在此会盟，夷狄之乐怎么到了这里？请管事的让他们退下。”原本就是有备而来的这些人，当然不会就这么下去，于是全场人的目光不由自主地齐刷刷投向齐景公。尴尬的齐景公也没了主意，只好下令中止这场荒唐的演出。过了一会儿，齐国相礼又奏道：“请奏宫中之乐。”这次上来的居然清一色都是侏儒。孔子再次上前朗声斥责道：“这些人故意惑乱诸侯，依礼应该斩首，请执法官上前。”齐国人当然知道自己的做法不合礼制，所以他们只好砍掉了这些人的手脚。这次夹谷会盟就这样不欢而散。

一回去，懊恼的齐景公就训斥手下这些人：“鲁国大臣以君子之道辅佐他们的国君，而你们却用夷狄之道撺掇我。现在得罪了鲁国，该怎么办？”有人说：“君子有了过错，要实实在在地表示悔过；小人有了过错，即便悔过也只是做一些表面文章。”思前想后，齐景公终于做出一个重大决定，那就是把此前侵占的郓（yùn，今山东郓城）、汶阳（今山东肥城）、龟阴（今山东新泰）一带还给鲁国。

通过这次夹谷会盟，孔子的声望是如日中天，而由他精心策划的“堕三都”计划也就紧锣密鼓地开始了。

我们知道孔子是坚决主张以“礼”治天下的。《论语·乡党》中有一段关于孔子如何恪守礼制的生动描述：“上朝的时候，如果国君不在场，同下大夫谈话，孔子便会理直气壮；同上大夫谈话，孔子便会和颜悦色。如果国君在场，孔子便会显得局促不安、小心翼翼。如果国君让他接待宾客，孔子的脸色立刻就变得矜持庄重，脚步也会快起来。他会不停地向两旁的人拱手作揖，衣服也前后不停地摆动着。他小步快走的样子就像鸟儿展开翅膀。宾客辞别之后，孔子一定会向国君汇报说：‘宾客走远了……’”在那样一个礼崩乐坏的非常时期，位极人臣、身高两米开外（孔子身高九尺六寸，合今2.1米至2.2米）的孔子的这些行为举止无疑是对礼制的最好诠释与捍卫。从这段话中，我们也不难体会出孔子对于礼乐回归的热切期盼。

然而，孔子出来做官的时候，鲁国政坛正陷于一个“陪臣执国政”的尴尬境地。具体说来就是，鲁国的大政方针不是取决于鲁定公，而是取决于大臣季孙氏（也作季氏）。而季孙氏又被其家臣阳虎（又称阳货）操纵。尽管后来阳虎因叛乱未遂于公元前501年出逃国外，但一直到孔子出任代理宰相之时，鲁国的国政始终没能真正回到鲁定公手上。孔子的“堕三都”行动就是针对这一怪异现状而设计的。

所谓的“三都”指的就是费邑（今山东费县）、成邑（今山东宁阳）和郈（hòu）邑（今山东东平）。它们分别是季孙氏、孟孙氏（也作孟氏）和叔孙氏封地的都城。而所谓的“堕三都”也就是要拆除这三座城邑。由于季孙氏的家臣阳虎和孟孙氏的家臣侯犯曾经先后盘踞费邑和成邑犯上作乱，所以刚开始的时候，这三家都积极支持“堕三都”行动。就在成功地拆除费邑和郈邑之后，孟孙氏猛然觉察到孔子的真正用意，暗中支持家臣公敛处父进行抵制。就这样，“堕三都”行动功亏一篑。

受到“堕三都”一事的影响，公元前497年，五十五岁的孔子不得不从鲁国政坛黯然退出。此后，他带着数十名弟子踏上了长达十四年的宦游之路。然而十四年间，因为种种原因，孔子先后到过的卫、曹、宋、郑、陈、蔡、叶、楚等八个国家都没有再为这位卓越的政治家提供任何一展身手的舞台。感伤之余，这位圣人也不由发出“苟有用我者，期月而已（一个月就可以初见成效），三年而成（三年就可以大功告成）”的哀叹。

公元前484年，转了一圈的孔子回到鲁国。此时年近七旬的他已经不再对政治抱有任何幻想。他重操旧业开馆授徒，潜心研究各种学问。前面我们所说的删定《诗经》、整理《尚书》、编纂《春秋》等工作都是他在这一时期完成的。此外，晚年的他对《易》尤为喜爱，故有“孔子读《易》，韦编（编制竹简的牛皮绳）三绝”之说。有感于时光飞逝、人生苦短，孔子曾不无遗憾地说：“假我数年，若是，我于《易》则彬彬矣（如果再给我几年，我对《易》就会认识很深刻了）。”然而令人痛惜的是，老天没有再给他多少时间。公元前479年4月11日，这位生前与身后都极大地影响了中国乃至整个世界的伟大哲人永远闭上了双眼。

孔子逝后，他的所有弟子为他服丧三年，而子贡（复姓端木，名赐，字子贡）更是为他守陵六年才依依不舍而去。虽然去世的时候孔子只是个布衣身份，但鲁哀公（鲁定公之子）还是破例准许其弟子为他立庙。于是，弟子们把孔子生前居住的三间房子改为祀庙。秦始皇一统天下的时候，因为还没有认识到儒学的重要价值，所以他也就没有给予孔子怎样的礼遇。虽然总以粗人自居，但汉高祖刘邦却对孔子礼遇尤佳，并且曾经亲往曲阜以隆重的太牢（猪、牛、羊各一）之礼祭祀孔子。到了汉武帝刘彻的时候，他干脆接受董仲舒的建议明确诏告天下："罢黜百家，独尊儒术。"难怪司马迁说："天下君王至于贤人众矣，当时则荣，没（死后）则已焉。孔子布衣传十余世（到司马迁之时），学者宗之。自天子王侯，中国言六艺者折中（取正，即评判标准）于夫子。可谓至圣矣！"

然而司马迁哪里知道，尊孔崇儒之风后世日盛。据统计，历代帝王亲临孔庙拜祭孔子的就有11位之多。在历代统治者的大力支持下，孔庙更是历经数番扩建与修葺。时至今日，孔庙占地达327.5亩，计有各类建筑464间和54座门坊。其规模之庞大，气势之宏伟，让观者无不叹服。到过孔庙的人或许都会注意到，孔庙的规制俨然就是一座皇宫——其正殿大成殿采用的是九开间，整座庙宇则设有五重门（圣时门、弘道门、大中门、同文门、大成门）。在等级森严的封建时代，这"九""五"之数可是皇帝专用。几千年来除帝王之外，也就孔子一人有幸享用了这"九五至尊"。

善待孔子后裔也是历代统治者尊孔崇儒的一个重要表现。到宋仁宗的时候，孔子的嫡传后人就开始被称为衍圣公，并且这一封号一直持续到清朝末年，共传32代。衍圣公颇有特权，五代时相当于五品官，元代时相当于三品官，到明代时更是相当于一品文官，其地位也就比丞相略低一点而已。衍圣公府又被称为孔府，同样也经历了多次扩建与修葺。今孔府占地240亩，各种厅堂楼台房舍共463间。埋葬孔子及其后裔的家族墓地孔林的规模之大更是举世无双，有三千余亩。

两千多年来，孔子的思想早已植根我们每一个人的灵魂深处。毫不夸张地说，孔子的思想已经成为中华文化的一个重要组成部分与标志。其实，孔子的思想不但影响了中国，也极大地影响了国外。早在汉唐之时，孔子的思想便越过国界传播到朝鲜半岛、日本和东南亚，对促进上述地区政治、经济尤其是文化的发展起到了不可替代的推动作用。有些史家甚至把中国与上述地区统称为“孔子文化圈”。

到18世纪的时候，孔子的思想又传到欧洲。今天的西方学者更是纷纷加入研究孔子思想的行列，以期从中得到一些教益或启迪。正如1988年的诺贝尔奖获得者们在“巴黎联合宣言”中所说：“如果人类要在21世纪生存，必须回溯2500年去汲取孔子的智慧。”这样的礼赞对伟大的孔子来说实在并不为过。如今，我国政府也已在世界各地筹建并联办了数百座孔子学院，用以传播中华文化。因此，我们有理由相信孔子的智慧定会在世界各地落地生根并结出更加丰硕的果实。

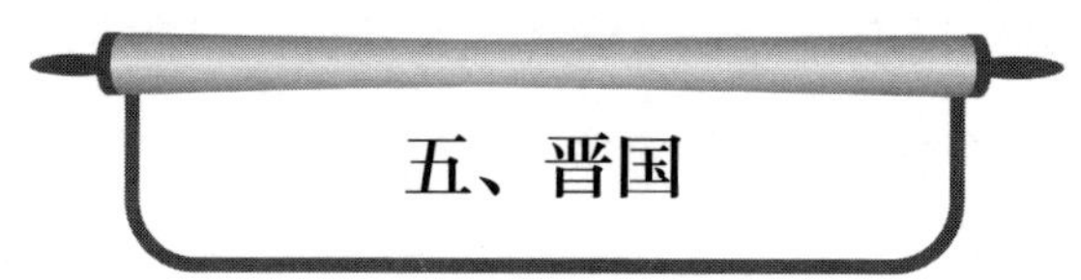

五、晋国

1. 骊妃害申生

周成王的时候，唐国因作乱被剿灭，于是成王把唐国封给弟弟姬虞（yú）。姬虞的儿子姬燮（xiè）的谥号是晋侯，所以后来人们便改称唐国为晋国。

晋昭侯的时候，他将曲沃（今山西曲沃）封给叔叔桓叔。曲沃城高池深比晋国的国都翼城（今山西翼城）还要坚固，这也就为后来晋国的内乱埋下祸根。自桓叔开始，曲沃方面与晋君就一直冲突不断。后来，桓叔的孙子武公索性把晋侯缗（mín）灭掉，自此武公一支彻底拥有晋国。武公的儿子无诡便是史上著名的晋献公。

献公五年，即公元前672年，晋军攻打骊戎大获全胜，而且还抢回一对漂亮的姐妹。这姐妹两人都被晋献公纳为妃子。她们也就是人们常说的大骊妃和小骊妃。

献公八年，一个叫士蔿（wěi）的大臣给献公出主意说："前几代晋侯（主要指桓叔及其子庄伯）的儿子太多了，如果不除掉，恐怕他们会聚到一起引发内乱。"于是献公便差人追杀这些公子，不过还是有几个消息灵通的逃到临近的虢（guó）国。与此同时晋献公还大兴土木，在原国都翼城的东边建起一座气势宏伟的新都——绛（今山西绛县）。第二年，也就是公元前668年，晋献公正式将国都由曲沃搬到绛。

献公十二年，即公元前665年，一直深得宠爱的大骊妃生了儿子奚齐。此前晋献公已经有好几个儿子，嫡长子申生也被明确地立为太子。可是爱屋及乌的晋献公硬是打算冒天下之大不韪废长立幼，改立奚齐为接班人。为尽可能减少麻烦，他把包括申生在内的三个有些影响力的儿子都打发到外地。三个儿子临行之时，他还装模作样地叮嘱道：“曲沃是我们先祖的宗庙所在地，蒲城（今陕西蒲城）靠近秦国，屈城（今山西石楼）靠近翟国（也作狄国），这些地方对于我们晋国都异常重要。如果没有你们去把守，我是非常担心的。”就这样，太子申生被派到曲沃，重耳被派到蒲城，夷吾被派到屈城。

献公十六年，即公元前661年，晋献公亲率上军，由赵夙（sù）驾车，以毕万为护卫，并让太子申生带领下军，接连灭掉了霍国（今山西霍州一带）、魏国（今山西芮城一带）和耿国（今山西河津一带）。胜利班师之后，献公大封有功人员。太子申生得封曲沃，赵夙得封耿地，毕万得封魏地，他们还都得到卿或大夫的官位。其实，献公这么做是有目的的，其他大臣或许还无从察觉，但却被士蔿一眼看透。士蔿悄悄地对身边人说：“看来太子不能够继承国君之位。如今他已经得到封地和卿的官位，既然给了他这么高的待遇，国君又怎么会传位给他呢？”

第二年，晋献公欲让太子申生去伐东山（今山西垣曲一带），大臣里克劝阻道：“太子是奉祀宗庙社稷的重臣，可以安排他留在君王身边。这样国君出行就可以让他监守国家，国君居国则可以让他服侍左右。这也是自古以来的道理。再说，号令军队只需要有严格的法规约束就可以。如果太子不以严格的法规约束军队，那么军队就不会有战斗力；如果太子依法而去治军，就无法在君王面前听命尽孝，所以国君的嫡嗣是不可以安排带兵打仗的。”晋献公却揣着明白装糊涂道：“我有九个儿子，还没有最终确立谁为太子呢。”

无言以对的里克只好默默地退出来。出宫后，里克受到太子申生的约见。太子开门见山地问道：“我的储君之位被废了吗？”里克当然不便把事情挑明，所以只好含糊应付道：“你还是要努力啊。君王放心地把军队交给你，又怎么会废掉你呢？况且，儿子应当惧怕父亲说自己不孝，而不怕得不到重视。一个人只要努力提高自身的修养而不责备别人，就会免受灾祸。”

过了几天，太子申生出征时，晋献公亲手给他穿上铠甲、戴好配饰，表现得很是一副父子情深的样子。因为已经了解献公的意图，原计划陪同太子申生出征的里克便谎称身体不适给推脱了。

安顿好申生这边，晋献公便要郑重其事地立奚齐为太子了。为讨得骊妃（大骊妃，下同）的欢心，献公还煞有介事地跑来征求她的意见。谁知狡猾的骊妃却哭着说：“申生被立为太子是诸侯们早就知道的事情，他又屡立战功，百姓也都心悦诚服归附于他，大王怎么能够因为喜欢贱妾而废长立幼呢？”

晋献公被骊妃的举动弄得莫名其妙，一时不知说啥是好。可献公哪里知道，这一切都是骊妃精心布下的一个局，狡猾的她是在以退为进哩。不用说这骊妃一边故作姿态，一边指使爪牙加紧对申生进行诋毁陷害。

四年以后，也就是公元前656年，骊妃终于要下黑手了。一天，她悄悄把申生找来，假惺惺地对他说：“昨晚国君梦见你那去世的母亲（史称齐姜，齐桓公之女），你还是尽早到曲沃祭祀祭祀吧。记住，回来的时候可别忘了跟你的父王说一声。”

于是，申生到曲沃隆重地为母亲祭祀一番，而且一回绛城便入宫禀报父亲，还按礼献上一些祭祀用的酒肉。不巧，这时献公出外打猎还没回来，骊妃让人偷偷在酒肉里放入一些剧毒之物。过了两天，献公归来，下人为他端上申生所献的那些酒肉。献公伸手就要拿来食用，等候在一旁的骊妃却猛地挡住了他。就听骊妃轻声提醒道：“这些祭品是从很远的地方来的，还是先检验一下再吃吧。”

献公命人倒了一杯酒泼到地上，地上竟然顿时腾起一股白烟，地面也随之裂开一些小纹。献公不由大吃一惊，满头满脸都是冷汗。接着骊妃又叫人割下一块肉喂给一条狗，狗吃完后折腾没几下就咽了气。阴狠歹毒的骊妃还不算完，又让人强行给一个小太监灌下一杯毒酒。小太监痛苦地挣扎了不大一会儿就七窍流血而亡。

骊妃这才使出撒手锏，哭哭啼啼地说：“太子怎么忍心这样做呢？连自己的父亲都急于谋杀而取代，更何况是别人呢？太子之所以这样做就是因为我们母子啊！大王还是让我带着奚齐躲到别的国家去吧，免得以后我们娘儿俩为太子所害。想想当时大王要废了他，我还替他求情，现在看来我是多么愚昧无知啊！”

听说这一切，自知已是百口莫辩的太子申生只好逃往新城。如此一来，献公更加信以为真，把申生的老师杜原当作出气筒给杀了。看到事态已然到了这般地步，有人建议申生：“这些毒肯定是骊妃下的。你为什么不去向大王解释清楚呢？”申生无奈地回道：“父亲老了，没有骊妃他就会寝不安眠、食不甘味，我又怎好去解释呢?”马上又有人建议道：“那么，太子可以到其他国家避一避风头嘛。”万念俱灰的申生重重地叹了一口气，道：“唉！背负这样一个恶名，又有哪个国家会接纳我呢？我还是自行了结算了。”不久，太子申生自缢于新城。

闻知噩耗，重耳和夷吾匆匆赶回国都。谁知这时有人撺掇骊妃说：“重耳和夷吾知道是你害死的太子，都想回来报仇呢！”于是骊妃便来了个恶人先告状，跑来对献公说：“当初申生进献那些有毒的祭品，重耳和夷吾是知情的。”得知这一消息，重耳和夷吾只好各自匆匆逃往国外。

2. 假道伐虢

晋献公十九年，即公元前658年开始，晋国在很短的时间内就接连吞并了虞（yú）国（在今山西平陆）和虢国。这一经典战事后来也被选为《三十六计》中的“混战计”之一，其计名便是“假道伐虢”。

事情的起因是这样的：自献公的祖父庄伯开始，虢国便曾屡次帮助晋侯来与庄伯和武公（献公之父）为敌。献公继位后，虢国又匿藏了几个从晋国出逃的公子。因此，虽然晋国与虢国并不接壤，但晋献公还是决计要将它灭掉。

对于晋国来说，要想攻打虢国，最方便的莫过于从夹在两国之间的虞国借道。于是，大臣荀息主动请缨道：“请允许我带着那匹屈地进献的宝马和垂棘（jí）进献的白璧（璧，一种中间带小孔的圆形玉佩）前往虞国商谈一下借道的事情吧。大王也不必心疼，这就好像把家里的宝物从较近的仓库挪到一个较远的仓库，把马匹从里面的马厩牵到外面的马厩，大王不会损失任何东西的。”听了这话，献公自然非常高兴，当即就授命荀息全权经办此事。

不久，荀息带着宝马和白璧来到虞国。得知荀息带着如此丰厚的礼物，虞国国君喜不自胜，在朝堂上很是隆重地接见了他。荀息直言不讳地向虞君讲述了晋国要讨伐虢国的原因，以及打算向虞国借道的请求。见钱眼开的虞君不仅痛快地答应了晋国的请求，而且还表示愿意派兵助打头阵。

在里克和荀息的带领下，晋军顺利地通过虞国来到虢国，一举攻下虢国的下阳城。

转眼三年过去了。公元前655年，晋国再次向虞国提出借道攻打虢国的请求。虞国大夫宫之奇劝告虞君道：“这次不能再借道给晋国。他们这次借道的目的是要吞并我们虞国啊。”虞君却很是不屑，反问道：“晋国和我们一样都是姬姓之国，怎么会来攻打我们呢？”

宫之奇耐心地给虞君解释道：“我们虞国只不过是周祖太王（**前文中周文王所说的太公，即古公亶父**）的子孙。当年太王有太伯、仲雍和季历三个儿子。看到季历的儿子姬昌从小就表现得睿智贤良，所以太王就有了传位季历的想法。于是太伯和仲雍在身上刺了花纹，剪断头发，以表明自己不想继位的决心，而后远遁他乡。等到后来武王分封天下的时候，我们仲雍的后人才得以建立虞国。可是虢国呢？他们是周王季历的儿子虢仲和虢叔的传人。虢仲和虢叔都是文王时的大夫，有关他们功绩的记录至今还保存在周王室那里。可是，晋国现在却想要吞并虢国，难道他们还会在中间留下我们虞国吗？这些远的暂且不说，我们虞国和晋国的关系能够亲近得过桓叔和庄伯的子孙与当今晋君的关系吗？桓叔与庄伯的子孙有什么罪？但他们还不是都被晋君除掉了吗？虞国和虢国的关系就如同嘴唇和牙齿，嘴唇没有了，牙齿就会挨冻的。”

也不知是当局者迷，还是真的傻得不透气，抑或是财迷心窍什么的，总之，这次虞君还是接受晋国的礼物，答应了他们借道的请求。

看到虞君已是无可救药，虞国马上就要面临灭顶之灾，宫之奇带着家人搬到了别的国家。

这年冬天，借助虞国提供的方便，晋国大军轻而易举就拿下虢国。虢国的国君丑被迫逃到周天子那里。果然，撤退时晋国干脆纵令大队人马赖在虞国不走。后来，趁着虞国军队放松警惕之机，晋军一举将虞国攻占。虞君和大夫井伯、百里奚等都做了晋国的俘虏。

当荀息牵着那匹经他之手送出的宝马亲手交还晋献公的时候，献公不由哈哈大笑，末了他还禁不住幽默了一下道：“马倒是我的马，只是老

了啊。”

也不知道那个与晋献公差不多生活在同一时期的宋襄公对这一战例会做如何评价，他该不会嗤之以鼻吧？然而战争毕竟是战争，它就是如此残酷。

3. 文公称霸

公元前651年，晋献公死了。虽有荀息的拼死保护，但献公生前处心积虑改立的太子奚齐却还是在尚未即位时就遭到里克等人的杀害。为了不辜负献公的重托，荀息就把奚齐的弟弟悼子扶上国君之位。可是没出一个月，悼子也被里克在朝堂上公然杀死，忠贞的荀息随即殉节而死。后来，在秦国的帮助下，流亡公子夷吾回国即位。夷吾也就是晋惠公。惠公死时传位儿子晋怀公。这个怀公继位不足一年就被他的叔叔重耳给赶下台杀了。重耳也就是大名鼎鼎的晋文公。

晋文公流亡国外长达十九年，所以仅是其流亡的故事就够说上一阵子了。当然这事我们还得从头说起。

话说公元前656年，太子申生自杀之后，晋献公依然执迷不悟。在骊妃的撺掇下，他居然硬是要与被迫躲在住地蒲城的儿子重耳来个兵戎相见。俗话说“旁观者清”，驻守蒲城的众将士实在是看不下去了，他们强烈要求与献公的队伍决一死战。重耳却理智地对大家说：“我是靠着父王赏赐才享有这样的俸禄并拥有你们这些忠心耿耿的将士。如果我现在依靠你们的力量与父王对抗，那就再也没有比这更大的罪过了。我还是逃走吧。”于是，在大臣狐偃（yǎn）、赵衰（cuī）、颠颉（diān jié）、魏武子和司空季子等人的陪伴下，四十三岁的重耳踏上漫漫流亡之路。

他先是去了自己生母的家乡翟国，并且在那里一住就是十二年。就在这期间，里克先后杀死奚齐和悼子，也向重耳发出回国即位的邀请。考虑到朝中尚有权臣当道，难免会有不测之事发生，因而重耳坚决回绝了。后来，他的兄弟夷吾回国即了位。因为听说齐国的管仲和隰朋等重臣相继辞世，齐桓公正处于求贤若渴之时，重耳一行就离开翟国直奔齐国而来。

从翟国到齐国要路过卫国，见重耳乃一介落魄公子，十二年也未曾有何建树，卫文公便没有接待他们。不得已之下，有一次他们只好厚着脸皮向一群在田间耕作的农夫讨要糊口之物。谁知农夫们不但没有给他们一丁点东西，其中一个喜欢捉弄人的还顺手捡起一个土块递了过来。重耳不禁勃然大怒，抽出皮鞭就要打那人。为平息事态，聪明的狐偃抢步上前劝道：“土块乃田地的象征，有人送您土块，这是一个吉祥的征兆呀！”一句话说得重耳转怒为喜，他马上命人接过土块放在了车上。

虽然并没有重用他，但齐桓公对他还是礼遇有加，不仅给他二十辆车子，而且还把自己的女儿嫁给他。面对如此安逸的生活，重耳真就乐不思归

了。好在他新娶的这个夫人姜氏是个颇识大体的女子。一天，姜氏劝重耳说：“眷恋妻室和安于现状实在是断送前程之举，你还是走吧。”然而，重耳却依旧执意不肯。于是，在找个机会将重耳灌醉之后，姜氏让狐偃等人带着重耳离开了齐国。

自齐国出来后，他们一行又先后去了曹国、宋国、郑国、楚国和秦国。虽然盛情款待了他们，但宋国的宋襄公却表示没有能力护送他回国。郑国的郑文公和曹国的曹共公对重耳就很不尊重了。据说，因为听说重耳的肋骨是连在一起的，曹共公竟然趁着他沐浴的时候偷窥，这也惹得重耳郁闷了好一阵子。

相比之下，楚国的楚成王就好得多了，一如对待诸侯一样来对待他。在一次专为重耳安排的宴会上，楚成王半是认真半开玩笑地问道：“如果公子回到晋国做了国君，你会用什么来报答我呢？”重耳认真地回答道：“宝玉丝帛大王有的是，鸟翎兽毛象牙皮革楚国都出产。再说，这些东西即便晋国也有出产，质量也比不上楚国的，叫我拿什么报答您呢？”谁知风趣的楚成王偏偏不依不饶，追问道：“虽说是这样，可是你总要有所表示吧？”略微想了想，重耳道：“如果托您的福我能够回到晋国，我将努力使两国世世代代友好相处下去。如果大王因故不能原谅我的过错而派兵攻打晋国，在两军相遇时，我一定指挥军队退避三舍（**古时行军一般日行三十里，所以人们就把三十里称为一舍**）。如果这样仍然不能获得大王退兵罢战的命令，我也就只好指挥将士与您的军队较量一番了。”

听了这话，楚成王倒是没觉得有什么，可大夫子玉却认为重耳回答得不够谦逊，并且还担心他日后会忘恩负义，所以强烈建议成王趁早把重耳杀了。楚成王坚定地说：“晋公子心胸宽广而又行为检点，他的随从处事严谨、宽厚待人而又忠诚主人。而晋惠公却没有亲信，国内臣民和外部诸侯都厌恶他，况且我听人说晋国将是姬姓国家中最后一个衰亡的，这是上天要让重耳复兴晋国，我们楚国又怎么能违背天意呢？”就这样，重耳在楚国一待就是数月。

令人意想不到的是，就在这时候与晋国紧邻的秦国居然派了专人来请重耳。考虑到楚国与晋国相去遥远，即便自己想要护送重耳回国也会有不小的难度，所以楚成王也赞成他到秦国去看看。

那么，秦国为什么要来请重耳呢？原来，秦国国君秦穆公的夫人就是晋惠公的同胞姐姐，这也是当年秦国倾力帮助惠公回国即位的重要原因。刚开始，秦晋两国的关系还是蛮不错的。可是自打惠公四年（**公元前647年**）开始，两国却一再发生冲突。

事情的大致经过是这样的：公元前647年，晋国因遇上灾荒而向秦国求助，结果秦国送来大宗救急的粮食。事也凑巧，第二年秦国也发生了灾情，然而面对秦国的求助，晋惠公却是置之不理。一年以后，即公元前645年，晋惠公竟然又听信虢射的建议，趁着秦国正闹饥荒而无端挑起战事。不过，此战晋国非但没有占到什么便宜，惠公本人还为秦国所俘虏。后来，因为夫人的苦苦相求，再加上周襄王也出于晋君与自己同姓的原因出面斡旋，秦穆公才在晋国把太子圉（yǔ）送来做人质的情况下放了晋惠公。

圉在秦国做了八年人质，秦穆公还将一宗室女子嫁给他，其间秦国和晋国也没有再闹出什么乱子。然而好景不长，惠公十三年，即公元前638年，因获知父亲病重，圉竟不辞而别独自一人偷偷回了国。这圉也就是后来的晋怀公。为此，秦穆公对晋怀公很是不满，所以才千里迢迢把重耳请来。

秦穆公对重耳奉若上宾，从宗室女子中一下子挑选了五个嫁给他，这其中就有晋怀公的那个弃妇。这种联姻显然有其政治目的，但重耳却对秦穆公的这一安排很不情愿，尤其是不愿娶他侄子（晋怀公）的那个弃妇。随从的司空季子劝他道："就连圉我们都要攻伐，还在乎娶他的妻子吗？公子还是接受秦君的安排，以便争取秦国的支持吧。如果您拘泥于小礼小节，把这事当作屈辱的话，难道您不觉得我们现在的流亡生活就是奇耻大辱吗？"就这样，重耳接受了秦穆公的一切安排，秦穆公自然欣喜非常。

公元前636年，在秦国的帮助下，在外流亡十九年的重耳终于回国夺得国君之位，那个继位还不到一年的晋怀公则因战败被杀。重耳也就是被后人列为"春秋五霸"之一的晋文公。那么，晋文公即位后又发生过哪些故事，他又是怎样一步步走上称霸之路的呢?

即位后，晋文公整饬吏治、广行仁政自不必细说，单是在他分封众功臣的时候便引出两个颇为耐人寻味的故事。

对于那群曾经跟随自己漂泊流浪多年的功臣，一上台文公就对他们大加封赏，然而还没等他分封完毕就遇上一个棘手的问题。原来，因为弟弟叔带的叛乱，周襄王被迫逃到郑国，并且襄王还专门派了使者来向他求助。就因为忙于此事，文公居然把一个重要功臣介之推（也作介子推）给忘了。

此事自然使得介之推的一些亲友为他的境遇愤愤不平。大家说得多了，介之推也就禁不住发了几句牢骚："当年献公有九个儿子，惠公和他的儿子怀公因为不亲民爱民而引起国内外的一致反对。但是上天并不想让晋国绝嗣，可现在有资格继承国君之位的除了大王还有谁呢？这是上天的安排，有一些人还以为是自己的帮助使大王有了国家，这是不对的。拿别人的财物就会被称作偷，那么把上天的功劳据为己有又是什么呢？下属犯有这样的欺君之罪，君王赏赐冒领封赏的奸佞小人，这样的一群人我又怎能与他们相处呢？"说过这些气话之后，介之推便产生了隐居乡野的想法。

他的母亲劝他说："只是这样发牢骚有什么用呢？还是去找大王反映反映吧。"介之推不无负气地说："别人做错事还要跟着学，那就是更大的错了。我已经说过一些怨恨的话，是不会再接受他的赏赐的。"介母又建议道："那也应该让大王知道这件事啊。"介之推却依旧执意言道："向他说明这件事，那还不是像在身上刺花纹（指太伯和仲雍）以示不可用一样吗？真正要隐居又何必去文身呢？文身也还是希望求得显达而已。"看到儿子如此坚决，豁达的介母也就痛快地表示道："那好吧，我和你一起隐居山林。"就这样介之推与母亲一起去了绵山（又称介山，属太岳山脉，位于今山西介休、灵石、沁源三市县交界处），并且发誓不再见文公一面。

因为对主人的境遇感到不平，介之推的一个仆人便把这件事情透露给文公。闻讯，文公连忙差人去请介之推，可如此茫茫的绵山让他们上哪里去找呢？于是文公传令把绵山及其周边地方封给介之推，并且还把山的名字改成介山。事后，文公还是不无遗憾地自责说："就以此来记录我的过失，彰显那些品德高尚的人的志节吧。"这就是《史记·晋世家》中有关此事的一些记述。

也许是有人觉得这对君臣的故事还不够感人，抑或是其他什么原因吧，总之关于这事还有一个广为流传的版本：话说介之推母子隐居绵山之后，为了尽快找到他并请他出山，晋文公便命人在山的三面燃起大火。然而介之推母子心意已决，任凭被大火活活烧死也不肯下山与文公相见。事情过后，内心充满愧疚的晋文公就把每年的这一天定为全国的公祭之日，并且要求大家进饮冷食而不能生火做饭。这一做法一直延续下来也就成了我们今天的“寒食节”——清明节的前一天。

其实，早在“五帝”时期或是更早一些，我们的先人便有了春日祭天、秋日祭地的风俗传统。在春暖花开的清明时节祭祀列祖列宗，恐怕也是由来已久。至于寒食节吃冷食的习俗，大概如同祭品不加作料一样，其用意就在于彰显和追念先人不求厚味的美德吧?

另一个故事是这样的：

看到文公在对待介之推封赏一事上如此重视，一个也曾跟随文公流亡过的小臣壶叔便跑来当面求请文公说：“大王多次行赏，却没有小人的份儿，请问大王是我哪个地方做得不对吗？”

文公注视他良久，而后语重心长地说：“那些引导我行仁仗义处事、帮助我厚培道德的人，会受到一等的赏赐；那些帮助我解决疑难问题并取得成功的人，会受到二等的赏赐；那些不避刀枪伤害救我于危难之中的人，会受到三等的赏赐；那些虽然没有帮我办成什么事但也确实出过力的人，也会受到下等的赏赐。你下去等着吧，三赏之后就该轮到你了。”

有如此赏罚分明的主子，臣僚们怎能不尽心竭力呢？所以对于晋文公来说，称霸无疑只是个早晚的问题。

文公四年，即公元前632年，以当年对自己不礼貌为由，晋文公调动大军先后对曹国和卫国进行了讨伐。不几个月的工夫，这两个依附楚国的小国就被打了个稀里哗啦，两国国君相继成为晋国的阶下囚。

见此情景，楚国大夫子玉谏楚成王道："大王待晋君不薄，可他却把我们两个盟国的国君都给抓走，这不明摆着就是对我们楚国的轻蔑吗？我们不应坐视不理啊。"楚成王解释说："晋文公在外流亡十九年，遭受那么多磨难，所以他对人情世故非常了解。再说他回国后又励精图治、赏罚分明，深得晋国百姓的拥护，我们现在是打不过他的。"由此我们也不难看出，这楚成王实在是既有自知之明又不乏识人之智。然而，子玉却坚持请求道："我不敢说一定会取得胜利，但希望大王能够让我去和晋国决一胜负。"于是，楚成王便命子玉和成得臣二人同率大军前往救助曹、卫两国。

一到前线，子玉就派了使者宛春去晋营要求释放曹侯（曹国国君）和卫侯（卫国国君）。晋国大夫先轸（zhěn）分析说："楚国的要求是合乎道义的，如果我们不答应显然就是失礼。不过，我们不如私下里答应曹侯和卫侯让他们回国，只是要求他们派使者去向楚国声明断绝交往即可，然后再把楚国使者宛春给扣押起来。这样就可以激怒楚国将领，不愁没有机会打败他们。"

晋文公依计而行，楚军大将成得臣果然怒不可遏，率军向晋营猛扑而来。晋文公则指挥大军一下子回撤九十里（退避三舍）来至城濮。这样一来，晋军既避开楚军的锋芒，又履行了当年晋文公对楚成王许下的诺言。为了确保万无一失，其间晋国还邀请了宋国、秦国和齐国出兵相助。只知道一味蛮干的成得臣则指挥人马摆开要与四国联军拼命的架势。在晋文公的统一指挥下，四国联军以诈败为诱饵，在把楚军引入事先设下的包围圈后，紧跟着就是一通痛击。此战，楚军损失惨重，几乎落了个全军覆没的下场。因觉得无颜去见楚成王，将军成得臣自杀而亡，逃回去的子玉则被楚成王赐以自裁。这也就是史称的“春秋四大战役”之一的“城濮之战”。

城濮之战后，原本十分强大的楚国因蒙受重创而势力大减，晋文公则趁机组织各诸侯在践土（今河南原阳西南）举行了一次会盟。为得到周襄王的支持以求名正言顺，晋文公还特意在践土为他修建了一座行宫。虽说诸侯召周天子前往赴会有失礼仪，但被冷落已久的周襄王还是如期参加了会议。至此，这个一度流亡国外十九年的晋文公终于成为名副其实的中原霸主。

4. 晋与“崤之战”

晋襄公元年，即公元前627年，晋、秦两国在崤（xiáo）山（今河南洛宁西北）一带发生了一场大战，即史上著名的“崤之战”。此战过后不久，秦国便取代了晋国的霸主地位。

这场战争的起因实在有些复杂，要说起来那还得追溯到当年晋文公重耳流亡之时，不过那时晋、秦两国还是铁杆儿的盟国。想当初，还只是一介落魄公子的重耳路过郑国时，因看出重耳并非那种甘居人下之辈，郑卿叔瞻（zhān）便奉劝郑文公要善待于他。谁知郑文公却以各国流亡公子太多难以接待为由对重耳一行不管不问。于是叔瞻又建议找个借口除掉重耳，以免他将来回国后与郑国为敌，但郑文公还是没有采纳他的意见。有了这一层原因，再加上在城濮之战（公元前632年）中郑国又出兵帮助过楚国，所以城濮之战结束不久（公元前630年），晋国便联合了秦国来攻打郑国。

很快晋、秦两国联军就包围了郑国的国都新郑（今河南新郑）。他们还强烈声称非要逮住叔瞻不可。闻知这个消息，叔瞻只好自杀了。不过，晋、秦两国并没就此罢兵，而是变本加厉要求郑国交出他们的国君郑文公。情急之下，郑国人终于被逼出一计。

郑国使者悄悄来至秦营，对秦穆公说："秦晋联合攻打郑国，郑国一定会灭亡。不过，郑国和晋国接壤，所以得到好处的只能是晋国，而秦国不会有丝毫收获。况且，晋国强大后必然会对秦国构成威胁。秦国为什么不停止对郑国的攻伐呢？如果这样，郑国一定唯秦国之命是从。"秦穆公被说服，随即他便找个借口罢兵撤军了。在撤军的时候，秦国还应邀悄悄留下杞（qǐ）子、逄（páng）孙、杨孙三人共同率领两千名军卒帮助郑国驻守边防（上面的说法取自《左传》，《史记》称秦国并没有在郑国留下人马）。最终，失去帮手的晋国也只好放弃对郑国的进一步侵伐。

两年之后，即公元前628年，留在郑国的秦国将士偷偷回报秦穆公说："我们已经完全接管郑国国都的北门，如果大王派兵前来，我们里应外合一举便可以吞并郑国。"（《史记》的说法是，郑国内部出了叛徒。）穆公果然为之心动。大夫蹇（jiǎn）叔（西戎岐人，即今陕西岐县人）和百里奚（楚国宛人，即今河南南阳人）劝穆公说："我们经过几个国家不远千里前去偷袭郑国，郑国人怎么会不知道呢？如果郑国人得到消息而提前做好准备，我们又怎会取胜呢？”可这当口，利欲熏心的穆公头脑已是严重发热，当然他也就不可能听进这样的劝告。很快，穆公便以百里奚的儿子孟明视为主将，蹇叔的两个儿子西乞术和白乙丙为副将，共同率领三百辆战车前往偷袭郑国。

一天，当秦军行至晋国边陲小城滑邑（原滑国都城，位于今河南巩义一带）时，令他们万万没有想到的一幕发生了。原来，竟然有人主动赶着十二头牛给他们送来。来人还自我介绍说他叫弦高，是郑君派来犒赏秦军的使者。其实，这个弦高只是郑国一个普通的牛贩子，而这些牛是他原本打算要贩卖到东周京城洛邑（今河南洛阳）的。听说秦军要偷袭自己的国家，他灵机一动，想出这样一条无中生有的妙计。当然他也不会忘记派人将这一消息及时报告给国君。见偷袭郑国已是断无可能，孟明视他们就来个顺手牵羊，侵占了滑邑，然后才准备班师撤军。

其时（公元前627年），正逢晋文公去世还没有下葬。闻听秦军如此无礼，刚刚继位的晋襄公不由勃然大怒道：“秦国竟然敢以我们晋国为弱小而欺负我们，趁我的父王没有下葬攻占我们的滑邑，这是坚决不能容忍的。”当即，襄公便传下命令，精挑细选了数倍于对手的人马并让大家清一色穿上黑色的丧服埋伏于秦军必经的崤山一带，静待敌人的到来。这样的战役的结果就是不说大家也猜得出来。据史料记载，此次秦军无一人得还，三名主要将官悉数为晋军所俘获。

襄公的生母文嬴（yíng）是秦国人。听说俘虏了三名秦将，文嬴来向儿子求情说：“我们晋、秦原本是友好邻邦，就是这些将军们为了自己争立战功才使得两国伤了和气。要是晋国把这三个人杀了，恐怕两国的仇恨会越结越深。依我看还是把他们放回去，交给秦君处置好了。”

听母亲说得也有些道理，襄公便把孟明视等三人给放了。得知此事，大夫先轸很是生气，立马赶到宫中责备襄公说：“将士们拼死拼活好不容易才把他们捉住，你怎能轻易就把他们放走呢？”襄公这才回过味来，连忙派出大将阳处父带人去追。

再说孟明视他们，侥幸获释后，哪敢有丝毫耽误，一个个拼了命地往黄河方向跑去。等到阳处父追到河边的时候，他们已经登上一条小船。于是，阳处父只好佯装喊道：“将军们等一等，我们国君为你们备了车马，请你们回来带上吧。”孟明视他们当然不会上这个当，就听三人一语双关地齐声喊道：“谢谢晋君的好意。我们怎敢接受什么礼物呢？如果回去能够侥幸不死的话，三年后我们一定会来‘报答’贵国。”

听说孟明视他们归来，秦穆公连忙率领众文武来到郊外迎接。见穆公亲来，三人不由齐刷刷跪倒请罪。穆公上前将他们一一搀扶起来，而后满是自责地说："这都是我的错啊。我没有听从你们父亲的劝告，害得你们受尽屈辱。你们何罪之有？"在场的人都被深深感动了，孟明视他们更是百感交集、热泪盈眶，一个个在心里暗暗下起决心。

就在崤之战过后的第二年，也就是公元前625年，穆公再次以孟明视为主将率兵攻打晋国。由于晋国早有防范，这次秦军又吃了败仗。不过，穆公仍然没有怪罪孟明视，而是对他一如既往地信任与倚重。为了报仇雪恨，更为了报答穆公的知遇之恩，接连遭受两次失败的孟明视把自己的全部财产统统拿出来用作抚慰阵亡将士家属之资，他本人则整日与士卒一起摸爬滚打，全身心投入日常训练中。

一年以后，也就是公元前624年的夏天，在做好充分准备的情况下，带着穆公的重托，孟明视率领五百辆战车再一次踏上征程。不用说，他们的目标还是晋国。

大军渡过黄河后，孟明视与大伙商量道："咱们这次出征，有进无退，可不能无功而返啊！因此我想把渡船都烧掉，你们看怎么样？"将士们异口同声回答道："烧了吧！如果我们打了败仗，还有脸回去吗？如果我们胜利了，还怕没有战船吗？"

秦军和晋军终于相遇了。不难想象，这支训练有素且又憋足了劲儿的秦军与晋军再次相遇的情形与以前相比可谓大相径庭。他们一个个勇如猛虎、迅如饿狼，所到之处晋军闻风丧胆避之唯恐不及，哪里还有人敢出来迎战呢？后来，晋襄公竟然干脆传令各地军队只准坚守城池，不得与秦军进行任何正面接触。在这支秦军面前，此前一直称霸中原的晋国军队竟然一下子变成了小羔羊。

就这样，不仅是西戎的一些小国就连中原地区的各大诸侯也纷纷脱离晋国而与秦国结盟。当年晋国由文公苦心经营起来的霸主地位也就不复存在，取而代之的自然就是这个秦穆公。

5. 晋灵公与赵盾

晋襄公六年，即公元前622年，赵盾接替他的父亲赵衰出任晋国丞相。一年之后襄公就去世了，当时太子夷皋尚且幼小，国家形势又不容乐观，大臣们便想另外拥立一位年长的国君。

闻知这个消息，母亲穆嬴抱着儿子夷皋在朝堂之上日夜号哭。一边哭泣，一边她还不住地念叨："先君有什么罪呢？他的子嗣又有什么罪呢？舍弃嫡子而从外面找人来做国君，这个孩子又该怎么处置呢？"后来，穆嬴干脆不顾什么体统抱着太子来到赵盾家。一见面，她便数落开了："先君老早就把太子托付给你照顾，亲口嘱咐你说：'这个孩子成才，我可以享受他的祭祀；这个孩子不成才，我在天国也会恨你。'现在国君刚刚去世，这些话好像就在耳边，你们就想剥夺太子的国君之位，这样对吗？"

平素就对这个穆嬴颇有几分畏惧，所以思量再三，赵盾还是和众大夫共扶夷皋继了位。夷皋也就是晋灵公。谁知这晋灵公年纪轻轻就不学好，横征暴敛、不恤民情不说，他还乖戾无常、滥杀无辜。为此，大臣们无不伤透了心。

据说，有一次，晋灵公在桃园的绛霄楼一边喝酒一边看表演。周围一些百姓看到楼上这么热闹，纷纷围拢过来观瞧。看见楼下聚集这么多人，灵公竟然陡生歹念，拿来一把弹弓朝着人群没头没脸就是一通乱射。被射中的人痛得哭号不止，未被射中的人则争相找地方躲避，顷刻间楼下乱作一团。这小子却是乐不可支哈哈大笑。一边笑着，一边他还不无得意地对身边的宠臣屠岸贾（gǔ）说："我整日在桃园游玩，唯有今天玩得最开心。"你说这小子的行径可恶不可恶？

晋灵公豢养了一条凶猛的大狗，为其取名灵獒。每次上朝或外出游玩时，晋灵公总是把它带在身边。为此别人都吓得胆战心惊，晋灵公却我行我素丝毫不顾及他人的感受。更可恨的是，他还经常纵狗行凶，以观看烈犬咬人为乐。

一次，晋灵公临时决定让厨师炖个熊掌下酒。做这道菜需要很长的时间，可他并没提前告知，喝开酒了他又没有耐心去等待，所以这次的熊掌炖得就有些不大合他的口味。谁知就为这么一点小事，他竟然当场亲手把厨师杀死，而且还残忍地将尸体大卸八块。

巧的是，就在宫女们抬着这厨师的尸身要去埋掉的时候，被赵盾和随会给撞个正着。见此情景，赵盾对随会说："国君如此暴虐，视人命为草芥，这样发展下去，我们晋国的灾难马上就要临头了。咱们做大臣的应努力去阻止他，不能让他再胡闹下去。"说着，赵盾便拉着随会来见晋灵公。

关于赵盾我们也有必要多说几句。据《史记》记载，他们赵氏是颛顼的后裔。当年晋文公流亡的时候，赵盾的父亲赵衰便一直跟随左右并且屡立大功。到晋襄公的时候，赵衰就已是丞相了。后来，赵盾又接了父亲的班。前文我们说过，晋灵公的继位很大程度上也是得益于赵盾的支持。因此，面对赵盾这样一个超重量级人物，晋灵公也还算乖巧，表面上完全接受了忠告，不过旋即却又指使一个叫鉏麑（chú ní）的人行刺赵盾。

一天，午夜刚过，鉏麑怀揣一把锋利的匕首潜入赵府。令鉏麑怎么也没有想到的是，一心扑在朝政上的赵盾已经早早起来了。距离上朝还有一段时间，所以赵盾正独自一人端坐厅堂闭目养神。看到这场景，鉏麑的内心很是纠结——如此忠心耿耿的大臣，这样的国之栋梁，杀了他明摆着就是不义，可是不杀他显然又是对国君不忠。不是不忠，便是不义，这一两难的选择实在令鉏麑不知所从。徘徊良久，最后他竟然选择了一头撞死于一棵大槐树来求得内心的解脱。

虽然鉏麑没有帮他除掉赵盾，但晋灵公仍不死心。不久，这小子又生出一条更为歹毒之计。这天，他悄悄叫来一群武士并让他们埋伏起来，然后又借着宴饮之名把赵盾请到宫里。赵盾当然不会知道其中的隐情，不知不觉就喝了三杯。这时公宰（服侍国君身旁，掌管国君膳食）提宓（mì）明上前提醒赵盾道：“国君赏赐大臣饮酒，赏三杯就是最高礼仪，相国还是回去吧。”一经提醒，赵盾马上警觉起来，连忙站起身来告辞要走。埋伏的那些人还没有得到行动的信号，所以也就没人出来截杀。见此计又要落空，晋灵公急了眼，纵使灵獒向赵盾扑来。眼看着赵盾就要性命不保，公宰提宓明抽出利刃抢步上前将这条恶犬给杀了。对于提宓明的拼死相助，赵盾也很是纳闷，不由问道：“先生为什么要救我呢？”提宓明道：“我就是当年那个饿倒在桑树下的人啊。”后来，提宓明被迫远遁他乡，赵盾也只好暂且逃往国外。

或许你要问，“饿倒在桑树下”是怎么回事呢？原来早些年在一次去首山打猎的时候，在一棵桑树下赵盾看到一个被饿昏的人。出于同情，赵盾给了他一些食物。谁知这人只吃一半就不再吃了。赵盾不解地问道：“先生怎么不吃了？”这人不无哀伤地回答道：“我出来寻求功名已经有些年头，现在也不知道老母亲是否还健在。我是希望把这美食留下来给母亲尝一尝。”为他的孝心所感动，赵盾便又给了他一些吃食。这个人就是提宓明，并且后来他还做了晋灵公的公宰。

灵公十四年，即公元前607年，赵盾的弟弟赵穿在桃园成功袭杀晋灵公，赵盾才得以重回晋国。归国后，赵盾派遣赵穿到京城洛邑把襄公的弟弟黑臀（tún）迎接回来扶上国君之位。黑臀也就是后来的晋成公。

6. 三家分晋

我们知道一度称霸中原的晋国后来被国内的韩、赵、魏三卿瓜分。那么晋国为什么会落得这么一个结局呢？这恐怕还得从叔向开始说起。

叔向与晋室同宗，是名臣祁傒的孙子，晋平公时他就已经位列大夫。面对当时韩、赵、魏、智、范、中行（zhōng háng）等六卿（即六位三军统帅。分别是中军将、中军佐，上军将、上军佐，下军将、下军佐）专权的现状，叔向很是担忧。一次，齐国丞相晏婴来访问。当两人谈起晋国朝政的现状时，叔向忧心忡忡地说："晋国到末世了。国君厚敛无度，大兴土木而不知体恤百姓，政权把持在几家卿大夫手中。这样怎么会长久呢？"

晋平公的儿子晋昭公在位时，六卿沆瀣一气权势日隆。昭公的儿子晋顷公时，叔向做了晋国的丞相。虽然充其量不过也就还有一线希望，但叔向还是竭尽全力想要让晋国再现往日的辉煌。于是，叔向一再劝谏顷公要力戒奢靡、励精图治，并且要想方设法削减六卿的权力。不想他的这些举动不仅惹怒六卿，而且还引起不思进取的顷公的反感。顷公十二年，即公元前514年，借顷公之手六卿除掉了叔向。可怜这个一心想着复兴晋国的叔向竟然落个满门抄斩的下场，他的封地则为六卿所瓜分。至此六卿的势力已不在晋顷公之下，他们甚至还公然僭越礼法各自分封子弟为大夫，这可是一项应该由国君行使的权力。

晋定公（顷公之子）十五年，即公元前497年，六卿之间起了矛盾，中行寅（yín）和范吉射两卿联合起来攻打赵鞅（yāng）。因与中行寅、范吉射也是一向不和，韩不佞（nìng）和魏侈（chǐ）两卿便联合起来救助赵氏。后来，当中行氏与范氏索性发动叛乱，妄想摆脱定公这个傀儡而彻底从晋国分离出去时，在韩、赵、魏、智四卿的帮助下，定公打败中行氏与范氏。失败后中行氏与范氏逃到齐国。

定公死后继位的是他的儿子晋出公。出公十七年，即公元前458年，智、韩、赵、魏四卿竟然私自瓜分了中行氏和范氏两家的土地，这让出公很是气恼。就在晋出公联合齐、鲁两国准备对四卿动手时，四卿却抢先发难把出公给赶跑了。这倒霉的出公就死在逃往齐国的路上。

出公死后，智瑶拥立昭公的曾孙骄做了国君。骄也就是晋哀公。这时智家权势日盛且又一枝独秀，韩、赵、魏三家只好屈从于他。智瑶是个极其贪婪的家伙，他整日就知道盘算着如何扩大自己的地盘。一天，他对赵襄子（赵鞅之子）、魏桓子（魏侈之孙）、韩康子（韩不佞玄孙）说："晋国本来是中原霸主，可是现在却一天天在衰落。为了使晋国再度强大，我建议咱们每家拿出一百里土地给国君。"对于智瑶的别有用心大家当然心知肚明，但迫于他的淫威韩、魏两家还是如期交出土地，只有倔强的赵襄子不理智瑶那一套。于是，在公元前455年，智氏联合韩、魏两家包围了赵家所在的晋阳（今山西太原）。

智、韩、魏三家围困晋阳城长达两年也没有得手。不过，这智瑶也真有一套，某天在详细勘察过地形后，他居然想出一条水攻之计——掘引晋水灌淹晋阳。当时正逢雨季，当滚滚的晋水涌入晋阳时，顷刻之间全城就变为汪洋，以至于大家做饭都得把锅悬挂起来。

一天，得意忘形的智瑶又带着韩康子和魏桓子出来视察了。远远看着晋阳城中的惨象，智瑶再次耍起他的小聪明。就听他说："你们看，晋阳马上就要完蛋了。以前我只知道水可以和城墙一样挡住对方，现在我才知道它也可以用来灭掉一个城邑呢。"

听了这话，韩康子和魏桓子都不由心头一震。原来，他们两家的封邑平阳（韩家封邑，在今山西临汾）和安邑（魏家封邑，在今山西夏县）也都临水而居。显然智瑶这是话里有话，谁知道哪天这个霸道而又贪婪的家伙就会向自己开火呢？韩康子和魏桓子不免心中犯嘀咕。

就在这当口，谋士张孟谈对赵襄子说："我看韩家和魏家把土地交出来肯定不会心甘情愿。如果我们三家能够联合，晋阳之围自然也就解了。"赵襄子采纳张孟谈的意见，让他悄悄出城去见韩康子与魏桓子。

诚如张孟谈所料，韩、赵、魏三家果然一拍即合。第二天深夜，当智瑶和他的智家军还在酣睡的时候，韩、赵、魏三家的将士们便已经有条不紊地行动了。面对冷不丁出现在面前的三路大军，智氏军营顿时乱作一团，军卒们一个个就像没了头的苍蝇四处乱撞，被杀死的或是相互践踏而死的不计其数。那个跋扈的智瑶也不知什么时候就做了他人的刀下之鬼。

就这样，韩、赵、魏三家不仅收回被智氏强取豪夺的大片土地，而且他们还联合起来把原本属于智氏的所有土地也给瓜分。至此，韩、赵、魏三卿各自的势力都远远超过了晋国的国君。

公元前403年，三卿的使臣相约一同来到京城洛邑朝见周天子。此行他们共同的使命便是代表各自主家向周威烈王提出晋级诸侯的申请。此时的周威烈王也就是个摆设，他又怎能不答应呢？于是，曾经的晋国三卿——韩、赵、魏——都名正言顺成为诸侯。从此东周历史掀开崭新的一页——狼烟四起的战国时代开始了。

又过了二十多年，到公元前376年的时候，韩、赵、魏三国再次联合起来把晋国仅有的那一小点土地又给强占，国君晋静公被废为平民。曾经一度强大无比的晋国就这样被彻底瓜分。

六、秦国

1. 秦穆公二三事

秦穆公是公认的“春秋五霸”之一。在位的39年，他发愤图强、励精图治、始终如一，把个原本并不强大的秦国发展成为中原一霸，实在堪称古代君王的杰出代表。作为一个世袭的君王，在那样一个遥远的年代，他是怎样做到这一切的呢?

在此要先插上一句，“秦穆公”的“穆”字是他的谥号（中国古代皇帝死后，群臣会根据其生前的所作所为，确定一个符合的谥号，也就是评价。好皇帝的谥号都是赞扬的，而昏君是鄙视的谥号）。“穆”字在谥法中是广施恩惠，或坦荡外露的意思。可在《史记》和其他不少古籍中，能够看到有时却是写作“秦缪公”。古时“缪”与“穆”（mù）相通，在古汉语词典中有解释。如果只是这样那倒没什么，可必须说的是，“缪”这个字在谥法中本身就存在，而且特殊的竟还是个恶谥——名不副实的意思。这就很奇怪啦，于是自然也就有了争议，直至今天。为什么会这样呢?下面就一一道来。

纵观穆公的一生，其最大的优点恐怕就是知人善任。很多古典文献都载有一个伯乐向秦穆公推荐九方皋（《列子》中作九方皋，《韩非子》中作九方堙）的故事。伯乐，本名孙阳，秦国人。其实，“伯乐”本是古老神话中一颗掌管天马的神星的名字，由于孙阳特别善于相马，所以人们便以伯乐来称呼他。

话说伯乐暮年的时候，一次穆公问他：“你的子孙中有善于相马的吗？”伯乐如实回答道：“挑选一般的好马，可以凭借形体、骨架、毛色等来识别，可是千里马的表面特征若隐若现令人难以捉摸，要识别还是不容易的，所以我的子孙也只是学会挑选一般的好马而已。我有一个靠打柴为生的朋友名叫九方皋，他在识别千里马方面的能力一点也不比我差。”

于是，穆公召见了九方皋，并且责成他去寻求一匹千里马。足足过去了三个月，这天九方皋终于回来向穆公交差了。他说：“我在沙丘看到一匹千里马。”穆公追问道：“是匹什么样的马呢？”九方皋答道：“一匹黑色的公马。”

穆公随即差人去沙丘买回了那匹马，谁知却是一匹黄色的母马。穆公颇为不悦，把伯乐叫来训斥道：“先生给我推荐的是什么人呀！他连马的颜色和公母都不分，又怎么能够识别千里马呢？”

可是一看到这匹马，伯乐不由惊叹道：“哎呀，他真是太专心了！这就是他令我望尘莫及的地方啊。只是专注于千里马良好的禀赋，所以他才忽略了马的表象。九方皋相马给人的启迪实在是太多了。”听到这里，穆公如梦方醒，终于意识到是自己错怪了他们。后来，这个九方皋也和伯乐一样受到穆公的重用。

故事中，伯乐举贤值得称道，九方皋相马只专注于马的内在品质而忽略其表象也足以令人钦佩。就选人用人而言，这穆公的所作所为确实更是可圈可点。试想，穆公不但重用了善于相马的伯乐而且还让他举荐相马之人，这不是一个人尽其才的高明之举吗？不管是什么人举荐的，先让他九方皋找来一匹千里马再说，这又何尝不是一个智慧的选择呢？看到九方皋颜色不分、公母不辨，仍然耐心等待着把事情的真相搞明白，这又是何等雅量！

穆公与蹇（jiǎn）叔和百里奚的故事同样也是备受后人称道。

前文我们说过，在公元前655年（秦穆公五年）的时候，晋献公采纳荀息之计，一石两鸟，接连吞并了虢国和虞国。当时虞国一个叫百里奚的大夫在被俘后被当作晋文公女儿陪嫁的奴隶送到秦国。听说虞君就是因为没有听取百里奚的建议才落个国破家亡的下场，所以穆公便打算要重用他。谁知就在这时候，百里奚却偷偷逃回家乡楚国，并且还被人给捉到。按照当时的规定，穆公可以用金钱再把百里奚给赎回来。考虑到百里奚是一难得的人才，开始穆公打算用重金去赎他，可转念一想，如果以重金赎买，那不就等于明明白白告诉楚国人百里奚的价值吗？楚国又怎会轻易答应呢？于是，穆公差人以当时的一般行情——五张公羊皮——把百里奚给赎了回来。

当时百里奚已经年过七旬，但他依然精神矍铄、头脑清晰。通过与他连续几天的交谈，穆公发现百里奚确实是个极为出众的奇才，便破格提拔他做了大夫，将国政大事全部委托给他来处理。这个用五张公羊皮赎来的大夫也就得了一个雅号——“五羖（gǔ，黑色公羊）大夫”。

被封为大夫后，百里奚做的第一件事就是向穆公举荐蹇叔。百里奚说：“我有一个叫蹇叔的朋友，他的才能要比我高得多，只是因为没有出来做官，所以人们才不了解他。当年我宦游到齐国的时候，一度穷困到向人乞讨的地步，是蹇叔收留了我。我当时曾有辅佐公孙毋知的打算，蹇叔却劝我不要这样做。果然不久公孙毋知就被人杀死，我则因听从蹇叔劝告而免去一场灾祸。后来，我到了周都洛邑。王子姬颓（tuí）很喜欢牛，我替他养牛又颇有一些成绩，他便想提拔重用我。这次又是蹇叔劝阻我不要接受这份差事，才使我再次逃过一劫（公元前675年姬颓篡位，公元前673年叛乱平定）。再后来我到了虞国，做了虞君的一名臣子，但并未得到重用。这时，蹇叔又来劝我远离这个是非之地，但我因为贪恋那点俸禄而固执地留下来，最终落个

成了晋国奴隶的下场。这些经历告诉我，蹇叔是一个对世事异常洞明的贤者。”听了百里奚的介绍，穆公派人以重金把蹇叔请来，加封他为上大夫，地位比百里奚还要高一些。

除知人善任之外，穆公还是一个深受百姓爱戴的仁德之君。据史料记载，在一次晋秦大战中，因为有几百名普通庄稼汉拼死保护，穆公才得以死里逃生，成功扭转战局。

那是在穆公十四年，即公元前646年，秦国遭遇一场严重的自然灾害。谁知在这节骨眼儿上，就在一年之前还得到过秦国倾力相助的晋国非但没有给予秦国必要的援助，反而落井下石，无端挑起一场战争。面对强大的入侵者，穆公不敢大意，亲率大军予以反击，不料他自己却深陷晋军的包围之中。在这万分危急的时刻，战前主动请战的几百名庄稼汉挺身而出，拼死拼活保护着穆公冲出重围。突围之后，穆公得以再次集结人马，并最终彻底打败了晋军。

说起这几百“农民军”，还有一个小小的插曲呢。

那还是在几年之前，一天，穆公的一匹烈马走失了，也不知怎的，这匹马后来被住在岐山下的几百个庄稼汉逮住并且分着吃了。不用说这些人马上就被抓了起来，大小官员无不要求对他们从严治罪。穆公却说：“我听说，君子不应该因为牲畜的事情去伤害人，还是把他们都放了吧。”末了，他又叮嘱手下人道：“我还听说，吃了这种烈马的肉，如果不喝酒对身体是会有害的。你们就拿些酒给他们喝吧。”就这样，这群庄稼汉非但没有受到处罚，而且还白白赚了一顿美酒。正因如此，当听说穆公要亲征时，他们便强烈要求跟着军队来了。

让穆公称霸的关键一战无疑是公元前624年的那场“崤之战”的后续战役。前文我们就说过，此战取胜的一个重要因素就是穆公对孟明视等将领一贯的宽容与信任。当然了，作为一国之君，在孟明视他们前面两次战败而归的时候，穆公勇于承担责任的做法也是让人倍感钦佩。记得有一次他是这么说的：“这都是我的错啊。我没有听你们父亲（主将孟明视的父亲百里奚、两员副将西乞术和白乙丙的父亲蹇叔）的劝告，害得你们受尽屈辱，你们有什么罪呢？”

俗话说“金无足赤，人无完人”，这个秦穆公自然也不例外。《史记》对他死后用活人殉葬一事就很是不屑，别忘了司马迁本人就曾无端被处以过宫刑。

按照《史记》的说法，使用活人殉葬始自公元前678年秦武公（秦穆公伯父）死的时候（据近年的考古发现，一商王的墓穴中殉葬者多达四百余人，这说明殉葬一事由来已久），那一次共用了66个大活人。公元前621年，秦穆公死时更是创纪录地一次就戕害了170条鲜活的生命。在记述此事时，司马迁不无愤慨地评述道：“缪公薨。葬殉以人，从死者百七十人，君子讥之，故不言卒。”（古人对死的称法也有着严格的等级，天子死称崩，诸侯死称薨，一般士大夫死称卒。）殉葬之风一直延续到战国时期。还是据《史记》

记载，公元前385年秦国国君出子为臣僚所杀，其继任者秦献公才终于废止这一惨绝人寰的行径。

先哲孔子所生活的时代，正是殉葬之风盛行的时候，对此他是深恶痛绝。他的一句“始作俑者，其无后乎？”真可谓鞭辟入里、发人深省。在选编《诗经》的时候，孔子也没有忘记再次为废除这一陋习而大声疾呼。《诗经·秦风·黄鸟》一篇便形象地描绘了子车氏兄弟三人为秦穆公殉葬时的悲惨一幕。

诗的第一小节写道：“交交（通作咬咬，鸟鸣声）黄鸟，止于棘。谁从穆公？子车奄息（复姓子车，名叫奄息）。维此奄息，百夫之特。临其穴，惴惴其慄（lì）。彼苍者天！歼我良人。如可赎兮，人百其身。”

这一节的大意是：黄鸟叽叽喳喳叫着飞入酸枣林中。是谁在为穆公殉葬呢？是子车奄息。这个奄息有力敌百夫之勇。面临墓穴，他怎么吓得瑟瑟发抖呢？苍天啊！你为什么要夺走我们的英雄？如果可以替换他，我愿死一百次也甘心。

诗的后两节还描绘了子车奄息的两个弟弟子车仲行和子车鍼（zhēn）虎临被推下墓穴时的惊恐神情。

司马迁在《史记》中也动用不小的篇幅对这三兄弟殉葬一事进行了评说。甚至还不顾史实假借他人之口，说秦国虽然强大无比，可穆公连个诸侯盟主也没有混上，对残暴统治的愤慨之情可谓跃然纸上。

2. 作法终自毙——商鞅的一生

商鞅（约公元前390—前338年）本名公孙鞅，是战国时期卫国人。他是继早时的郑国子产（？—公元前522年，著有《刑书》）和魏国李悝（kuī，公元前455—前395年，著有《法经》）之后法家的又一杰出代表。早年他曾一度到魏国做了丞相公叔痤的家臣，并且很得公叔痤的器重。可惜还没有来得及向魏王推荐他，公叔痤便罹患重病。

一次，魏惠王亲自过来探视公叔痤。一番嘘寒问暖之后，魏王问公叔痤：“如果相国有个三长两短，我该把国政大事交给谁来处理呢？”公叔痤认真地回答说：“我的家臣公孙鞅。别看他年纪轻轻，却是个难得的奇才。希望大王在决断重大事情的时候，能够多听取一些他的意见。”此前公孙鞅并没什么名气，所以魏惠王听罢只是不置可否地笑了笑。魏惠王临走的时候，公叔痤请他屏退身边所有的人，而后郑重建议道：“我看大王的意思是不想重用公孙鞅，那么就请大王干脆把他杀掉吧，以免他到别的国家去。”轻轻“哦”了一声，魏惠王便离开了。

魏惠王走后，公叔痤把公孙鞅叫至近前，对他说：“今天大王问我谁可以继任丞相，我向他推荐了你。不过从大王的神色来看，他不会听取我的这个建议，于是我又提议让他杀掉你。我这是本着先向国君言明再向臣属来说的原则做的。你还是赶快离开这里吧，免得遭受杀身之祸。”然而公孙鞅却平静地说：“大王既然不听你的话重用我，他又怎么会接受你的另一个建议杀我呢？”

就这样，直到公叔痤死后，公孙鞅才从容去了秦国。在宠臣景监的帮助下，公孙鞅受到秦孝公的接见。

初次拜见秦孝公，费了好半天工夫公孙鞅竟然把个秦孝公说得打起了瞌睡。退出来时，景监责备他道：“你是怎么搞的，把大王都说睡了。这让我在大王面前怎么交差呢？”

公孙鞅不温不火地说：“这次我是以‘帝道’与大王交谈，不过大王的志向不在这里。希望先生能够帮助我再次拜见大王，下次我会用‘王道’向大王阐述我的观点，相信大王定然不会再打瞌睡。”

在景监的力荐之下，五天后孝公又召见了公孙鞅。果然这次孝公没有再打瞌睡，而且还称赞了他几句，不过孝公也没有任何要重用他的表示。

退出后，公孙鞅对景监说：“下次我以‘霸道’与大王交谈，他一定会相信我。希望先生能够帮我办成此事。”

过了几天，孝公真就又召见了公孙鞅。这次，公孙鞅开宗明义一上来就大谈如何才能称霸诸侯、独步天下。就听他说：“王道在乎顺应民情，慢慢地教导百姓。霸道可不一样，有时候不仅不能顺着百姓的心意，而且还需要改变他们的习俗。没有见识的臣民只知道贪图眼前利益而得过且过，有魄力的国君却要放眼长远。改变百姓的习俗就一定会遭到反对，所以施行霸道要有决心。等到变法有了成效，百姓得到实惠，他们才会明白过来。”

听着听着，孝公不知不觉就入了迷。就见他全然没了往日的威严仪态，伸着个脖子一点一点蹭到了座席的前面。

公孙鞅接着说道："要想国家富有，就得重视农业；要想国家强大，就得奖励将士。有了重赏，百姓就能拼命；有了重罚，百姓就不敢犯法。有赏有罚，朝廷才能有威信，这样一切变革也就容易进行。"

孝公听得连连点头，并且很是认真地说："对呀，对呀，这些我都能做到。"

公孙鞅继续道："不过，要富国强兵，就要信任人，让他们一心一意地去干。要是一听说有人反对就改变主意，可不光只是前功尽弃的问题，就连朝廷也会丧失威信，甚至还会给一些人作乱的机会。所以，大王先得下定决心，要干就要干到底。"

不久（据考证，商鞅变法始自公元前356年），公孙鞅被任命为左庶长，随即一场全面的变法革新在秦国大地轰轰烈烈地展开了。公孙鞅前期的变法主要包括以下六个方面：

①强化户籍管理：把百姓按照每五家为一"伍"、每十"伍"为一"保"的原则进行户籍编制，实施分片管理。同时要求他们做到互相监督，如果一家有人犯了法，其余同属一"伍"及一"保"者都会受到相应的处罚，这也就是所谓的"连坐"。

②明晰赏罚：勇于揭露犯罪分子或是在战场上立有军功的都会得到重赏，而隐匿罪犯或投降敌人者都会受到重罚。

③倡导家庭小型化：如果家中有两个已经成年的儿子，就要分家；如果不分，就必须多交纳一定额度的赋税。

④鼓励生产：对那些因为勤劳而生产粮食或布帛较多的奴隶，国家将给予或恢复他们的平民身份；而对于那些因为懒惰导致贫困的平民，官府则会把他们收为奴隶。

⑤废除世袭制：原来享有爵位世袭权利的贵族，如果没有再立新功，就

要被取消爵位。

⑥建立严格的等级制度：国家明确规定不同爵位的人所居住房屋的规模以及所穿衣服的款式和颜色，即便再富有也不得越级享受，从而让有功有爵的人尽享尊荣。

为了让老百姓坚信国家是在动真格的，以期加大落实的力度，在颁行这些律令之前，公孙鞅还做了一件很有意思的事情：

一天，公孙鞅命人在一处市场的南门立起一根长三丈（**约合今7米**）的大木头，并且悬赏十金让人把它扛到市场北门。十金在当时可不是个小数目，再说扛这么一根木头对大多人来说也确非难事，所以对这个天上掉下的“大馅饼”，大伙甚是奇怪。密密匝匝围了很多人，可就是不见有哪一个肯动手。看到围观的人越聚越多，公孙鞅又一下子把赏金提高至五十金。俗话说得好，“重赏之下必有勇夫”。在众人嘈杂的议论声中，终于有人抵抗不住金钱的诱惑真的上前把这根木头给扛到了市场北门。不用说公孙鞅当即就真的命人给了他五十金。这就是历史上著名的“立木为信”的故事。

一传十，十传百，此事很快便在秦国传扬开来。左庶长公孙鞅说话算话的美德一时间成为国人街头巷尾热议的话题。不难想象，因为有着这一小小的铺垫，对于变法的事情，百姓那边也就一呼百应了。

不过，还是有一些背景深的王公贵族不把他公孙鞅放在眼里。差不多就在新法推行一年之后，一天，太子竟然带头犯了事。好在公孙鞅有办法，借着这个机会，他又成功说服孝公同意对太子施以严厉的处罚来了个以儆效尤。太子乃是国君的继承人，对他本人当然不便直接施以惩处。于是，公孙鞅对太子的一个老师公子虔（qián）施以杖罚，而给另一个老师公孙贾的脸上刺了字。从这以后，整个秦国再没有一个人敢把新法视同儿戏。

据史料记载，通过公孙鞅的一系列变法，仅仅用了几年的时间，秦国便实现了翻天覆地的变化。路不拾遗、夜不闭户不再是一种空想，民殷国富、群情振奋也变为现实。

孝公十二年，即公元前350年，公孙鞅精心筹划的第二轮变法开始了。这一次主要进行了如下四个方面的改革：①把国都由雍（今陕西凤翔东南）迁到咸阳（今陕西咸阳）；②把全国的城邑和乡村统一划分为三十一个县，由国君委派专人前往治理；③把自西周开始的纵横于井田之间的道路挖开，扩大耕地面积；④对形制不一的各种度量工具和计量办法进行统一。

两轮变法下来，秦国已经远非一般意义上的强大，贪婪的秦孝公也开始把目光瞄向国外。

因为拥有崤山以东易守难攻的有利地形，魏国曾经是秦国的心腹之患。不过，由于在公元前341年的“马陵之战”中大败于齐国，致使魏国一落千丈。于是，孝公二十二年，即公元前340年，秦国以公孙鞅为主将对魏国下了手。魏国以公子卬（áng）为主将率兵前来抵抗。

双方尚未交锋，公孙鞅遣使对公子卬说：“我们俩以前同在魏国时是好朋友，虽然现在各自做了敌对双方的主将，但我还是不忍心与你厮杀。咱们还是约个时间签个盟约然后各自罢兵吧。”

公子卬信以为真，居然没做任何防范便前往赴会。就这样，公子卬糊里糊涂成了秦军的俘虏，而公孙鞅则以极快的速度率领人马凶猛扑向魏军大营。没有主将又没有丝毫准备的魏军败得那叫一个惨。此战过后，魏国被迫将黄河以西的大片土地割让给秦国，并且还把国都由安邑迁到大梁（今河南开封）。这也是后来有人称魏国为梁国的原因。想必到了这时候那个魏惠王也会为自己当年没有听取公叔痤的建议而后悔吧？

鉴于在变法以及对魏作战中的卓绝表现，秦孝公把商於（今陕西丹凤）一带的十五座城邑赐予公孙鞅，并且还赐给他一个“商君”的封号。就是从这时起，人们改称他“商鞅”。

商鞅确实无愧法家代表这一称谓，通过严刑峻法，他让自己一手筹划的新法在秦国得到很好贯彻。然而凡事就是这样，有利就有弊，有得就有失，商鞅出尽风头赚足眼球，秦国也确实得到实惠，而一些利益受损的王公贵族对他的怨恨情绪也在与日俱增。下面就是商鞅与他的一位昔日相识赵良的一次对话，我们从中还是很能看出一些问题。

商鞅说：“由于孟兰皋的介绍，我们才能见面，就让我们做个朋友吧。”

赵良说：“我不敢有这个奢望。孔子有句话，‘推选贤良的人去爱戴他，就会有所进步；聚集不成才的人做事，就会后退。’我是个不成才的人，所以不敢接受你的美意。我还听说：‘不该是自己的职位，却拥有它，就是贪位；不该自己享有的名声，却得到它，就是贪名。’我如果答应做你的朋友，恐怕就会被别人笑话为贪名贪位。”

商鞅当然也听出了弦外之音，说：“你是对我采用的新法不满意吧？”

赵良说："我听人说：'善于倾听别人的意见叫做聪，善于自我反省叫做明，勇于战胜自己的缺点叫做强。'舜帝不是也说过吗？'放下自己的架子也是很高尚的。'你不如多用一些舜帝时的治国之道，也就没有必要问我满不满意。"

商鞅很是不快地说："当初秦国延续西域落后的生产生活方式，连父亲和儿子也不知道区别对待，可以同娶一个女子为妻。现在我引导他们改变了这些愚昧的做法。另外，我还把国都和王宫规划建设得与鲁国、卫国一样。你看，我治理秦国的成绩和当年的'五羖（gǔ）大夫'相比，谁更好一些呢？"

赵良态度诚恳地说："一千张羊皮，也赶不上一只狐狸腋下的那一小块毛皮；一千个人说顺从恭维的话，也比不上一个人直言不讳。周武王因为有人对他直言不讳而昌盛，商纣因为有人顺从恭维而亡国。你不会不学习周武王吧？我希望说一些真话而不会被杀，可以吗？"

商鞅有点不好意思了，说："批评指责的话就像良药，赞美颂扬的话就像病毒。先生能够说真心话，那就是我公孙鞅花钱也难买的良药啊，我感激还来不及，你又何必多虑呢？"

赵良说："当年的'五羖大夫'是楚国的普通百姓，听说穆公乃一代明君就希望前来拜见。因缺乏盘缠路费，他困居秦国多日，终日以粥为食，不得已时还穿着破短褂到牛棚里去吃一些牛的剩食。一年以后，穆公听说了这件事情，把他这个吃牛剩食的人提拔为大夫，全国上下没有不佩服的（以上关于百里奚经历的说法，可能是赵良为了突出自己的观点而故意为之，这也是当时说客们惯用的手段）。他为相六七年，东伐郑国，三次帮助晋国的国君即位，一次解除楚国的大祸。他对内教化百姓，使得偏远的巴人都来朝贡。他对外施德于诸侯，让西戎各国甘愿俯首称臣。'五羖大夫'为秦相时，在国都之内来往，曾不乘坐马车，炎炎夏日也不打伞遮阳，后面就更不用从车跟随或卫士保护了。当因功而受到封赏时，他也曾不显摆张扬。所以，‘五羖大夫’去世时，全国百姓为他号哭，就连孩童也停下歌唱。”

略微顿了顿，赵良继续说：“现在你被秦王召见是靠了奴颜婢膝赚取宠臣景监的庇护，这样是不会赢得好名声的。作为秦相，不以百姓的生计为大事，而去营建什么国都王宫，这也不是什么功劳。把太子的老师判处刑罚，用酷刑压服百姓，你这些做法都是不得人心的，并且是在积怨蓄祸啊。《诗经》说：‘得人者兴，失人者崩。’现在你外出时，后面跟随的车子数以十计，车上坐满穿甲戴盔的卫士，车旁更是有大队操刀弄枪的士卒相随。这些如果有一样没有准备好，你就一定不敢外出。《尚书》也说：‘恃德者昌，恃力者亡。’你的危险就如同早晨的露水，只要太阳一出就会消亡，还想延年益寿吗？为今之计，你应该归还那十几座城邑，回到乡间从事农桑，然后再劝说秦王勤政爱民、礼贤下士，这样你就可以稍稍安稳一些。如果你贪恋富贵，继续担任相国，等现在的秦王一旦去世，别人是不会轻饶你的。”

对于赵良的一番忠告，已经深陷名利场的商鞅居然没有放在心上。

就在这一年（公元前338年），孝公死了，太子秦惠文王继位。太子的老师公子虔等一班贵族联合起来诬陷商鞅，说他蓄意谋反，惠文王当即传下命令缉拿他。

这一天，已经沦落为流亡罪人的商鞅逃到了边关。然而想要住店的他因受到通缉不敢拿出身份证来让店老板检验。就在他苦苦哀求的时候，一位住店的客人提醒道：“老板，可千万不能留此人住宿。商君（即商鞅）有令，容留没有验明身份的客人住宿，我们这些人也要遭受连坐。”

严刑峻法或许会给古代统治阶级带来短暂的利益，但也确非长久之策，而这个以奉行严刑峻法著称的商鞅终于也尝到它的滋味。难怪从这家旅店退出来时，他也会由衷发出“为法之弊，一至此哉！”的慨叹。我们今天常说的“作法自毙”这一成语也就是从这里来的。

后来，商鞅辗转逃到魏国。因为他曾经以欺骗的方法俘虏公子卬并使得魏国遭受重创，所以魏国非但没有收留他，而且还把他赶回秦国。

万般无奈之下，他只好回到自己的封地商於，并随即率领属于他自己的那点少得可怜的人马冲出秦国。虽说已经到了这般田地，但商鞅还不死心，竟然异想天开打起攻取郑国的主意。然而，还未等他与郑国真正交手，秦国的大军便已追来。就这样，郑国的渑池（今河南渑池）成为他的最终归宿。商鞅死后，他的尸身被运回秦国遭到车裂，他的家人也悉数惨遭杀戮无一幸免。

3. 张仪与“连横”

张仪是战国时期魏国人，他曾与苏秦一同师从鬼谷子（参见《齐国·孙膑与庞涓》）先生。

为了对付强大的秦国，燕、赵、韩、魏、齐、楚六国于公元前334年达成“合纵”之约（古人以东西为横，南北为纵。因六国均地处秦国以东，所以称他们之间的南北联合为“合纵”）。让六国走到一起的便是苏秦，所以他成为一人独掌六国相印的纵约长。赵国的国君赵肃侯对他尤为器重，封他为武安君，于是苏秦也就在赵国定居下来。

对于合纵的这个唯一对手秦国，苏秦当然不敢疏忽大意。想来想去，苏秦决定委派一名足智多谋的雄辩之士打入秦国内部，以便有效阻止秦国对合纵可能的破坏活动。这可是一项极其艰巨而又重要的任务，谁能够胜任此事呢？遍观六国才俊，掂量来掂量去，苏秦最终还是把目标锁定在老同学张仪身上。此时的张仪正走背字儿——因在楚国被怀疑偷了相国的一块宝玉而遭到一顿毒打并长期闲困家中。

于是，苏秦暗中派人对张仪说："先生当年与苏秦关系非同一般，如今苏秦已挂六国相印贵为纵约长，你为什么不去托他谋个差事呢？"潦倒至如此境地的张仪最终接受了这人的建议。

谁知，一到赵国，张仪就先吃了一个闭门羹。原来，苏秦早就安排好了，所以门人才故意推三阻四不肯为他通报。几天过后，好不容易得到苏秦的接见，他看到的却是一副冷若冰霜的面孔，吃到的也是招待下人才用的粗劣饭菜。这还不够，苏秦竟然还当面挖苦他说："以你的才华早就该飞黄腾达了，可现在却穷困到如此地步，我是没有办法为你求情的。你还是自寻出路吧。"说罢，苏秦借故离开了。"不引荐也就罢了，可你平白无故地奚落谁？"张仪肚子里那真叫一个窝火。

看到苏秦是指望不上了，张仪只好动身赶往秦国——列国中唯一不属苏秦势力范围的国家。张仪前脚刚走，苏秦的家臣也紧随而去。临行，苏秦叮嘱家臣说："张仪乃一天下少有的奇才，我并不如他，只不过侥幸先被任用罢了。我害怕他乐小利而不思进取，所以才故意用侮辱的方式来刺激他。如今，能够操控秦国朝政的只有张仪一人，不过现在他还很贫困，没法得到秦王的召见。你现在多带一些钱，替我去好好照顾他。记住，他用多少，你就给多少，但不要急于告诉他是我让你这么干的。"

就这样，在苏秦的暗中资助之下，不久张仪就得到秦惠文王的接见并被拜为客卿。业已完成使命的苏秦的那个家臣也就要告辞离开了。见状，张仪不解地问道："我是依靠先生的资助才得到秦王重用。我正要报答你，怎么却要走呢？"这人便把事情的原委通通告诉了他。闻言，张仪不禁由衷赞叹道："我被掌控而自己全然不知，苏君比我高明啊！"紧接着他又明确表态道："请先生转告我对苏君的谢意。苏君在时我一定不会领兵攻打赵国。再说啦，有苏君在，即使我想攻打，又怎会成功呢？”张仪言而有信，苏秦在时，在秦国举足轻重的他真就使得秦国与其他六国鲜有战事发生，不过也有下面一个例外。

当时，让秦国担心的主要还是楚国和齐国，而楚齐两国又有盟约，怎么才能够离间它们呢？这令秦王大伤脑筋。就这样，公元前313年的一天，已经升任丞相的张仪带着惠文王的重托来到楚国。

朝堂之上，楚怀王以隆重的礼节接待了这位在秦国政坛红得发紫的人物，并且还就治国安邦之道虚心向他请教。就听张仪趁势回答说：“大王如果能听我的意见，我建议楚国首先断绝与齐国的来往。诚能这样的话，我会让秦国把商於一带六百里土地献给大王，使楚国和秦国结为永远的友好邻邦。这样，既削弱了北方强大的齐国又得到秦国的信任，还有比这更好的主意吗？”

对于张仪的这番话，楚怀王居然深信不疑。大臣陈轸（zhěn）提醒怀王说：“秦国之所以看重楚国，就是因为我们楚国与齐国结为盟友。如果与齐国断交，秦国又为什么要给我们六百里土地呢？如果秦国真的愿意把商於之地让给我们，大王不妨先派个使者接收了土地再与齐国绝交也不迟。”谁知楚怀王已然有些迫不及待，他哪里还听得进什么劝说呢？于是，他一面重赏张仪，一面下令断绝与齐国的一切来往。

看到楚国如此无礼，齐国也随即做出回应——不久，齐湣王也遣使与秦国结了盟。

再说楚国这边。当楚怀王的使臣跟随张仪喜滋滋来到秦国准备接收土地时，不料张仪却一下子变了卦。就听张仪煞有介事地说：“我说要把自己的六里封地献给楚王，大概是你们大王听错了吧？”

接到使臣的汇报，楚怀王怒不可遏，立马就要发兵攻打秦国。陈轸再次站出来劝道："听我说一句好吗？现在我们去攻打秦国，还不如割地贿赂秦国以求两国合兵攻打齐国呢。这样，我们虽然割让一些土地给秦国，但可以从齐国那里得到补偿。"

已经丧失理智的楚怀王对陈轸的一番建议依旧置若罔闻，执意派遣大将屈匄（gài）率领十万人马向秦国发起进攻。于是，秦国联合了齐国来共同对付楚军。这一战，楚军伤亡惨重，损兵折将总计不下八万，主将屈匄也做了俘虏。更令楚怀王痛心的是，秦军还趁势夺取了楚国丹阳和汉中一带大片的土地。不过楚怀王并不死心，不久他再次发兵攻打秦国时，却又在蓝田（今陕西蓝田）一战中败得一塌糊涂，最终被迫割地求和。强大的楚国从此一蹶不振。

就在此后不久，传来苏秦去世的消息，针对当年由苏秦一手打造的六国"合纵"，张仪的"连横"开始了。所谓"连横"，就是利用六国之间的矛盾一个个将它们从"合纵"中分离开来。

令人难以置信的是，张仪竟然把为实现"连横"大计出使的第一站选定为楚国。当时，楚国上下无不对他恨得咬牙切齿，楚怀王更是剐了他也难解心头之恨。然而，张仪不仅亲自来到楚国，而且还成功说服了楚怀王。他是怎么说的呢？《史记》为我们留下了当年张仪的那篇精彩的演说之辞。他说：

"秦国拥有天下二分之一的土地，以一国之兵与四国（秦国与楚、韩、赵、魏四国毗邻）相抗衡，地势险要，边境稳固，勇猛的将士不下百万，战车数千辆，战马几万匹，粮草堆积如山。只要秦王一声令下，将士们便会勇猛向前。参加合纵的几个国家和驱赶着羊群去攻击猛虎的人有什么区别呢？猛虎与羊群明显不在一个档次。如今大王不去团结猛虎而团结群羊，我认为您在这方面有些失策。

“现在天下的强国也就是楚国和秦国。如果两下里相争的话，必然有一方要失败。大王如果不与秦国结盟，那么秦国出兵占据宜阳断绝楚国与韩国上党的通道，然后再挥军河东，占领成皋，韩国就只能向秦国投降。韩国一降，魏国必定闻风而动。这样，秦国攻打楚国的西面，韩国和魏国攻打楚国的北面，楚国就很危险了。

“再者，秦国西有巴蜀。如果秦国以舟船搭载将士，从巴蜀发兵，沿长江顺流而下，不出十天就可以抵达楚国的捍关。到那时，黔（qián）中和巫郡等大片土地就不是大王您的了。秦军以此为根据地，从武关分别派兵向南向北进军，不出三个月楚国定会不复存在。而楚国所依靠的盟国，即便前来救援至少也要半年的时间才能到达。

“楚国以前也曾和秦国有过交手，但两次都失败了，这就如同两虎相斗必有一伤一样。楚国与秦国互相攻打，韩国和魏国就会坐收渔利。我以为再也没有比这更糟糕的了。

“楚、秦山水相连，两国原本就应该比邻而亲。大王如果愿意听信于臣，我将请求秦王把太子送来做人质，让秦女来服侍您，使双方结为永久的兄弟之国，永远不再互相攻伐。”

听完张仪这篇软硬兼施的长篇大论（《史记》中所载张仪之言比这还要长得多，这里只是选译了其中的主要部分），楚怀王真就被震住了，当场便表态要与秦国联合。大夫屈原抢步上前谏道：“以前大王就受过张仪的欺骗，现在他又在故伎重演。我以为大王会杀死他，没想到您不仅不忍心杀他，而且还要再次听信他的花言巧语。我认为这是不可以的。”

沉默良久，末了楚怀王还是作出听信张仪的决定。

离开楚国，张仪又先后去了韩国、齐国、赵国和燕国（此前在张仪的劝说下魏国已经与秦国结盟）。由于他对各国的情况都了如指掌，且又长于游说之道，所以各国都答应与秦国进行联合。至此，苏秦苦心经营起来的六国“合纵”抗秦的局面彻底被打破。张仪因“连横”之功被秦惠文王封为武信君。

公元前310年，秦武王继位。迫于国内和国外的重重压力，张仪被迫回到家乡魏国做了丞相。一年后他病死于任上。

4. 远交近攻话范雎

远交近攻是“三十六计”中的一计。说到这远交近攻之计，就不能不说说范雎（jū，？—前255年）。范雎，战国时期魏国人。早年，他在魏国大夫须贾那里做了一名普通的家臣。

有一次，范雎陪同须贾到齐国出访。出于为他雄辩口才所折服的原因，齐襄王私下里派人给他送来十金和一些酒肉。范雎当然不敢私自接受，不巧的是就在双方你推我让相持不下的时候，却被须贾撞个正着。虽然当场授意他收下这些礼物，但须贾也由此产生对他的怀疑——怀疑他把魏国的一些机密透露给齐国。

回国后，须贾把这件事情报告给丞相魏齐。也不问青红皂白，粗暴的魏齐便下令家臣先对范雎来了一通严刑拷打，不仅打落他的好几颗牙齿，而且还打折他的多根肋骨。为逃避毒打，奄奄一息的范雎索性来了个装死。不过，这魏齐并不算完，又让人用席子把他卷起来扔到厕所里，还指使大家把尿撒到他身上。其实，魏齐也担心范雎是在装死，或者只是昏死过去，所以他又特意安排了一个人来看着。

天渐渐黑下来，趁着没有别人的时候，范雎轻声对看守他的人说："如果你能够把我放出去，日后我一定重重地报答你。"想来想去，看守最终还是答应了他。此时魏齐已经喝得有些醉意，也就同意了看守之人将已经"死

去”的范雎扔到野外的请示。

在好友郑安平的帮助下，死里逃生并更名为“张禄”的范雎见到了来魏国出使的秦国大夫王稽（jī）。后来，王稽想方设法把他带到秦国。王稽向秦昭襄王推荐说：“魏国的张禄先生是个极富雄才大略之人。他说：‘秦王之国危如累卵，得臣则安。’现在我把他给带来了。”不料昭襄王并没有为王稽此言所动，只是把范雎当作一个普通的游说之士来对待，一年之间也没有安排接见。

史载，这昭襄王是一个性格懦弱之人，一切大政国策任由跋扈的母亲宣太后一手处置。在宣太后的主使下，昭襄王让自己的一个舅舅魏冉（宣太后的同母异父之弟，在秦国朝政出现内乱时成功拥立昭襄王）做了丞相，并且还加封他为穰侯，给另一个舅舅芈（mǐ）戎（宣太后的同母同父之弟）以及自己的两个同母弟弟无限的特权，并分别加封他们为华阳君、泾（jīng）阳君和高陵君。仗着有太后撑腰，这些人把持朝纲、结党营私，没有一点好的影响。范雎到秦国时，昭襄王已经即位三十多年，可他不思进取，就这么一直窝窝囊囊做着傀儡。

昭襄王三十七年，即公元前270年的一天，穰侯亲自越过韩、魏两国的领地前往攻打齐国。借此良机，“张禄”赶紧修书一封呈奏昭襄王。他说：

“我听说，圣明的君主理政，有功劳的不可以不奖赏，有才能的不可以不授职，劳苦大的俸禄多，功绩多的爵位高，能力强的官职大，所以没有才能的不敢担任官职，有才能的也不会被埋没。假使您认为我的话可用，希望您推行并进一步使这种主张得以实现；如果认为我的话不可用，那么长久留我在这里也没有意义。俗话说：‘庸碌的君主奖赏他所喜欢的人，惩罚他所厌恶的人；圣明的君主就不这样，奖赏一定加给有功之人，刑罚一定判于有罪之人。’如今我的胸膛充当不了砧板，我的腰也承受不了斧钺，怎么敢用模棱两可的话语来试探大王呢？即便您认为我微贱而轻蔑我，难道就不重视推荐我的人给您的担保吗？

“我听说周王室有玓瓅（dì lì），宋国有结绿，魏国有悬藜，楚国有和朴。这四块美玉，产于土中，就连著名的工匠也误认是石头，但它们终究成为天下的名贵宝器。既然如此，那么圣明君主所抛弃之人，难道就不能够使国家强大吗？

“我听说善于使家庭富足的，就会取之于自己的国家；善于使一国富足的，就会取之于其他国家。而天下有了圣明的君主，那么诸侯就不可能独自豪富。这是为什么呢？是因为他会削弱诸侯而使自我显贵。高明的医生能知道病人的生死，圣明的君主能洞察国事的成败。认为于国家有利就该推行，认为有害就该舍弃，认为有疑惑就不妨稍加试验，即使舜和禹死而复生，也不能改变这种思想。要说的至深话语，我不敢写在这里，一些浅陋的话又不值得您一听。想来是我愚笨而不符合大王的心意吧？还是推荐我的人地位低下而不值得听信呢？如果不是这样，我希望您能抽取少许游览观赏的余暇，让我拜见您一次。如果一次谈话没有效果，我请求认罪受死。”

读罢此书，秦昭襄王不由心中大喜，当即向王稽表达了歉意，并立刻派人用车子把“张禄”接过来。

来至宫中，远远看见惠文王的车队来了，“张禄”却故作不懂规矩的样子愣头愣脑闯进秦王的专用车道。一个宦官大声呵斥他道：“你是干什么的？赶快滚开，大王来了！”一副愚顽不化样子的“张禄”还在装疯卖傻，就见他扯着嗓子嚷道：“秦国哪里来的什么大王？秦国不就太后和穰侯吗？”

不用说，坐在车里的昭襄王听得清清楚楚。见这个“张禄”一言击中要害，他非但没有生气，反而还陡生几分相见恨晚之意。

要让昭襄王采纳自己的建议，显然首先就得让他摆脱太后和穰侯的控制，这实在不是一件容易做到的事情。离间他人骨肉的难度已是不言而喻，更可怕的是只要稍有闪失恐怕就远非掉脑袋那么简单了。有鉴于此，“张禄”不敢稍有大意，一上来就力劝昭襄王要树立坚定的信念，不要畏惧太后的威严，也不要为奸臣贼子所迷惑。

紧接着，“张禄”就回到正题。他说：“秦国兵精粮足，边塞稳固，然而没有出兵攻伐韩、魏等国来拓展疆土已有十五年了。这不能不说是穰侯不够尽忠，并且大王你也有所失误。现在穰侯率军攻打齐国，出兵少了，不足以伤及齐国；出兵多了，则不利秦国本土的防守。前些年，齐湣王与先王（**指的是秦惠文王**）联合伐楚，我们秦国得地千里，可是齐国连尺寸之地也没能得到。这是为什么呢？是齐国不想扩大疆域吗？当然不是。只不过齐国和楚国相隔太远而无法占有罢了。为今之计，大王不如远交近攻，得寸则王增寸地，得尺则王增尺地。现在穰侯却要舍近而攻远，不是太荒唐了吗？”

这一番话真是让昭襄王茅塞顿开。此后，“远交近攻”也就成为秦国长期的外交与军事的行动纲领。

转眼几年过去了，看到昭襄王对自己越来越信任，“张禄”的胆子更壮了，他真的要向太后和穰侯他们下刀了。昭襄王四十一年，即公元前266年的一天，找个单独相处的机会，“张禄”对昭襄王说：“我在魏国的时候，听说齐国有个孟尝君，但不知道谁是齐王；听说秦国有太后、穰侯、华阳君、泾阳君和高陵君，而不知道您是秦王。现在，太后独断专行，穰侯擅自处理国家大事而不向您汇报，华阳君、泾阳君做事无所顾忌，高陵君在王宫进进出出不用请示。一个国家有这么多尊贵而不受约束的人，想要长治久安是没有先例的。当年齐庄公被权臣崔杼（zhù）射杀（**崔杼是齐国权臣不假，但他射杀庄公实属有因。公元前548年，齐国一个叫棠公的人死了，他的遗孀**

因异常美貌而被崔杼娶了过来。谁知身为一国之君的庄公也为这女子的美貌痴迷，并且还经常无视崔杼的存在而公然与之鬼混），齐湣王为奸相淖齿所害，赵主父被李兑围困在沙丘长达百日最后活活饿死。大王对这些不会不知道吧？现在朝廷上下，就连宫中左右都是丞相安插的亲信，我私下里很是替大王担心，将来拥有秦国的恐怕也未必是大王的子孙啊。”

真是一语惊醒梦中人。听了这些，昭襄王简直就是不寒而栗。不久，昭襄王便收回太后的一些权力，并且还把穰侯、华阳君、泾阳君和高陵君通通驱逐到关外。与此同时“张禄”平步青云一下子被昭襄王拜为丞相，并得到应侯的爵位。秦国政坛的“张禄”时代也就由此拉开帷幕。

听说秦王起用一个新的名叫“张禄”的丞相并且还有东征之意，魏国连忙派大夫须贾来秦国通融。闻知此事，范雎便换上一身粗布衣衫步行着来见须贾。再次看到范雎，须贾不由大吃一惊，问道：“范叔一向还好吗？如今在做什么？”范雎装作一副很是卑微的样子，道：“我从魏国逃出后便来到秦国，现在就给人跑跑腿儿。”见范雎衣着实在是破旧单薄，须贾便命人拿了一件绨袍给他，并且向他打听道：“你认识‘张禄’丞相吗？能不能帮我引见引见？”范雎回答：“我家主人与‘张禄’丞相很熟，我也见过他。我可以送信让他接见你。”

于是，范雎陪着须贾向自家走去。来到门口，范雎说：“大夫稍等片刻，容我进去帮你通报一声。”

范雎进去不大一会儿，里面就有一人出来召唤须贾了。须贾不解地问：“刚才和我一起来的范叔怎么没有出来？”

见他仍然执迷不悟，门人便告诉他说：“哪里有什么范叔呀！刚才跟你一起来的那不就是我家丞相吗？”

须贾这才知道“张禄”原来就是范雎，唰一下他的冷汗就出来了。到这时候他也顾不了别的了，连忙脱掉上衣跪行进去叩拜范雎。

范雎上来便先数落他道："当年，你怀疑我私通齐国，也不调查清楚就报告给魏齐，这是一罪；魏齐把我扔到厕所，你在一边却不制止，这又是一罪；残忍地把尿撒到我身上，这更是一罪。"接着范雎话锋一转，说道："不过，今天你把这件绨袍送给我，说明你还不忘旧情，所以我可以饶恕你的死罪。你回去转告魏王，让他把魏齐的头拿来，否则我就要兴兵伐魏。"

魏齐闻讯只身逃到赵国，可赵国没敢接纳他。后来他又去了楚国，不过同样还是被拒之门外。走投无路的他最后只好自刭而亡。

范雎为相十余年，使得秦国在各方面都有了长足进步，朝野上下一片叫好之声。不过，因为经他推荐的郑安平和王稽先后出了事——郑安平投降赵国，王稽暗地里和别国有往来——范雎最终还是受到一些连累。

恰好在这时候一个非常善于言辩的燕国人蔡泽来到秦国。在蔡泽的劝说下，范雎急流勇退，坚决辞去丞相一职，而这个蔡泽则在他的举荐下继任秦国的丞相。

七、楚国

1. 一鸣惊人的楚庄王

根据《史记》所载，楚国也是黄帝后裔的封国。周成王在位时，曾遍寻文王和武王有功之臣的后人加以册封。文王功臣鬻（yù）熊的曾孙熊绎（yì）被赐以子爵（当时的爵位共有公、侯、伯、子、男等五级），封地就在后来楚国的丹阳。

时光荏苒，岁月不居，转眼间几百年过去了。公元前613年，早已位列诸侯的楚国的一位新君楚庄王继了位。与大多君王截然不同的是，上台之后庄王并未颁行任何新的法规制度，也懒得遵从旧有典章上朝理政，只知道一味吃喝玩乐（据说楚庄王如此这般也是有原因的，因为他当时年幼，国政先后由令尹成嘉和斗般把持）。时间一长，大臣们看不惯了，接二连三站出来苦苦相劝，可他就是我行我素不肯听。后来，他竟然有些不耐烦，甚至还干脆下了一道命令：“如果谁敢再提意见，格杀勿论！”

就这样一晃到了第三年。大夫伍举实在看不下去了，可他又不能直谏，想来想去他终于琢磨出一个法子。这天，伍举来至宫中对庄王说：“我听说了一个谜语，可就是猜不出来。大王想不想试一试呢？”“你说一说吧。”楚庄王终于上了套。

伍举道：“楚国的山上有一只大鸟。它身披五彩的羽毛，样子挺神奇。可是它落在那里已经三年，不飞翔也不鸣叫。大王你说这是一只什么

鸟呢？”

楚庄王当然理解伍举的用意，于是他学着伍举的腔调认真回答说：“这可不是只普通的鸟。这种鸟不飞则已，一飞即将冲天；这种鸟不鸣则已，一鸣就会惊人。你下去吧，我知道你的意思。”

又过一段时间，见楚庄王还没啥动静，大臣苏从又来宫中劝谏。楚庄王故作生气的样子，训斥道：“你不知道我的禁令吗？”“我知道，”苏从不卑不亢地回答道，“不过，如果大王能够听取我的意见而改过自新的话，我就是因触犯禁令而死也值得。”楚庄王立刻收敛起佯怒，笑着说：“你们这都是为了国家好啊，我怎么会不知道呢？”

打那以后，楚庄王就像换了个人似的。他远离玩乐，勤勉于政，重用伍举、苏从等一大批贤臣能士，斩杀了数百个惑乱朝纲的逆臣贼子，整个国家的面貌顿时焕然一新。就在当年，也就是公元前611年，楚国兼并了相邻的庸国（都上庸，今湖北竹山县一带）；公元前608年，楚国又打败在当时很有影响的宋国。

公元前606年，楚庄王亲自率兵攻打陆浑（今河南嵩县东北）。凯旋之时，楚庄王故意兜个圈子，率兵从周都洛邑附近经过，还在那里搞了一场大阅兵。恐怕他的这次阅兵称得上是有史以来的第一次了。据说，当时的周定王还真就被吓到，连忙派出自己的孙子姬满前去慰问楚军。

简单寒暄过后，楚庄王径直向姬满问起九鼎的尺寸和重量等问题。九鼎乃象征国家政权和王室权威的礼器，其神圣自是不言而喻，而楚庄王此问当然也别有用心。

对于楚庄王的公然挑衅，姬满毫不示弱道："大王如果想拥有天下，这取决于你是否具有美好的德行，而并不在于你是否知道鼎的大小。"

楚庄王依旧不依不饶，进一步威胁道："你是阻挡不了我拥有九鼎的。

我们楚国人各自把衣带钩子的尖折下来，便足以铸造九口大鼎。”

姬满则针锋相对地说：“大王忘记九鼎的来历了吗？当年夏朝施行德政的时候，天下九州纷纷进献地方特产和铜。于是，夏王下令用这些铜造就九口大鼎，并在它们上面分别铸刻了各州特产的图案，以便让人神共知各地的风土人情。等到夏桀失德，九鼎就被搬到商朝那里。六百年后，商纣暴虐，九鼎这才传至周天子。如果一个王朝施行德政，鼎即便很小也夺不走。相反，如果一个王朝昏暗暴乱，即使鼎再大也保不住。当年我们的先人周成王把这九口大鼎安置在郏鄏（jiá rǔ，山名，在今洛阳西北）时，曾经占卜过，周朝可以传王三十代，一统天下七百年（周王朝委实传王30代，并且若以周赧王去世时为界，周王朝总共存在791年）。虽然如今我们周王朝出现一些衰微，但天意还没到要改变的时候，所以关于九鼎的问题你就不必操心了。”姬满的一席话还真管用，阅兵结束后，楚庄王真就老老实实回了家。

回来后，楚庄王一如既往励精图治，并且还把国内著名的隐士孙叔敖请出来做了令尹（楚国的令尹相当于别国的丞相）。上任之后，孙叔敖力主广泛兴修水利设施，疏浚河道，鼓励百姓开垦荒地。不几年工夫，楚国便呈现出一派民殷国富的大好局面。

庄王十三年，即公元前601年，楚国兼并了舒国（今安徽庐江一带）和蓼（liǎo）国（今河南唐河一带）。三年后，楚国又一度将“春秋十四诸侯”之一的陈国收入囊中——以征伐杀死国君陈灵公的逆臣夏徵舒为由，楚国先是灭掉陈国，不过迫于舆论的压力，后来楚国又扶持陈灵公的太子即了位。

庄王十七年，即公元前597年，楚国与中原地区原来的“大哥”晋国终于交上手。事情的起因和大致经过是这样的：

这年楚庄王亲率大军攻打郑国，因抵敌不过，郑襄公遣使向晋国求救。当时的晋国国君晋景公是赫赫有名的晋文公的孙子。有道是“瘦死的骆驼比马大”，虽然自打晋文公于公元前628年去世后晋国已不再拥有霸权，但它还是中原地区数得着的几个强国之一。再说，这晋景公也是一个颇有作为的君王，经过一段时间的治理，确已实现民殷国富的他正筹划着再次称霸呢。这实在是一个难得的打压日渐强大的楚国的机会，所以晋景公也就痛快地答应了，并且责成主持政务的大臣荀林父率兵前往。

楚军和晋军是在邲（bì）地（今河南荥阳东北）相遇。这是一场双方都志在必得的战斗，其惨烈的程度可想而知。虽说楚军的伤亡也很严重，但最终他们还是占得上风。晋军的情形可就惨了，战场上人马死伤过半不说，侥幸退逃至黄河边的残兵败将仍然是惊魂不定、丑态百出。由于船只太少，渡河时大家又争着抢着要先上船，不少人被挤到水里。为求活命，掉下水的人自然要拼命往船上爬，而已经上了船的人则担心船被弄翻，于是更加令人惨不忍睹的一幕上演了——那些已然登船的士兵纷纷挥刀砍向正挣扎着往船上爬的战友，也不知有多少人被砍掉手指，甚至被剁去整只手。好在楚庄王没有下令紧追，否则晋军恐怕真会全军覆没。

这场战斗即所谓的晋楚“邲之战”，也是人们常说的“春秋四大战役”之一。此战过后，地处西南边陲的楚国成为公认的“老大”，这个口称要一鸣惊人的楚庄王也就成了新一代霸主。

2. 竖谷阳献酒

楚庄王去世后，他的儿子审继了位。审也就是史称的楚共王。楚共王在位时楚国与晋国又打了一仗。这一仗，楚军大败而归，楚共王为此还差点搭上一只眼睛。细究起来，楚军这次失败的罪魁祸首恐怕非竖谷阳莫属。

事情还得从头说起。共王十六年，即公元前575年，晋国出兵攻打郑国。这又是为什么呢？原来，因为楚庄王的攻伐，战败的郑国只好背离以前的盟友晋国转而与楚国缔结盟约。此次晋军来打郑国就是要教训郑国。

郑国不是晋国的对手，只得来向楚国求救。于是，楚共王便与大司马子反一同率领人马来救援郑国。此时距离公元前597年发生于两国之间的那场邲之战已经过去整整二十二年，楚军已不是那支所向披靡的楚军，晋军也不再是那支不堪一击的晋军。双方势均力敌，打得不可开交，一时胜负难分。一旁观战的楚共王急了眼，催马扬鞭也冲入战阵。在被射伤眼睛的情况下，他还坚持指挥着自己的战车左冲右突，奋勇杀敌。

在共王身先士卒精神的感召下，作为最高军事长官的子反自然也是拼尽全力浴血而战。长时间的拼杀，人的消耗可想而知，所以口渴难耐的子反在战场僵持时不得不向助手要水喝。

子反平素一贯嗜酒贪杯，对于这点，助手竖谷阳当然再清楚不过。正因如此，出发之前他悄悄在战车上放了一大坛子酒，以备不时之需。

当子反要水时，竖谷阳顺手就倒了一碗酒递上去。战场之上哪能喝酒呢？即便再怎么糊涂，这个道理子反还是明白。所以，就听他冷冰冰命令道：“拿一边去。这是酒，我不能喝。”你猜竖谷阳会怎么做？就见他煞有介事地“顶撞”道：“不，将军，你搞错了。这是水，怎么会是酒呢？”就这样，子反心安理得地喝下了这碗“水”。有了这第一碗，接下来的第二碗、第三碗……自然也就顺理成章。在接连喝下竖谷阳送上的几碗“水”后，子反终于糊里糊涂瘫倒在战车里。

失去主将的指挥，楚军一下子乱了营，很快就支持不住了。楚共王只好暂且传令罢战收兵。

首战就被射伤眼睛的楚共王当然不会善罢甘休。然而当他召集将领研究和部署下一步作战计划时，主将子反却未能出席。原来，虽然子反已经醒了酒，但满身的酒气让他怎么也不敢来见共王，所以只好编了个心口痛的假话搪塞。不明内情的楚共王还真就不顾自身的伤势看他来了。可一进子反的大帐扑面而来的却是一股浓烈的酒味。共王一下子彻底明白了。也没和子反说话，他气冲冲一扭头就走了。

这种情况下，共王也只好下令班师回朝。回到京城，子反硬着头皮来见共王。共王怒斥道："战场上，我的眼睛被射伤，所能依靠的就你这个司马，可你却置江山社稷于不顾，临阵还在贪杯。我还留你何用！"言罢，共王一声令下就把子反给斩了，并且还把他的尸首来了个展出示众、以儆效尤。

后来，韩非子在评价这件事时说，竖谷阳献酒导致子反被杀，但这并非出于他的本意，可以说他只是出于真心表达了对子反的爱戴。当然也正是这种"爱戴"把子反送上绝路。竖谷阳的这种做法就是为了讨好个别人而置国家利益于不顾，这不仅会伤害到国家，也会伤害到个人。由此引申开去，韩非子还认为，如果让只顾及个别人利益的人掌管国家法律，就势必导致因为私情而姑息罪犯。这对国家的长治久安是祸患无穷。

对于"竖谷阳"们，仅仅一个"爱戴"，或仅仅一个"并非出于本意"就可以饶恕了吗？贪官污吏一向为人所不齿，而那些为了一己之私，或谄媚巴结，或怂恿蛊惑，或重金收买一如竖谷阳献酒一般者不也应该受到严厉的制裁吗？

3. 怎一个"乱"字了得——楚国中期的政坛

楚共王共有五个儿子，他们依次是招、围、子比、子晳、弃疾。共王死后，太子招继承王位，他也就是楚康王。康王在位十五年，继位的是他的儿子郏（jiá）敖。也就是自郏敖开始，在长达几十年的时间里，围绕着王位之争楚国的内乱一步步升级，其国势则一天天衰颓。

郏敖一继位便拜叔叔围为令尹，并且还让他掌管了全国的军队。谁料想，在他病重之时（郏敖四年，即公元前541年），就是他这个贪得无厌且又歹毒异常的叔叔以探视为名把他给活活勒死。于是，围自立为国君，他也就是楚灵王。

灵王十二年，即公元前529年，一次，因在乾溪（位于今安徽亳州）玩得兴起，楚灵王一连多日没回王宫。由于在几年前的一次诸侯会盟时，他无端侮辱了越国大夫常寿过，并且还杀死蔡国大夫观起，所以常寿过与观起之子观从无时无刻不在寻找报仇的机会。看到楚灵王流连于乾溪不回，观从和常寿过便假传命令把流亡国外的子比（灵王篡位时，开始流亡）给召回来。而后，他俩率人冲入王宫杀死灵王的太子禄，拥立子比做了楚王。于是，子比任命子皙为令尹，弃疾为司马，观从等为大夫，迅速组建起一个新的政权。随即，子比又采纳观从等人的建议派人到乾溪向灵王的随从宣布："楚国已有新的国王。谁先回去可以恢复爵位和封邑，谁后回去将会被流放到偏远地方。"这一招还真灵，不久灵王的随从便跑个精光。

再说这个平日视人命如同草芥的楚灵王。闻知儿子被杀的消息，他竟一头栽倒在车下。那时他的身边还有几个随从，神志恍惚的他在被扶起后竟然孩子般问道："别人也和我一样心疼儿子吗？""比你更厉害。"有人没好气地回道。楚灵王这才隐隐有了一丝悔意，自言自语道："我以前杀了那么多人的儿子，能不有今天的报应吗？"

随从都跑光之后，楚灵王只好独自一人躲进深山。然而，即便山野村夫也没人敢收留他。一天，已是三日粒米未进的他碰巧遇上一个他曾经的卫士。就听楚灵王苦苦哀求道："我已经三天没吃东西，你替我讨口吃的好吗？"卫士道："新的国王颁下命令：'有敢供应灵王及其随从人员食物者，诛灭三族。'再说，这附近也没有地方能够找到食物啊。"

因为早已疲惫不堪，楚灵王枕着卫士的大腿迷迷瞪瞪就睡着了。谁知等他醒来才发现，趁他睡熟的空当，卫士拿来一个土块垫在他的头下，自己则悄悄走掉了。

后来，有一个叫申亥的人费尽周折找到奄奄一息的他背回了家。对于这样一个昏庸暴虐的家伙，申亥为什么要冒死相救呢？原来，申亥的父亲申无宇曾做过芋尹（官名），并且两次犯过死罪，但楚灵王却两次将他饶恕。虽然来到申家，不过楚灵王未能逃过这一劫，不久便一命呜呼了。愚忠的申亥还让自己的两个女儿为他殉了葬。

回头接着说子比这边。虽说他的两个兄弟子皙和弃疾依旧官居高位（楚灵王时子皙和弃疾已是如此），但大夫观从还是看出一些不祥的苗头。一天，观从悄悄对子比说："大王现在虽然做了国君，但不杀弃疾恐怕还是会有后患。"子比道："我实在不忍心杀自己的弟弟啊。"看到子比如此优柔寡断，观从又提醒道：“别人恐怕就没有你这般仁慈了。”可子比还是无动于衷。后来，也不知怎的弃疾闻知了此事，偷偷逃到国外。

当时大多数楚人还不知道灵王已死。借着这个由头，出逃的弃疾做开了文章。一天深夜，弃疾使人乘船沿江边行边喊：“灵王回来啦！灵王回来啦！”与此同时，弃疾又派一个叫曼成然（也作蔓成然）的人来至城中，煞有介事地对子比和子皙说：“灵王马上要回来了。司马弃疾已经从国外借得大军，他们很快就要杀回来。你们还是趁早自作打算，免得到时候自取其辱。”

子比和子皙的胆子也忒小了，也不弄明白是怎么回事，竟双双自杀了。弃疾就这样轻而易举登上国君宝座。他也就是史称的楚平王。不过，楚国的内乱非但没有就此结束，反而愈演愈烈。

平王二年，即公元前527年，楚平王派大夫费无忌（也作费无极）到秦国为太子建求亲。秦哀公答应把妹妹孟嬴嫁过来。

护送孟嬴的车队尚在路上，费无忌抢先一步回来对平王说：“秦女长得非常漂亮，大王为什么不自己娶来做王妃呢？再说太子还小，只有十五岁，以后有合适的再给他娶过来也不晚嘛。”楚平王还真就听信了他的蛊惑，把孟嬴纳为自己的王妃。后来，孟嬴生下儿子熊轸（zhěn）。

太子建的母亲很不得宠，为此这个平王居然刻意疏远太子。平王六年，即公元前523年，太子建被派到城父（今河南襄城西）去戍边，费无忌借着这个机会诋毁太子。他说：“大王你知道吗？自从我建议您纳了秦妃（指孟嬴），太子就怨恨我。我想他也不会不怨恨大王，希望您能多加防范。况且现在太子住在城父，手中握有一定军权。听说他还对外结交诸侯呢，恐怕不久他就会打到郢（yǐng）都啊。”

平王对费无忌一向深信不疑，故而当即就把太子建的老师伍奢叫来狠狠责骂了一通。因为清楚这一定是费无忌搞的鬼，伍奢很是真诚地劝平王道："大王可要有主心骨，千万不能因为听了小人几句拨弄是非的话就怀疑自己的儿子啊。"楚平王不免有了一丝悔意，然而阴狠的费无忌却一个劲儿地撺掇他来个先下手为强。他说："大王如果不早一步对太子及其从属加以控制，恐怕以后即便后悔也来不及了。"

就这样，楚平王不仅平白无故囚禁了伍奢，而且还指使大司马奋扬前往城父召太子建，妄图将他们来个一锅端。由于事先得到一些消息，太子建带着自己的儿子公子胜逃到宋国。这一切发生于公元前522年，距离太子建被派到城父还不足一年的工夫。

费无忌还不算完，又怂恿平王说："大王知道吗？伍奢的两个儿子伍尚和伍员（字子胥）都在外地，听说他们还都有些能耐。如果大王只是把伍奢杀了，日后他俩儿子迟早会挑起叛乱。我看大王倒不如就以赦免伍奢为诱饵，把他俩儿子引回来也一起杀掉算了。"

楚平王真听话，连忙派人去对伍奢说："如果你能把你的两个儿子叫回来，大王就会饶恕你的死罪，否则就要杀掉你。"

伍奢气愤地说："你们别做美梦了。伍尚倒是会回来，但伍员不会上你们的当。"

"这是为什么呢？"来人不解地问。

伍奢道："伍尚为人仁慈，能够为节义而死。听说回来可以免除我的死罪，他一定不顾个人安危而来。伍员勇敢又喜好功名，机智且擅长谋略，知道回来也是白白送死，所以他不会回来。不过，将来成为楚国忧患的一定就是他。"

诚如伍奢所言，当接到楚平王使者传达的旨意时，伍尚对弟弟说："听说父亲可能被赦免而不回去，就是不孝；父亲被杀害，但不能替父亲报仇，就是缺少计谋；量自己的能力而做事，就是明智。你应该逃走，我还是回去就死吧。”

那个不识趣儿的使者还想进一步劝说伍员，但伍员可不吃他那一套，抬手弯弓搭箭便对准了他，嘴里还恨恨告诫道：“父亲有过失，召他的儿子回去做什么？”这人吓得一溜烟就退了出去。

后来，伍奢和伍尚父子英勇就义，伍员则逃到宋国与太子建父子会合一处。至此，楚国的内乱终于告一段落。

4. 吴楚之争与伍子胥

太子建和伍子胥（xū，即伍员）客居宋国时，很不凑巧的是宋国也闹起内乱。不得已，他们又来到郑国。然而，虽然接纳了他们，但郑定公却不肯答应帮助他们攻打楚国。太子建竟然有些不耐烦，妄图勾结晋国和郑国的几个大夫篡夺郑定公的权力。不料想，此事后来走漏风声，为首的太子建遭杀，伍子胥和太子建的儿子——那个只有七八岁的公子胜，则侥幸得以逃脱。

从郑国都城逃出后，伍子胥便打算带着公子胜到吴国去避难。自郑国到吴国需要经过楚国一些地界。楚平王正悬巨赏缉拿伍子胥，楚国各地的城门和关口都张贴着他的画像，所以伍子胥他们只好白天躲藏夜间赶路。

就这样躲躲藏藏、走走停停，这一天伍子胥和公子胜终于来到吴楚两国交界的昭关（位于今安徽含山）。这样的地方盘查得自然比别处要更为严密一些，更要命的是，除了这关隘远近再无可以绕行之处。伍子胥愁得吃不下也睡不着。短短几天过后，正值盛年满头乌发的伍子胥竟然就这么愁白了头。“伍子胥过昭关——一夜白了头”，这个歇后语说的就是这件事。

就在他们叫天天不应，叫地地不灵的时候，一个同情并肯帮助他们的人意外出现了。这个人就是东皋公。东皋公把他俩接到家里好吃好喝好招待不说，而且还费尽心思找来一个酷似伍子胥的人。就这样，在东皋公一手策划下，那人换上伍子胥衣服扮作他的样子走在前面，真的伍子胥和公子胜则紧跟其后朝昭关而来。终于看到一个与画像超级吻合之人，守关军卒自然欣喜非常，只顾上对他进行盘问，伍子胥和公子胜也就轻松得以蒙混过关。

公元前518年，伍子胥来吴不久，吴国和楚国起了冲突。说起来，这次冲突纯属因鸡毛蒜皮的小事所引发，而与伍子胥他们没有半点关系。

原来，吴国有座边城小镇叫卑梁，卑梁和楚国的小城钟离近在咫尺、山水相连（两地均在今安徽凤阳一带）。有一天，因采桑的事，卑梁和钟离的两个女子起了争执。就为这么一点小事，钟离那家竟然把卑梁的这一大家子都给杀了。此后，事件一再升级，先是闻知此事的卑梁大夫发兵攻打钟离，接着楚平王又以国家名义出动大军灭掉卑梁。后来，吴王僚又派公子光率军一举灭掉楚国的钟离和居巢（今安徽巢湖一带）并且俘虏了楚平王的前王后。其实，这楚平王的前王后也就是太子建的生母，因儿子的连累这时她就住在居巢。此举，吴国人显然有羞辱楚平王之意，两国的矛盾由此也就闹到不可调和的地步。

公元前516年，趁着楚国平王刚死，昭王新立的时机，吴王僚责成俩弟弟盖余和烛庸共同率领军队攻打楚国。楚昭王也不含糊，派一支奇兵一下子掐断吴军退路来了个关门打狗。

再说那个客居吴国的伍子胥，情知想要在吴国站稳脚跟对自己来说实在不是一件容易的事，所以他一直密切关注着吴国政坛的风吹草动。很快伍子胥便有了发现，那就是公子光有取代吴王僚的迫切之念。于是，伍子胥悄悄向公子光推荐了一个叫专诸的勇士。趁着这次吴国大军被派往攻打楚国的机会，公子光指使专诸刺杀吴王僚而自立。公子光也就是史称的吴王阖闾（hé lǘ）。

这边国内发生这么大的事情，那边被围困的吴军自然也就不战而降。楚昭王便把舒地（今安徽庐江一带）赏赐给盖余和烛庸两兄弟，意在借用他们的力量在东方阻挡吴国的侵犯。打那以后，吴楚两国之间是小战三六九，大战常常有。

阖闾登基后，因重用伍子胥和著名军事家孙武等一大批贤能之臣，吴国形势蒸蒸日上。公元前511年，吴国大举进攻楚国一下子就夺取了六、潜（均在今安徽六安一带）等一大片土地。公元前509年，楚昭王以子常为主将攻打吴国，结果却大败而归。公元前506年，吴国联合了晋国和蔡国一同来攻打楚国，楚军更是难以招架节节败退，就连国都郢也被迫放弃。此时距离楚平王过世已经足足十年，就是因为伍子胥的缘故，他那早已腐烂的尸体被挖出来遭到重重鞭打。不过，就在眼看着便要把整个楚国给拿下的时候，秦国却横插一杠发来救兵，而吴国也再次爆发内乱。这场历时半年之久的吴楚之战随即也就画上句号。

原来，阖闾的弟弟夫概是个野心家，竟然在这节骨眼儿上动了篡位的念头。不过夫概羽翼未丰，很快便败下阵来逃到楚国。楚昭王把堂溪一带封给他，还赐他以堂溪氏为姓。

就这样，吴楚两国的仇口越结越深，双方不断的战事也搅得周边国家不得安宁，抑或直接卷入其中。吴楚两国的矛盾贯穿了整个春秋中后期，是我们了解那段历史的一个重要窗口。

5. 耿介屈原与端午节

屈原（约公元前340—前278年）名平，原是他的字。他耿介而富有才华，且又与楚国国君同宗，所以一度深得楚怀王的信任。最初，他被封为三闾（lǘ）大夫，负责处理与楚王同宗的昭、屈、景三姓相关的一切宗族事物。后来，他又获迁左徒（地位仅次于令尹，相当于副丞相），主抓全国的讼狱工作。

前文我们说过，这个楚怀王曾为张仪说动，与秦国缔结了合约。不过秦与楚的关系一直不算融洽，于是楚国也就打算再与齐国结盟。

楚怀王三十年，即公元前299年，为了阻止楚、齐联合，秦国的昭襄王遣使给怀王送来一封言辞恳切的信函。信中说："开始时我和大王在黄棘会盟，相约结为兄弟之国，您还送来太子为人质，关系多么融洽。后来，您的太子欺凌我的重臣并将他杀死，也不认个错就私自走了。我实在压制不住怒气，这才发兵攻打楚国边境。如今听说大王又要让太子到齐国做人质并与之结盟。我们两国山水相连，相互通婚，这种姻亲关系已经持续很长时间了。可是如今我们两国关系并不融洽，致使我们也无法共同号令诸侯。因此，我希望大王与我在武关再次会晤，签订一个新盟约。这是我的愿望，现在冒昧地把这一想法通过使臣转呈给您。”

接到此信，朝中大臣自然众说纷纭、莫衷一是。其观点概括起来无非也就两种情况：赴约吧，担心上当受骗；不赴约吧，又怕惹怒秦王。但出人意料的是怀王一个宝贝儿子子兰却硬是认为这是件天大的好事，完全没必要有什么顾虑。他甚至还公开表示：“为什么要拒绝秦王的好意呢？”

这时候，前段时间被流放的屈原已经被召了回来。他坚决不同意子兰的看法。屈原说：“秦乃虎狼之国，千万不能相信他们的花言巧语。”说到屈原被流放一事，我们还得简单介绍几句。你知道他这次被流放的原因是什么吗？原来，仅仅就是因为他对楚怀王的一次劝谏——建议怀王对内要举贤任能，适当削夺贵族的一些权利；对外联合齐国以对抗强秦。这是何等的真知灼见，然而楚怀王非但不接受，而且还听信一些贵族的诋毁把屈原给流放到汉北（**汉水上游**）。好在后来楚怀王又良心发现把他召回来。按常理来说，刚刚因进谏而遭到流放的屈原在任何问题上都是最容易三缄其口的，更不要说对楚怀王的爱子子兰的意见予以反驳了，然而耿介的屈原却并未采取这明哲保身之举。

楚怀王真是一个地地道道的糊涂虫，竟然完全听信了子兰的意见。果然不出屈原所料，秦国哪里是真的要与楚国结盟，只不过是存心要拿这愚蠢的怀王开涮罢了。就这样，楚怀王被秦国骗去囚禁起来，并且一囚就是三年，直至他死去。

楚怀王为秦所囚之后，太子元从齐国回来即了王位。他也就是楚顷襄王。顷襄王和他爹简直就是一路货色，一上台就让弟弟子兰做了令尹。

当时，楚国上下对怀王被囚致客死秦国一事都很气愤，这一情绪如果加以正确引导无疑对楚国大有裨益，然而顷襄王只知贪图享乐，根本不把这国仇家恨放心上。看到这一切，耿介的屈原又坐不住了。他再次对顷襄王提出劝谏，希望他广揽人才、远离小人、整饬吏治、加强军备，以期为死去的怀王报仇。谁知，屈原的劝谏非但没有起到丝毫作用，而且还招致以令尹子兰和上官大夫靳（jìn）尚为首的一批奸臣贼子的怨恨和仇视。

子兰和靳尚一伙沆瀣一气、朋比为奸，他们得便就在顷襄王面前说一些诽谤诬陷屈原的话。一次，靳尚对顷襄王说：“大王没有听到屈原背地里怎么议论您吗？他说：‘大王忘记替父报仇就是不孝，大臣们不赞同伐秦就是不忠。楚国出了这样不孝不忠的君臣，怎么能够不亡国呢？’大王您听听，这是什么话！”

一听此话，楚顷襄王顿时火冒三丈，立刻传下命令将屈原革职流放到江南（今湖南沅水、洞庭湖一带）。这件事情大约发生在顷襄王十三年，即公元前286年。

顷襄王二十一年，即公元前278年，秦将白起率兵攻占了楚国的都城。眼看着就要国破家亡，空有一腔报国之志的屈原此时更是万念俱灰。一天，他独自走到汨（mì）罗江畔。看着他愁眉不展踯躅而行的样子，一个渔夫忍不住问道：“这不是屈原大夫吗，您怎么弄到这般地步？”

就听屈原长叹一声，回答道：“唉，举世混浊而我独清，世人皆醉而我独醒！所以，我就被流放到这里。”

渔夫不以为然地说：“圣人能够不拘泥于事物随遇而安。觉得众人都喝醉了，你为什么不跟着喝酒吃肉，而偏偏弄得被流放呢？”

屈原道：“我听说，刚洗过头的人一定要掸一掸帽子，刚洗过澡的人一定要抖一抖衣服。有谁愿意让自己的身体去接触那些污秽的东西呢？我宁愿跳进这滚滚不息的江水葬身鱼腹，也不能让高洁的品行去蒙受世俗的污垢。”

归来后，屈原便写下了那篇凄厉而又哀婉的《怀沙》赋。农历五月初五这一天，屈原怀抱一块巨石一头扎进了滚滚的汨罗江。

听到这个不幸的消息，百姓争相驾船沿江进行搜救。由于水流湍急，人们一直打捞到洞庭湖也没有看到他的影子。洞庭湖水域辽阔，小船根本没法进入，于是大伙只好各自奋勇摇橹划桨逆流而归。回来之后，大伙又纷纷用竹米筒向江中抛洒大米，并且高呼“鱼儿，鱼儿，莫伤亲人”，以求鱼儿不要啃食屈原的尸首。以后的每年农历五月初五，当地百姓便以赛龙舟（又称竞渡）和包粽子这些活动来祭奠屈原。出于对这样一位伟大诗人（屈原是我国历史上第一位真正意义上的诗人，也是创作成就极为突出的一位诗人）和卓绝政治家的敬佩和缅怀，当地的这一风俗迅速传播开来，于是中华民族一个重要传统节日——端午节（也作端五节）——诞生了。随着时间的推移，人们又逐渐赋予端午节一些新的内涵，像手腕脚踝系五彩线，头插楝叶或艾草，等等。这些风俗至今盛行于大江南北、长城内外。

2009年的时候，我们的端午节被联合国教科文组织列入“世界非物质遗产保护名录”。

6. 春申君黄歇

春申君黄歇是著名的“战国四君”（也称“战国四公子”）之一。一度官拜丞相的他曾影响楚国政坛长达三四十年，然而他的结局却异常凄惨。想要了解他跌宕起伏的一生吗？这可说来话长。

话说顷襄王二十一年至二十二年，也就是公元前278年至公元前277年，楚国接连遭到秦国的侵犯，以至于巫地和黔中等大片土地为秦所占，国都郢也告沦陷，楚顷襄王被迫将都城迁至陈（今河南淮阳）。秦昭襄王还不肯罢手，正筹划着再次兴兵要将楚国彻底灭掉。就在这个时候，黄歇临危受命出使秦国。

来至秦国，黄歇先修书一封送给秦王。在对秦王一番称颂过后，黄歇言归正传说道：“大王如果自恃强大想以武力使各国臣服，我担心大王将有后患。《诗》说：‘靡不有初，鲜克有终。’（事情都有个开始，但很少有善始善终的。）《易》说：‘狐涉水，濡其尾。’（意为狐狸过河后，它的尾巴被水沾湿。比喻开始容易，结束困难。）当初，智氏攻打赵氏的时候，只想到并吞赵氏的好处，而没有料到杀身大祸；吴国攻打齐国的时候，只看到伐齐的好处，而没有料到会有干隧（今江苏苏州附近）之败。他们两家并非不够强大，智氏相信与韩、魏一起攻打赵氏，赵氏那小小的晋阳城早晚会被攻破，没料到韩、魏会临阵倒戈，杀他智瑶于凿台（今山西晋中）；吴王相信越国，所以就倾巢而出去攻打齐国，虽然他大胜齐国于艾陵，但最终还是被越王擒获于干隧。”

历数完这些陈年旧事，紧接着黄歇又道：“现在大王热切盼望着灭掉楚国，却忽略了灭楚必然会增强韩、魏两国的势力。我觉得这正是大王失策之处。”

为进一步将秦、楚两国的矛盾引向秦与韩、魏之间，黄歇又开始引经据典了。他说：“《诗》说：‘大武远宅而不涉。’（**大军不能长途跋涉去攻击敌人。**）以此来看，楚国是秦国的援手，而韩、魏两国才是秦国的敌人。《诗》还说：‘趯趯毚（chán）兔，遇犬获之。他人有心，余忖度之。’（**矫健的野兔遇到猎犬还是逃不掉。他人有害人之心，我们要学会揣测。**）我想韩、魏对大王只不过是表面上卑辞逢迎，而实际上却是一种欺骗。为什么这么说呢？秦国对韩、魏不仅没有累世之德，相反却有积世之怨。这两个国家，社稷被摧、宗庙被毁，国家残缺不全，百姓父子兄弟接踵死于秦难已有不下十代了。所以说，韩、魏不亡，便是秦国的一块大心病啊。”

秦昭襄王当然也不好糊弄，于是黄歇又“帮”他分析了攻打楚国要面临的巨大风险。他说：“大王攻打楚国要从哪里出兵呢？借道于韩、魏吧，会担心军队派出去却回不来；不借道于韩、魏吧，秦军势必需要从攻打随水右岸开始。随水右岸到处都是高山大川，人烟稀少，即便占领，又有什么用呢？这样大王就会有攻打楚国之名而无得地之实，而韩、魏、燕、赵、齐等五国必然联合起来攻打秦国。中原地区齐国最强。它南有泗水环绕，北有黄河天险，东面背依大海，没有任何后患。一年之后，即便齐国不能称霸，也足以阻止秦国吞并天下。以秦国土地之广袤、人口之众多、军备之强大，因攻打楚国而使得韩、魏与强齐联合，这不能不说是大王的失策啊。”

秦昭襄王被彻底说服了。他真就下令中止了攻打楚国的一切准备活动，并且还派使臣到楚国缔结了新盟约。楚、秦结盟后，黄歇陪同楚顷襄王的太子完来到秦国做人质。

公元前263年，楚顷襄王病重的消息传到秦国，作为人质的太子完因不能回国而心急如焚。看到太子和秦相范雎处得还算不错，黄歇私下里找到范雎说：“楚王的病情恐怕难有好转，丞相不如还是答应让我家太子回国吧。如果太子得以回国，他一定会对丞相感激不尽，秦、楚两国才会长久交好；如果您不让太子回国，他在咸阳（**今陕西咸阳，秦国当时的都城，自公元前350年迁此**）也就一个普通百姓。可是，如果楚国另立太子的话，他必定不会为秦国服务。”其实，黄歇也知道范雎不会答应放太子完回国，之所以来求范雎，只不过是要稳住他罢了。

回头黄歇对太子完说：“秦王不让你回国，就是想借你来谋取好处，可是现在你又不能给秦国带来什么利益。眼下阳文君的两个儿子都在大王身边，如果大王驾崩，你不在他身边，阳文君的儿子必然被立为国君。为今之计，不如你先逃回去，我留在这里，大不了由我以死来向秦国谢罪。”

就这样，太子完扮作楚国使者的车夫逃出咸阳，而黄歇则对外假称太子染病，日夜守护在他的馆舍之外，严禁任何人出入以防走漏消息。估摸着太子完已经逃离秦国，黄歇这才赶来向秦王请罪。

本来秦昭襄王想要杀掉黄歇，可范雎却劝他说：“黄歇不怕以死来报答主人，如果太子完回国得以继位，必定重用他。大王倒不如放他回去，以彰显咱们秦国对楚国的友善。”

不久，黄歇回到楚国，太子完也顺利继位，就是楚考烈王。黄歇被任命为丞相，还得到“春申君”的封号，其封地在今天的上海一带。据说，黄浦江就是在他的授意下开凿的，所以才有“黄浦”这样的名字，并且还有“歇浦”“春申浦”“申江”等多种相近的称法。今天我们以“申”为上海市的简称不用说也是因为黄歇的缘故。

虽然后妃无数，但楚考烈王一直没有孩子。看到妹妹长得颇有几分姿色，赵国人李园便想把她献给楚王。可后来他又听说楚王没有生育能力，考虑到直接把妹妹献上，时间久了恐怕终究会失宠，自己也就不能凭借国舅身份而安享富贵，所以他最终选择先投到春申君那里做了一名门客，并且伺机把妹妹献给春申君。

过了不长时间，李园的妹妹便有了身孕。在李园的教唆下，李妹对春申君说：“楚王对待先生比兄弟还要亲，可楚王至今没有子嗣，等他驾崩之后肯定要传位于他的兄弟。新的楚王一定会亲近他的故人，先生恐怕就不能保有现在的富贵。况且你为相二十余年，对楚王的那帮兄弟多有冒犯，你就不怕到时候他们治你罪吗？”一下子被戳到痛处，春申君也不免陷入沉思。见春申君已为自己所动，李妹话锋一转，接着说道：“现在我侍候你时间还不长就有了身孕。凭你和楚王的关系，如果把我献给楚王的话，他一定会宠幸于我。到时候，你的儿子就会被立为楚王，你这个国君的父亲还有什么可担心的呢？”

有道是“利令智昏”，春申君还真就听信了李妹的话。李妹天生妩媚风骚，再加上有春申君这层关系，所以一进宫她就受到楚考烈王的专宠。不久，李妹生下一个男孩。楚考烈王这唯一的儿子自然也就被立为储君。母以子贵，李妹顺理成章被册立为皇后，那个贪婪的李园也终于实现其跻身楚国权力中心的愿望。

公元前238年，楚考烈王死了，太子悼继位，他也就是楚幽王。按说这么大的阴谋已然得逞，这李园也不该再有什么非分之想。然而他并不满足，加紧筹划要一个人独霸朝纲。在当时的情况下，能够影响到李园的也就春申君一人，又因为春申君还了解他导演的这出献妹入宫丑剧的内幕，所以春申君就成为他要铲除的首要目标。于是，趁春申君入宫祭拜楚考烈王之际，李园指使心腹把他给杀了。随后，阴狠手辣的李园又命人逮捕并杀害了春申君所有的家人。

八、吴国

1. 专诸刺吴王僚

早在殷商末年，为了让父亲周太王实现传位孙子姬昌的愿望，太王两个年长的儿子太伯和仲雍主动文身断发结伴去了当时还有些偏远荒凉的吴地。为兄弟俩的义举所感动，当地百姓纷纷前来归附。于是，太伯被众人拥立为首领，人称他为吴太伯。

吴太伯没有儿子，他死后仲雍继位，人称其为吴仲雍。武王建立周朝时，吴仲雍的曾孙周章被封为诸侯，国号为“吴”，其国都就定在吴，即今天的江苏省苏州市。自周章再传十四世，到公元前585年寿梦继位的时候，吴国已是非常强大，寿梦便也学着近邻楚国的样子自称起吴王。

吴王寿梦有四个儿子，他们依次是诸樊、余祭、夷眛（mò）、季札。季札才华出众又重操守，寿梦便打算把王位传给他，可季札却坚决不肯接受。就这样，寿梦死后诸樊继位。

诸樊共在位13年。临终，他留下遗嘱传位余祭，并且要求余祭将来也按兄弟排行的顺序往下传。其实，他是想以这种方式实现先王寿梦传位季札的心愿。就这样，余祭逝后传位夷眛 ，夷眛临终传位季札。虽然在哥哥夷眛临终之时勉强答应了他的要求，但季札最终还是放弃了王位。于是，夷眛的儿子僚即位为王。

说到这里，我们不能不简单介绍一下这个季札。据《史记》记载，季札言行一致，明察秋毫，并且还颇为通晓音律，是一个不折不扣的谦谦君子。他曾奉命先后出使过鲁国、齐国、郑国、卫国和晋国。由于他的宽厚和智慧，齐相晏婴、郑国大夫子产等各国贤臣良相都与他结下深厚友谊。他对当时各国政坛的局势了若指掌，所以每每也会给他人提出一些中肯的建议。绝顶聪明的晏婴就是因为听了他的忠告交出相印献出自己的封邑，才避免了灭门之灾。一再坚辞不就吴王之位，可能就是因为他洞明世事的缘故吧。不与福争，不与祸邻，那些醉心官位、埋头利禄之人是不是也可以从季札身上得到一些启发呢？

对于吴王僚的继位，公子光便很有意见。私下里，他时常抱怨说："如果按照兄弟相传的惯例，叔叔季札应该做国王；如果要传位给下一代，我是先王诸樊的儿子，做国王的就应该是我。"

吴王僚五年，即公元前522年，楚国的伍子胥和公子胜避难来到吴国。聪明的伍子胥很快就看透公子光的心思，于是他把勇士专诸介绍给公子光。

公元前515年，楚平王死了。由于吴、楚两国一向纷争不断，趁着这个难得的机会，吴王僚派遣两个兄弟盖余和烛庸共率大军攻打楚国。楚军也不是好惹的，他们一上来便切断了吴军的退路。得知前线吃紧，公子光便怂恿吴王僚全力进行救援，并且还力荐吴王僚的儿子庆忌率兵前往。人高马大且又武艺出众的庆忌有万夫不当之勇，等他上了前线，国内也就任由公子光摆布。

因知道吴王僚特别爱吃鱼，公子光便谎称自家新近请来一个极具手艺的太湖名厨，盛邀吴王屈尊来他家尝尝此厨的手艺。吴王僚也不是个傻子，情知眼下国内空虚，且公子光平日又多有怨言，所以他虽接受了邀请，但也没有忘记加强防范。赴宴之前，他一面命令亲兵卫队在从王宫到公子光家的道路两旁密密布防、严阵以待，一面在袍服里面穿上三层狮子皮做的铠甲。这种铠甲不仅柔软舒适而且坚韧无比，因此在吴王僚看来可谓万无一失。

公子光也十分清楚刺杀吴王僚不是一件容易的事，因而在行动之前他与伍子胥共同制订了一个极为严密的计划：一面在客厅的地下室里安排了数名经精挑细选的骁勇之士；一面让伍子胥率领几百名事先从各地网罗的敢死队员在城外待命，以备不测。

宴会终于开始了。席间公子光和吴王僚推杯换盏有说有笑，气氛显得愉快热烈。然而，就在二人酒酣耳热之际，主人公子光借口脚病复发突然离席而去。

过了不大一会儿，专诸端着一条热气腾腾的大鱼走了进来。闻着隔着老远就飘来的鱼香，吴王僚禁不住连声称赞："好鱼！好鱼！"一边说着，一边他就挺直了身子，大概他是想好好看看这道菜的色泽吧。见时机业已成熟，专诸猛然间从鱼腹中抽出一把锋利的匕首，运足力气朝吴王僚的胸口刺去。突然的变故让吴王僚还没有回过神来，就这么眼睁睁看着专诸几乎把整把匕首捅进自己的胸膛。直到吴王僚痛苦扭动几下扑倒在地，他那群无用的卫士才一拥而上乱刃将专诸杀死。紧接着，公子光的亲兵和伍子胥率领的敢死队会合一处冲入王宫，歼灭了吴王僚的所有亲信。这也就是“专诸刺王僚”的故事。

就这样，公子光终于取代吴王僚。公子光也就是人们常说的吴王阖闾。

2. 孙武训女兵

孙武是我国古代最伟大的军事家之一，由他所著的《孙子兵法》也是一部影响深远且又广为流传的军事杰作。

孙武本是齐国人。当时齐国的国君是齐景公，但真正握有军政大权的四大家族争斗不休。报国无门的孙武就只好带了那部凝结自己心血与智慧的兵书来到吴国。在浏览一遍他的这本兵法后，因觉得孙武所说很有道理，吴王阖闾便接见了他。

朝堂之上，吴王阖闾就用兵之道向孙武提出一大堆问题。孙武则娓娓道来，回答得让满朝文武无不心悦诚服，阖闾本人是听得如痴如醉。只限于听讲当然不过瘾，于是心血来潮的阖闾问孙武：“先生能不能将你所说的这些演示一下呢？”“当然可以。”孙武毫不犹豫回答道。看到孙武回答得如此干脆，阖闾又故意为难道：“那么，用女人当兵也行吗？”“行。”孙武还是脱口而出。于是，吴王阖闾命人从后宫招呼了一百八十名妃嫔和宫女，悉数交给孙武指挥。他与众大臣端坐在高高看台上等着看热闹。

俗话说“三个女人一台戏”，这一百八十个女人集中一起，那热闹劲儿就更甭提了。看着有说有笑乱作一团的这些女人，不少大臣都为孙武捏一把汗，然而孙武却镇定自若不见有半点慌乱之象。就见他首先把这一百八十人简单分为两队，又从各队选出一名最漂亮者担任队长，接着便一板一眼向她们宣讲起操练规则。孙武道："你们知道各自的心口、后背、左手、右手分别在哪里吗？""知道。""知道。"女兵们七嘴八舌笑着回答说。顿了顿，孙武不紧不慢严肃而又认真地继续对她们说道："我下令前，你们就看着自己的心口；我下令后，你们就扭头看着自己的后背；我喊左，你们就看着自己的左手；我喊右，你们就看着自己的右手。这些你们都记住了吗？"女兵们一阵哄笑，末了才有那么几个阴阳怪气地答道："记——住——啦——"

孙武不动声色，只是请出军法官并让他手持斧钺站在一旁。紧接着，孙武开始击鼓传令了。"右！"伴着孙武这洪亮的一声，女兵笑得更厉害了，一个个东倒西歪，哪里还有什么队形。

孙武依旧不温不火，朗声说道："纪律约束没讲清楚，训练内容没交代明白，这是为将者的错误。下面我再将要求说一遍，请你们认真听好。"于是，孙武将训练内容重申一遍，最后又强调道："训练如同战场临敌一样，不能嬉笑，我指挥到哪里，你们就要做到哪里。如果再不听号令，我可要用军法来处治。"说完，孙武再次健步登上指挥台。他先擂鼓一通，而后大声命令道："左！"不用说女兵们还是前面那副德行，嘻嘻哈哈没几个肯认真对待。

这一次，孙武真火了。就见他怒目微睁，威严说道："纪律和训练内容讲不清楚是将军的过错，但三令五申，并且你们都已经记清楚，然而却拒不执行，这就是你们的错了。"说着，他侧脸问军法官："按照军法，不服从命令该当如何处治？"军法官响亮地回答："斩！"孙武大手一挥传下将令，就要斩首两个队长以儆效尤。

见孙武要动真格的，看台上慌了神儿的吴王阖闾马上让人来制止孙武

说：“大王说他已经知道先生能够将兵。这两个队长乃是大王的爱妃，没有她俩，大王连饭也吃不香，先生还是饶恕她们吧。”孙武正色道：“我已经接受命令为将。将在军中，君命可以不接受。”言罢，他厉声令道：“斩！”吴王两个爱妃的头颅就这样应声而落。

斩了这俩队长，孙武又从各队分别挑选出一人来继任。已被吓破胆的女兵们一下子彻底变了样，一个个老老实实、规规矩矩，唯恐有半点闪失，更不要说嬉笑喧闹了。

训练结束，孙武平静地走上看台向吴王阖闾禀报道：“训练完毕，请大王检阅。现在，让她们赴汤蹈火也是可以的。”

阖闾正在为失去两个心爱的妃嫔而懊悔不已呢。于是，他冷冷指示道：“将军回去休息吧，我哪里还有心情检阅呢！”

孙武义正词严地说：“原来大王只是喜欢空谈军法而已，并不想用来管理军队啊。”

真是一语点醒梦中人，阖闾这才从失掉两个美人的阴影中走出来。看到孙武确实是块领兵带队的好材料，吴王阖闾当即拜他为将军，授权他统率全国的军队。

后来，孙武果然不辱使命，屡建奇功。在他和伍子胥等人的共同辅佐之下，吴王阖闾称霸一方，威震中原。更可贵的是，功成名就之后孙武却不贪恋权位，急流勇退隐居乡野，从而避免了像伍子胥那样落个被逼自杀的悲惨结局。

3. 阖闾与夫差

公元前514年，吴王阖闾登基伊始，伍子胥被任命为行人（官名，相当于今助理、秘书一类）。不久（公元前512年），孙武又被任命为将军。在两人的共同努力下，吴国形势蒸蒸日上。从公元前513年到公元前510年的短短的几年间，吴国就三次大败楚国，一次大败越国。阖闾九年，即公元前506年，吴国更是一度差一点把个曾经称霸中原的楚国给吞并。关于这次战争我们可得多说几句。

话说公元前506年，某天，因一胜再胜而信心大增的吴王阖闾终于下定决心，联合了晋国和蔡国一同来攻打楚国，意欲一举将其灭掉。在阖闾的亲自督导指挥下，吴军五战五捷，很快连楚国都城郢也被攻下。楚昭王落荒而逃，他那已经死去十年的父亲楚平王则落了个被开棺鞭尸的可悲下场。眼看着楚国就要灭亡，一个叫申包胥的大夫只身跑到秦国求助。他七天粒米未进，日夜在王宫外号哭，这才终于感动秦哀公答应出兵相救。

秦国的援兵赶到时已是第二年的春天。要不是吴国国内遇上麻烦，恐怕楚国仅靠这秦国之援也是无济于事。原来，趁着吴国国内空虚的绝佳时机，越国悄悄下了手。而更令阖闾措手不及的是，在这大功垂成的关键时刻，他的弟弟夫概竟然从前线偷着溜回国都自立为王。在这种情况下，吴王阖闾被迫罢兵，楚国这才躲过一劫。再说夫概，由于一点根基也没有，他很快便败下阵来，灰溜溜逃到楚国。那企图浑水摸鱼的越国自然也没有捞到什么好处。

阖闾十一年，即公元前504年，吴王阖闾的太子夫差（chāi）率大军再次重创楚国。楚国都城再次告破，楚昭王只好把国都临时迁到了鄀（ruò，位于今湖北宜城）。至此，吴国雄霸东南，威震中原。这也就是有人把吴王阖闾列为“春秋五霸”之一的原因。

阖闾十九年，即公元前496年，趁着越国国王允常新逝、勾践初立的机会，吴王阖闾再次亲征，出动大军来攻打越国。由于越国事先早有准备，在檇（zuì）李（位于今浙江嘉兴）布下重兵，所以战场之上双方平分秋色未见胜负。令阖闾没有料到的是，当吴军无功而返之时，越军却乘势紧追而来。于是，两军在姑苏（今江苏苏州）再度交手。这一战吴军落了下风，被迫退兵七里，阖闾本人更是因为伤势严重而不治身亡。临终，阖闾对太子夫差说：“你敢忘记勾践杀了你爹吗？”夫差泪流满面，哽咽着回答道：“儿臣不敢。”

继位伊始，吴王夫差便责成大夫伯嚭（pǐ）加紧操练兵马，以求早日为父报仇。

夫差二年，即公元前494年，在准备并不充分的情况下，越王勾践贸然率军攻打吴国。夫差悉发全国之精兵与越军再次展开较量。结果此次越军大败，勾践侥幸带着仅剩的五千残兵败将逃回都城会稽（kuài jī，今浙江绍兴），而吴军随即将其包围。万不得已之下，勾践只好让大夫文种来向夫差请降。

因为收受了越国的贿赂，伯嚭极力赞同接受其降，然而伍子胥却坚决反对。伍子胥对夫差说："当初寒浞篡夺夏王之位时，杀死夏王相，但相已身怀六甲的妻子却侥幸得脱并生下儿子少康。后来，少康在舜帝后裔有虞氏的帮助下除掉寒浞又把王位给夺回来。我们吴国没有当年的寒浞那么实力雄厚，而勾践又远远强大于当年的少康。如果现在不趁机消灭他，不久就会遭难的。"无奈夫差对这样的忠告充耳不闻，硬是答应与越国讲和。

夫差七年，即公元前489年，听说齐国在景公死后，新国君晏孺子软弱无能，大臣们拉帮结派争权夺势，吴王夫差便动了要攻打齐国的念头。伍子胥再次建言道："老臣听说越王勾践食不重味、衣不重彩，凭吊阵亡的将士，抚慰有伤病的臣下。这是他想利用这些人啊。勾践不死，我们吴国这块心病就不会除掉。现在大王不先除掉心腹之患而要远攻齐国，这不明摆着就是个错误吗？"可惜这一次夫差还是没拿伍子胥的忠告当回事。

后来，吴军真就在艾陵一战中大败齐军，还俘获其两员主将高氏和国氏。为此，大军凯旋后，夫差竟然重重责备了伍子胥一通。看到夫差如此执迷不悟，伍子胥当场就要拔剑自刎以明志，不过夫差还是坚决制止了他。从公元前487年到公元前484年，夫差是接连几次劳师远征齐国，而对日益强大的近邻越国却丝毫不知提防戒备。

夫差十二年，即公元前484年，伍子胥奉命出使齐国。出于长远考虑，伍子胥把儿子托付给好友齐国的权臣鲍氏照顾。这原本是当时各国卿大夫之间常有的事情，不过还是有人拿此事做开文章，悄悄地把这件事情告诉了夫差。闻报，夫差大为光火，也不问青红皂白就赐给伍子胥一把利剑让他自裁。

自刎之前，伍子胥悲愤地对身边人说："我死之后，请你们把我的眼睛挖出来悬于国都东门之上，让我看着越国是怎样灭掉吴国的。"

夫差二十年，即公元前476年，二十年磨一剑的越王勾践率举国之精兵强将卷土重来。这一次果然乾坤倒转，吴国军队被杀得节节败退。越军历史性地在第二年包围了吴国都城。在被围近两年之后（公元前473年），吴都告破，吴王夫差被困于姑苏山之上。越王勾践也还仁义，欲迁夫差于甬东（今舟山一带），并且打算赐给他百户为食邑。此时的夫差简直肠子都悔青了。他对越王勾践说："我老了，不能服侍君王了。我真后悔没有听伍子胥的忠告，落得今天这个下场。"言罢，他也抽剑自刎。至此吴国也就不复存在。

九、越国

1. 卧薪尝胆——越王勾践的故事

西周初年，周武王封禹的后裔于会稽（kuài jī，今浙江绍兴），国号为越。越国国君传二十余世后，允常继位。允常时，越国和近邻吴国纷争不断。允常死后他的儿子勾践做了国王。

勾践元年，即公元前496年，借越国前国君新丧之机，吴王阖闾发兵来犯。不过，志在必得的吴国非但没有占到丝毫便宜，阖闾本人还因此搭上性命。继位后，阖闾的儿子夫差便把给父亲报仇视为头等大事。

勾践三年，即公元前494年，听说吴国正加紧操练兵马，勾践遂打算来个先下手为强，抢先向吴国发起进攻。此时吴国上下同心，而越国又出师无名，所以大夫范蠡（lǐ）觉得即便越国抢先出手也难保不会失败。于是，他含蓄地劝勾践：“我听说，战争是残酷的事情，无端挑起战争是一种不仁德的行为，所以战争是在迫不得已的情况下才会被采用的一种解决纠纷的方法。”谁知，自恃有着前次战胜吴国经验的勾践却坚决地说：“这件事情我已经下定决心，你就不要再说了。”

听说越国大军来到，吴王夫差哪敢掉以轻心？于是，他亲率举国之精兵当头迎来。两军在夫椒相遇。正如范蠡所料，吴军上下勠力一心，作战神勇，只一战就把越军打了个人仰马翻、溃不成军。勾践好歹捡条性命带着几千丢盔弃甲的残兵败将狼狈逃回会稽。可谁料吴王夫差率领人马随即牢牢包围了会稽。

此时摆在勾践面前的出路似乎也就剩下投降一条路。然而当越国大夫文种初次来到吴军大帐时，因听了伍子胥的劝阻，吴王夫差没有答应越国的请降。闻知这个消息，勾践一度方寸大乱，甚至产生一个杀死妻子儿女、焚毁宫藏宝器，然后率众与吴军拼个鱼死网破的可怕念头。关键时刻，还是文种想出一个主意。他说："我听说，吴国大夫伯嚭很贪婪。我们不如多送他一些珠宝玉器，让他从中说些好话，或许夫差还是会答应我们的。"

于是，勾践让文种带了美女以及大宗宝物再次来到吴军营地。这次，文种先来拜会伯嚭，并且献上厚礼，果然伯嚭痛快答应暗中给予帮助。再次见到吴王阖闾，文种说："希望大王能够宽恕勾践的罪行，让他献出所有的珠宝玉器。如果大王坚持不肯答应勾践的投降，他会杀死自己的妻子儿女，焚毁所有宫藏之宝，带领手下五千将士与大王血拼到底。这样对吴国也没有任何好处。"伯嚭则在边上装模作样附和道："勾践已经答应臣服，宽恕他，对吴国也不是一件坏事情。"尽管伍子胥仍坚决反对，无奈夫差心意已决。

就这样，吴国与越国讲和，越王勾践夫妇带着大夫范蠡和柘（zhè）稽一同来到吴国做了人质。夫差安排他们住在先王阖闾坟墓旁边的一间石屋，并且责成他们给吴王喂马。在范蠡和柘稽的劝说下，从天堂一下坠入地狱的勾践慢慢适应了这种生活。他低眉顺眼、任劳任怨，不敢流露出丝毫的怨恨与不满。

一次外出游玩时，看到奉命跟来的勾践夫妇恬然坐在一堆马粪边上歇息，吴王夫差不由动了恻隐之心。趁着这个机会，伯嚭上前替勾践讲情说："愿大王以圣人之心哀怜穷困之士。"吴王夫差这才让勾践一行回了国。

回国后，为了提醒自己不忘在吴国遭受的屈辱，越王勾践放着柔软舒适的大床不用，而是睡在烂草堆上。这还不算，他还特意找来一只苦胆悬挂于

草堆上方，每当临睡或醒来时都要用舌头舔舐一番。人们常用“卧薪尝胆”来形容勾践，就是因为这个原因。此外，勾践还坚持亲自参加耕作，让夫人自己织布裁衣，而他们吃的是粗茶淡饭，穿的也是棉麻衣衫。勾践也特别注意网罗人才、笼络人心。他礼贤下士厚待宾客，一点也没有国君的架子。他把国政大事悉数交由忠心耿耿的文种来处理，而让足智多谋的范蠡负责操练人马。

大夫逢同把这一切都看在眼里。他深知这是勾践报仇心切的自然流露，而这样的流露无疑非但于事无补，弄不好还会带来一些不必要的麻烦。于是，找个机会，逢同劝勾践道：“即便凶猛的大鸟有了攻击目标也要隐匿自己的行迹。我们越国刚刚败给吴国，大王就如此大力发展生产、加强军备，这样吴国必定会起疑心，我们越国也就会再次面临危险。现在吴国已经与我们越国以及楚国结下深仇，而它又要以光大周王室为借口对齐国和晋国发动战争，所以我们不如私下里亲近楚国并结交齐国和晋国，而在表面上顺从吴国，拿丰厚的财物来麻痹他们。如此一来，吴国就会骄傲自大而轻敌妄动，到时候我们再联合其他国家共同来讨伐它，那不就很容易取胜了吗？”一席话让勾践如梦方醒。

不久，吴王夫差竟然听信谗言赐死了本该倚为国柱的伍子胥，这让勾践更是看到曙光。又过几年，也就是公元前482年，夫差远赴黄池（**位于今河南封丘**）与晋君会盟。借着这个难得的机会，越王勾践挑选五万精兵强将冷不丁径直扑向吴国。仓促应战的吴军自然伤亡惨重，就连监国的太子也死于非命。这一次完全倒了个儿，多年来一直不可一世的吴国来向越国请降了。考虑到当下越国尚不具备并吞吴国的把握，勾践也就答应了。

勾践二十一年，即公元前476年，越国再次出动大军攻打吴国。虽然吴军拼尽全力，但无奈此时的越军实在是太强大了。转过年来，越军包围了吴国都城。在坚守近两年之后，吴都告破，夫差狼狈地被困在了姑苏山上。夫差的使者公孙胜赤裸着上身跪地行至勾践面前，苦苦哀求道：“当年夫差在会稽虽然得罪大王，但他没敢违背天命而是让大王继续回国为君。现在夫差甘愿唯大王之命是从，希望大王能够念及旧情饶恕夫差的罪过。”

听了公孙胜的话，勾践也打算饶过夫差算了。范蠡却提醒道：“当年会稽一战是上天要把越国赐给吴国，吴国没有接受。现在上天又要把吴国赐给越国，我们怎么能够逆天行事呢？况且，不接受上天所赐，是会遭受连累的。谋划二十年，今天却要放弃，对吗？大王难道忘记当年会稽失败后所受的罪了吗？”

勾践一声轻叹，道：“唉！我想听先生的话，可我又不忍心拒绝夫差使者的哀求。”

听到这里，范蠡立马转身对着夫差的使者道：“我家大王已经把这件

事情交给我处理。你回去吧，否则我就不客气了。”

不过，最终勾践还是动了恻隐之念，打算封迁夫差于甬东，并欲赐他百户为食邑。无奈此时的夫差悔恨交加无心领受。他对越王勾践说：“我老了，不能服侍君王了。”言罢，他径直自己抹了脖子。

并吞了吴国，端坐在昔日吴王宏阔的朝堂论功行赏，对曾经受尽吴王凌辱的勾践来说，实在是一件再惬意不过的事情。然而，出乎勾践意料的是，那卖主求荣的伯嚭也堂而皇之站在阶下邀功请赏来了。望着那副厚颜无耻的嘴脸，勾践心中陡添几分鄙夷。就听勾践冷冷地说：“你是吴国的大臣，我不敢收你为臣子，你还是陪伴你的国君去吧。”伯嚭只好垂头丧气地退出来。随即，勾践便差人追上来把他给宰了。

据《史记》记载，过了不长时间，在勾践的倡议下，他本人与齐平公和晋出公共同会盟于徐州，名存实亡的周天子元王也派使者送来具有象征意义的胙（zuò）肉，并赐给勾践“伯”的封号。“伯”乃是周天子公开承认的一方霸主。至此，越王勾践也就成为春秋时期又一霸主。

而据《吴越春秋》记载，在灭掉吴国之后，于公元前472年，越王勾践把都城由会稽改迁琅琊（láng yá，今山东青岛市黄岛区琅琊镇一带），并且还在琅琊山（濒临大海，风景秀丽，再加上越王勾践的营建自然更是美不胜收。据史料记载，秦始皇和汉武帝均曾先后三次登临，且均醉心此间山水流连忘返）上筑起宏伟的观景台，修建了高耸的望越楼。继而勾践又发出号令，与秦、晋、齐、楚四国国君共辅周王室。由此看来，越王勾践确实与吴王阖闾一样，非但称霸东南而且雄居中原，是春秋末期一位名副其实的霸主。

2. 陶朱公范蠡

吞并吴国之后，越王勾践大赏有功臣僚，范蠡（lǐ）以头功被封为大将军。因深谙“大名之下难于久居”的道理，范蠡当即便向勾践提出辞呈。面对勾践的虚意挽留，范蠡毅然不辞而别，与全家人一起轻装简从乘船经海上来到齐国。

临走之时，范蠡也没忘给老友文种留下一封情真意切的短函。他说：“飞鸟尽，良弓藏；狡兔死，走狗烹。越王为人长颈鸟喙（huì），可与其共患难，不可与共享乐。子何不去？”可惜文种没有意识到问题的严重性，只是称病不再上朝，也不再过问国家之事，但并未离开越国。不久，果然就有人说他图谋造反，而明知这是诬陷之词的勾践却差人携利剑一把赐予文种，并转告他说：“子教寡人伐吴七术，寡人用其三而败吴，其四在子，子为我从先王试之。”事到临头，文种后悔已晚，最后只好含冤自刭。

范蠡是一位颇具经济头脑的传奇人物。据说在这方面他主要得益于一个叫计然的朋友。计然本名叫辛研，晋国人，曾因游学来过越国。受他的启迪，在振兴和发展越国经济方面，范蠡的思想和做法主要可以概括为以下五点：①根据时令的不同适时买进卖出。这也是商业的基本道理。②未雨绸缪。一年干旱，一年水涝，一年丰产，一年灾荒，这是自然界的客观规律。逢旱灾之年多买一些船只，逢涝灾之年则多买进一些车子，这样既省钱又提前预备了不时之需。③稳定物价。物价的稳定是国家稳定的重要条件。粮价太低就会伤及农民的利益，粮价太高则又会影响到经销商的利益，所以物价应该长期保持在一个合理的区间。④积累贮存商品时，要切实保护好它们。对于易于变质的东西，要及时出手，不要因为贪图高价而一味久存。另外，多余的金钱也要尽可能转换为商品来贮存。⑤哪样东西充裕，它的价格就不会高；而哪样东西缺乏，它的价格就一定会上涨。当然物极必反，任何东西贵到极点就会开始便宜，便宜到极点则会暴涨。所以，当一种商品的价格已经很高的时候，就要抓紧时间出售；而当一种商品低至极点的时候，就应抓紧时间抢购。为此，范蠡曾深有感慨地说："计然的策略有七条，越国只用了其中的五条就已是国富民强，下一步我该用它们来发家致富了。"

为了减少麻烦，来齐后范蠡更名鸱（chī）夷子皮（意思是酒囊子的外皮）。他带领孩子们在辛勤耕作之余还抽空做些买卖。不几年的工夫，他家便资财巨万，成为远近闻名的富户。因为听说了他的贤良和能干，齐平公派遣使者径直把相印给他送过来。范蠡对家人说："居家则致千金，居官则至卿相，此布衣之极也。久受尊名，不祥。"于是他归还相印，散尽浮财，怀揣重宝，带领家人又搬迁到宋国的陶（曾为曹国的国都，位于今山东定陶。曹国于公元前487年为宋国所灭）——一个四通八达的商业中心。

来到陶后，范蠡再度隐姓埋名，自称朱公，别人则尊称他陶朱公。这陶朱公依旧带着孩子们亲自耕种放牧，并且抓住一切商机做些买进卖出之事。很快他又积累起巨额的财富，再度成为富甲一方的超级大款，普天之下没有不知道他陶朱公的，以至于我们今天一说到豪富之人还是会想起他。

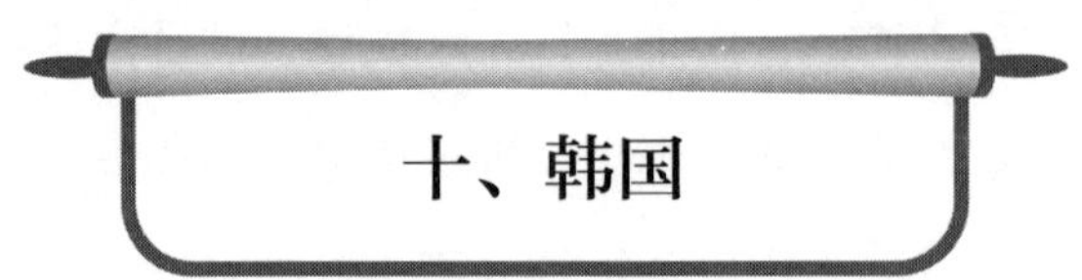

十、韩国

1. 宣惠王与“岸门之败”

韩国国君的先祖原本和周王室一样也姓姬，后来因为从晋国国君那里得到韩原（今陕西韩城）这块封地，其后世便以封地为姓改而姓韩。因在齐晋“鞍之战”中表现突出，韩厥得以位列于卿，且被赐号献子。此后，韩氏势力日渐强大，最终与赵、魏两家一起将晋国瓜分而跻身诸侯之列。到了韩宣惠王的时候，韩国却闹出一个大乱子。

话说韩宣惠王初年，韩国接受苏秦的建议与齐、楚、燕、赵、魏五国相约联合起来，即所谓的“合纵”，共同对抗强大的秦国。然而纷繁复杂的战国形势又岂是苏秦一人能够左右，过了也就三两年的时间齐国便单方面撕毁盟约，挑起对燕国的战争。自此，“合纵”之事也就名存实亡不了了之。在拉拢魏国不成的情况下，秦国一举强占魏国的军事重镇曲沃（今山西曲沃）。宣惠王十六年，即公元前317年，秦国乘战胜魏国之余威调头来侵略韩国。虽然将士们上下一心誓死抵抗，但韩军还是在修鱼（今山西浚县）一战吃了败仗，就连主将也为秦军所虏。

消息很快传到国都新郑（今河南新郑。曾是春秋时期郑国都城，公元前375年郑国被韩国灭掉，新郑也就成为韩国都城。另，战国初期韩国都阳翟，即现在河南禹州），韩国上下顿时一片恐慌，宣惠王本人也是战战兢兢、不知所措。相国公仲侈（chǐ）献计说：“我们的那些盟国并不可靠，而秦国早就有攻打楚国之意，所以我觉得我们倒不如先主动多送给秦国一些兵器，再送给它一座城池，以此来与秦国讲和。然后，我们再两家一起去攻打楚国，这样不就可以一举两得了吗？”听公仲侈说得蛮有道理，宣惠王也就同意了。

就在韩国加紧运作此事而要出使的公仲侈尚未动身的时候，楚国也获知这一消息。楚怀王怎敢大意，他连忙叫来相国陈轸共议对策。这陈轸也是个了不起的人物。他满腹才学、胸藏锦绣，单就辩才而言不输于苏秦、张仪。当年之所以由强秦来至楚国，就是因为张仪的嫉妒与排挤。

陈轸说：“秦国想要攻打楚国可谓蓄谋已久，韩国又要主动来做帮凶，这更是秦国梦寐以求的事情。照现在的形势来看，大王可以告诉全国，就说我们楚国和韩国曾经订有合纵之约，因此对于秦国侵略韩国一事我们不能坐视不管。然后，您再抽调一些兵力集中于通往韩国的大道之上，让人人都知道楚国马上就要出兵支援韩国了。与此同时，大王可以再派一个使臣带着厚礼去见韩王，让韩王坚信我们楚国正全力以赴准备要帮助他们。这样，即使韩国与秦国联合来攻打我们，其将士也一定会有所保留。如果此计成功，秦王定会仇视韩国。韩国人原来就轻视秦国，现在又有我们楚国为其撑腰，当然他们也就更瞧不起秦国。到那时，秦、韩非但合兵不成，恐怕还会打起来呢。”

听了陈轸这头头是道的分析，楚怀王不由连连称妙，并立即传下命令一一照办。当带了几十大车礼物的楚国使者来到韩国时，韩宣惠王简直高兴坏了。楚国使者说：“虽然不够强大，但我们楚国一定会不惜动用全国的人力物力来支援贵国。大王不要有什么顾虑，尽管放心大胆地去对付秦国好了。”

宣惠王果然中计，下令中止一切和秦行动。得知国君这么轻易就上了当，公仲侈心急如焚。他急匆匆跑来对宣惠王说："眼下囤积重兵于我国边境且伺机入侵的是秦国。听说我们要联秦攻打他们，才跑来口头表示要支援咱们，楚国这不明摆着就是虚情假意吗？到了这时候，如果大王硬要轻信楚使之言，而与大兵压境的强秦绝交是会让天下人笑话的。更何况楚国和韩国原本就不是兄弟之国，双方又没有提前商量好共同对付秦国的策略。再说，我们已经派人告知秦国要议和，可直到如今也没有任何行动，这不是在欺骗他们吗？欺骗强大秦国而轻信楚国使臣的谎言，只怕大王将来要后悔的。"尽管公仲侈一番话说得入情入理，可这宣惠王就是充耳不闻。

再说秦国这边，空等几个月也不见韩国使臣半个影子不说，谁知到头儿来竟然等到韩国又要与楚国结盟来和自己对抗的消息，秦惠文王真是气不打一处来，当即就下达了全力攻打韩国的死命令。

面对来势汹汹的强大秦军，宣惠王一面调兵遣将，一面遣使来向楚国搬兵求救。然而令他始料未及的是，楚国一口就给回绝了。此刻，宣惠王真是骑虎难下、追悔莫及。别无他法之下，他只好硬着头皮指挥军队来与秦国血拼。这场秦韩之战一直持续约有三年。至宣惠王十九年（公元前314年），秦军终于攻破韩国的军事重镇岸门（位于今河南长葛）。韩国被迫同意割地求和，还答应把太子仓送去做人质，秦国这才罢兵休战。此战过后，韩国形势一落千丈，距离被秦国彻底并吞也就不远了。

2. 韩非与《说难》

韩非大约出生于公元前280年，卒于公元前233年，乃一韩国世家子弟。他和李斯同为一代儒学宗师荀卿（即荀子）的高徒。不过，李斯也好，韩非也好，他们的思想最终还是转向了法家学派。法家历来主张以严刑峻法来巩固国家政权，这样的观点无疑很容易受到古代统治阶级的青睐，所以早时的代表人物商鞅以及后来的李斯都曾一度飞黄腾达。不过，公认的集法家之大成的韩非却始终未能得以施展抱负。

据说，韩非有较为严重的口吃毛病，所以在那个游说之风盛行的年代，韩非只能反其道而为之——以著书立说来宣传自己的思想。他著述颇丰，为后人留下一部十余万字的不朽之作——《韩非子》，其中的《孤愤》《五蠹》《内外储》《说林》《说难》等都是千古传诵的名篇。

在《内外储》中，他曾说："使吾法之无赦，犹入涧之必死也，则人莫之敢犯也。"仅凭此一语，我们便不难看出他的基本的治政理念。此外，一些耳熟能详的寓言故事，诸如"守株待兔"（讽喻拘泥经验而愚顽不化者）、"滥竽充数"（讽喻腹中无物妄图鱼目混珠者）、"郑人买履"（讽喻脱离实际墨守成规者）、"买椟还珠"（讽喻眼光短浅取舍失当者）、"自相矛盾"（讽喻妄夸海口不能自圆其说者）等，无不出自《韩非子》。

韩非生不逢时，所处的正是一个国运日衰的非常时期。在这种情况下，韩非义无反顾地一再向国君提出建议，希望他能够打破陈规陋习、申明法令、富国强兵，无奈韩王却很少予以理会。韩非的《说难》总结的正是游说时可能面临的种种困难，其中既有警示后人之意，当然也不乏对自己怀才不遇的宣泄之情。

该文开宗明义，一上来便说："游说的困难并不在于把自己所知道的向对方表述明白，也不在于言辞是否能够充分表达思想，更不在于自己是否敢于直言。游说的困难在于摸透被游说对象的心理，然后用语言去打动他。"

紧接着，韩非有条不紊地展开分析了。他说："如果所游说的对象追求的是名声，而你却跟他讲什么如何追求厚利，这就会显得你缺乏气节、卑贱浅薄，结果只会让他更加疏远你；如果所游说的对象追求的是利益，而你却要跟他说什么如何追求声名远扬，这就会显得你不切实际，所以肯定也不会被接纳。如果所游说的对象心口不一，表面上追求的是好的名声而实际上追求的则是利益，你却只跟他说如何可以声名远扬，那么他只会表面上接受你的观点，而实际上不会听进去半句；而假如你跟他说的是如何攫取利益，则他又会实际上采纳你的主张，表面却是不屑一顾，对此是不能掉以轻心的。”

文中，韩非还列举了游说者可能面临的种种危险。他说：“有许多事情往往因为保密工作做得好而获得成功，而泄露机密则会导致失败。当然并不一定是你有意泄密，而可能只是在谈及相关事情时无意泄露的，这样你就会很危险。如果有权势的人有错失，而你却一味向他宣传善行，这就如同在指责他的过失，这样你也会很危险。如果对方对你冷淡，而你言谈中却流露出极大的热情，这样即便你说得有道理，对方也会厌恶你。假如你说得再没有道理，那么你就可能要面临危险。如果权贵之人有了好的计谋，并且想要以此来作为自己的功劳，而你也知道这一计谋，你也会有危险。如果对方有拿定主意不想做的事，而你又努力说服他去做，抑或对方有不愿意停下来的事，而你偏要去制止他，这样你也会很危险。”

韩非还说：“假如你和对方议论他的上司，他会认为你是在挑拨离间；假如你和他议论他的下属，他又会认为你是在操弄权术。谈论他所喜欢的东西，他会认为你是对他有所求；谈论他所憎恨的东西，他又会认为你是在有意试探他。要是你言辞简单干脆，对方就会认为你无知而侮辱你；要是你旁征博引、滔滔不绝，对方又会认为你是在卖弄才华。顺着对方的观点来说，他会认为你是胆小怕事；把事情考虑周详，他又会认为你生性多疑。这也是游说的难处，在游说之前就应该完全了解。”

《说难》一文所阐述的当然远非这么一点点，不过仅就这只言片语我们便不难看出韩非思维之缜密、说理之透彻。就在这篇《说难》中，为了佐证他的一些观点，韩非还给我们讲了两则意味深长的小故事。由于它们都比较容易理解，我们就不进行翻译了。

其中的一则就是人们常说的“智子疑邻”。他说：“宋有富人，天雨墙坏。其子曰：‘不筑且有盗。’其邻人之父亦云。暮而果大亡其财。其家甚智其子而疑邻人之父。”

另一则说：“昔者弥子瑕见（‘见’助词，表被动，相当于今天的‘被’）爱于卫君。卫国之法，窃驾君车者罪至刖（砍掉脚）。既而弥子之母病，人闻，往夜告之。弥子矫（假称卫君命令）驾君车而出。君闻之而贤之曰：‘孝哉，为母之故而犯刖罪！’与君游果园，弥子食桃而甘，不尽而奉君。君曰：‘爱我哉，忘其口而念我！’及弥子色衰而爱迟，得罪于君。君曰：‘是尝矫驾吾车，又尝食（sì，喂食）我以其余桃。’故弥子之行未变于初也，前见贤而后获罪者，爱憎之至变也。”

韩国的最后一个国君韩王安倒也采纳过韩非一计，让擅长水利建设的大夫郑国去说服秦王大规模兴修水利工程，企图借此消耗秦之国力。不过，后来郑国不仅助秦完成了不朽的郑国渠（始建于公元前246年，约历时10年完工，为一大型自流灌溉系统），而且也背叛了韩国，所以秦国攻打韩国的脚步并未因此而放慢。

当初去秦国时，郑国曾将韩非所写的《孤愤》和《五蠹》两文进献秦王。读过之后，秦王嬴（yíng）政不由赞叹不已，道：“嗟乎，寡人得见此人与之游，死不恨矣！”丞相李斯正好在边上，他如实对秦王说：“这韩非是我一个同学。”

后来，迫于秦国的巨大压力，韩王安只好遵从秦王的意思派遣韩非出使秦国。与韩非一接触，嬴政便大有相见恨晚之情，打算将其留在身边加以重用。自知才学不如韩非的李斯向秦王进谗言说：“韩非是韩国的公子，大王

又正欲吞并各诸侯，以常情来看，他必定会替韩国着想。如今韩非在我们秦国逗留的时间已经很长，一旦让他回国势必会对我们不利，不如趁早把他杀了。”一时糊涂的嬴政还真就听信了李斯的话。因恐夜长梦多，李斯当即就给韩非送去毒药。由于恳请老同学网开一面而让自己再见一见秦王的请求也未被允许，韩非只好含恨服毒自尽。就在韩非自杀后不久，秦王后悔了，然而等到他的赦令传来，一切都为时已晚。

在《史记》中，司马迁评说道：“我为韩非感到悲哀的是，他的《说难》说得那么有道理，但最终未能使自己得到解脱。”是啊，然而这种令人悲哀与遗憾的事情又岂止发生于韩非一人身上。

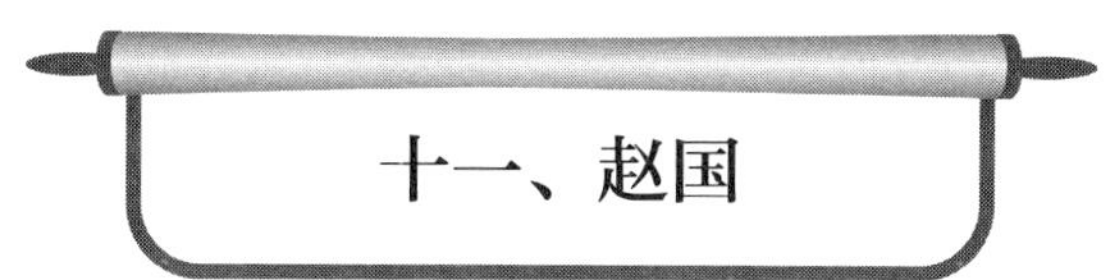

十一、赵国

1. 赵朔托孤

赵国国君与秦国国君的先祖同是一个叫飞廉的人。因受周穆王赏识，飞廉的玄孙造父得到赵邑（今山西太原一带）这块封地。后来，造父的子孙遂以地名“赵”为姓。自造父以下传十二世便到了赵夙（sù）。晋献公（公元前676—前651年在位）时，赵夙因为战功卓著而被封为大夫，赵氏的势力在晋国也就日渐强大。后来，暴虐的晋灵公因无端迫害赵夙的曾孙赵盾而为赵盾的一个兄弟赵穿所刺杀。这才演绎了一出赵盾的儿子赵朔托孤的感人故事。

话说晋景公（公元前599—前581年在位）时，那个晋灵公（公元前620—前607年在位）的宠臣屠岸贾已经升任主管全国狱讼工作的大司寇。虽然此时赵盾已经不在，但屠岸贾还是死死抓住当年赵穿刺杀晋灵公一事不放，坚持非要诛杀赵氏全家不可。

获知这一消息，大夫韩厥（jué）便来劝说赵朔出逃。赵朔却毅然道：“事已至此，如果您能使我们赵氏后继有人，我死也没有什么。”后来，除赵朔的妻子外，赵氏满门遭斩，就连赵朔的伯父赵同、赵括（与后面要说的致使赵军惨败于长平的赵括并非一人）和赵婴齐三家也未能幸免。

赵朔的妻子为什么能够得以存活呢？原来她是晋景公的亲姑姑，所以当时已经怀有身孕的她不仅得到赦免，而且还特许住进宫中。

公孙杵臼（chǔ jiù）曾是赵朔的一个门客。一天，他见到了赵朔生前最要好的朋友程婴。公孙杵臼不无试探之意问道："先生怎么不陪着大夫一起死呢？"程婴明白他的意思，因而也就如实相告说："赵朔的夫人已经身怀六甲。如果她生的是个男孩，我会辅佐他光复祖业；如果生的是个女孩，我就会追随大夫而去。"从此两人一门心思就等着那边赵夫人的消息。

令人欣慰的是，不久程婴和公孙杵臼真就等来赵夫人诞下一个男孩的好消息。不过，耳目众多的屠岸贾也听说了这件事，并且他还亲自带人去宫里搜查。情急之下。赵夫人只好把儿子塞入自己肥大的裙袍之中。藏好儿子之后，她在心里还不住地默默祷告道："如果赵氏该当灭绝，你就哭闹；如果赵氏不该灭绝，你可千万不要弄出什么声响啊。"说来也怪，这个啥事也不懂的婴儿居然真就一点声息也没有。加上此乃宫廷禁地，再怎么说屠岸贾也不敢过于放肆，所以这孩子总算躲过一劫。

闻知屠岸贾的阴谋没有得逞，在暗暗庆幸之余，程婴和公孙杵臼也不免心生忧虑。当天，忧心忡忡的程婴便找到了公孙

杵臼。

程婴说：“虽然老贼今天没有搜到公子，但他一定不会善罢甘休。你说我们该怎么办呢？”

公孙杵臼也不作答，而是反问：“你觉得培养并辅佐公子与死相比，什么更难呢？”

程婴说：“死容易，培养和辅佐公子要更难一些。”

公孙杵臼说：“当年赵氏的先人待你不薄，还是由你去完成那件难做的事情，而让我来做这件容易的吧。”

于是，一番精心筹划之后，公孙杵臼带着一个从别人家找来的男婴躲进深山。而程婴则主动找到屠岸贾的一群爪牙“密告”道：“我程婴没有骨气，不能保护赵朔的儿子。如果你们能够多给我点钱，我就告诉你们赵朔儿子藏在哪里。”这帮家伙自然喜出望外，当即答应了程婴的条件。就这样，在程婴的带领下，他们很快便找到公孙杵臼和“赵公子”的藏身之处。

一见到程婴，公孙杵臼破口大骂：“你这卑鄙小人，当初我们同受赵氏之托保护这个孩子，你怎好出卖他呢！即便我们不能保护他，也不应该出卖他啊！”转过脸，他又冲着这群气势汹汹的军士苦苦哀求道：“这个可怜的孩子有什么罪呢？你们还是可怜可怜他，放他一条生路吧。我情愿一人承担处罚。”这群穷凶极恶的家伙当然不会有心慈手软一说。他们一拥而上，一下子就把公孙杵臼和那个无辜的孩子给乱刀捅死。有了公孙杵臼的英勇赴死，程婴这才得以带着真正的赵公子从容躲起来。

转眼十五年过去了，一天，病得已是十分厉害的晋景公找来一个术士咨询病情。由于事先早已得到韩厥的授意，这术士便说此乃赵氏亡灵在作祟。边上的韩厥则附和道：“赵氏的先祖曾服侍过商王又辅佐过周天子，在我们晋国更是屡立大功，绵延几十世而不绝。现在大王却纵使小人尽戮赵氏，就连老百姓都为赵氏感到悲哀。恐怕这就是赵氏亡灵来作祟的原因吧。希望大王能够及早纠正这一错误。”“赵氏还有后人吗？”晋景公禁不住问道。于是，韩厥把赵朔儿子赵武的一些情况如实向景公做了汇报。

在韩厥的帮助下，赵武和程婴率军终于大败那个曾经不可一世的屠岸贾，并且也还了他一个满门抄斩。

又过几年，等赵武举行过冠礼［古时，男子年满二十岁行冠礼（穿戴成年人礼服冠帽，于宗庙祝祷乃成），女子十五岁行笄礼（将发辫盘在头顶，以簪子固定），以示成年］，在与诸位大夫作别之后，程婴对赵武说：“当年赵氏被族诛于下宫（地名），他人都能以死来报答赵宣孟（即赵朔，宣孟是其谥号），我也不是胆小怕死，只是考虑到应该有人来保护他的后代。现在你已经长大成人，我应该去见赵宣孟和公孙杵臼了。”

闻听此言，赵武大惊失色，慌忙跪倒在地，一边磕头不止一边抽噎着道：“我愿意一辈子当牛做马来报答先生，先生怎么忍心离我而去呢？”

程婴坚定地说：“知道我能够辅佐你取得成功，所以公孙杵臼先生先我而去。我一直等到今天，是因为事情还没有彻底成功，你也还没有长大。”

不久，程婴真就自杀了，赵武则以对待父亲一样的礼节为他守孝三年。赵氏后人也世代相传不忘程婴的大恩，每年春、秋两季都会为他隆重设祭。

2. 好个跌宕起伏的赵武灵王

自赵武重新获得爵位后，赵氏一门在晋国又现辉煌。到赵武的儿子赵景叔时，他已是贵为六卿之一。赵景叔的儿子赵简子（名赵鞅）则与韩、魏两家将晋国瓜分，一跃跻身诸侯行列。又过了一二百年，等赵武灵王（继位之初他并未称王，这里我们是沿用大多史书的做法，以谥号来称呼他）在位时，赵国更是强大无比，在“战国七雄”中也堪称佼佼者。这赵武灵王一生跌宕起伏，为后人留下一个又一个发人深省的故事。

继位之初，赵武灵王还是个孩子，尚不能亲政。为引导和教育他，王室不仅为他挑选多位博学广闻的老师来教导他，而且还专门安排几个正直敢言的官员负责观察并指出他的过失。大家的心血当然不会白费，因为有了严格的教育和约束，小小年纪就贵为一国之君的他志向远大、勤勉向上，不见有丝毫骄奢淫逸之态。特别值得一提的是，幼小的他还很懂得关爱老人。每个月他都会差人给朝中几位年过八旬的老臣额外送上一些表示慰问的礼品。对于那些父王的重臣，他更是信任非常、礼遇尤佳。大夫肥义便是其中最为典型的一个。

至武灵王八年（公元前318年）时，秦、齐、楚、韩、魏、燕乃至像宋这样的小国都已纷纷称“王”。面对这种局面，赵国有些大臣也有些按捺不住，然而年纪轻轻的赵武灵王却没有盲目跟风。一次，他对前来劝他称王的近臣说：“无所其实，怎敢称王呢？”这赵武灵王的睿智与审慎实在是常人难以比拟。

武灵王十九年（公元前307年）正月，新年伊始，他便召集起肥义、楼缓等几位重臣就赵国的发展大计展开讨论。会上大家畅所欲言，武灵王则洗耳恭听，一条兴兵征伐的基本国策也就随之出炉。在接下来的几场战争中，虽然赵军屡战屡胜颇有一些斩获，但赵武灵王却依然头脑清醒、不骄不躁。亲征时，他发现北方胡人所穿的短衣窄裤较中原地区普遍流行的长袍大褂活动起来要更方便一些，因而也就萌生了一个向胡人学习的大胆设想。

于是，某天他把楼缓找来征求意见。赵武灵王说：“我的先人因世事改变建立赵国，可如今我们赵国北有燕国，东有胡国，西与秦、韩、楼烦接壤，中间还有一个中山国。如果我们没有强大的军事力量为后盾，恐怕迟早要亡国的，所以我打算效仿胡人改穿短衣窄裤。你看怎么样呢？”楼缓是一很有见地的老臣，对此他当然深表赞同。

不过，公开征集意见时，绝大多数官员和百姓还是坚决反对改穿胡服。关键时刻，肥义的一席话让赵武灵王吃了定心丸。他说：“我听说处事迟疑不决是不会成功的。大王既然打算改变传统习俗，就不要顾忌别人的议论；要建立丰功伟业，就不要与凡夫俗子一起筹谋。当年舜帝曾向有苗氏学习舞蹈，在治水经过裸国时，大禹也曾跟着当地人赤身露体。这可不是他们放纵私欲、追求玩乐。愚蠢的人偷偷做事，聪明的人有预见性。大王想怎么做呢？”听了这番话，赵武灵王大受鼓舞，信心十足地说：“原来我还担心别人笑话，现在我决定易服改装。就让那些庸俗的人来笑话我吧。我相信不久中山和胡国就会被纳入我们赵国的版图。”

主意已定，赵武灵王首先通知了最有威望的王族重臣，也就是自己的叔叔公子成，让他带头穿着胡服来上朝。没想到公子成却对此事极为反感，因为在他看来如此破坏传统、背离民意无疑是胡闹。再说啦，此事如果传扬出去，赵国还不得被中原各国讥笑吗？于是，他干脆来个称病不朝。

为了说服叔叔，以探视为名赵武灵王亲自来到他家。一番推心置腹的长谈过后，公子成的老脑筋也终于开窍，理解了改穿胡服确实是一件关乎赵国存亡的大事。看到叔叔已然接受自己的观点，武灵王还当场赐给他一套胡服。

第二天上朝的时候，看到那么有威望的公子成都身着胡服而来，大臣中也就再没人对此说东道西。趁热打铁，随即赵武灵王颁布了一道举国改穿胡服的命令。一个看似很是棘手的问题就这样被赵武灵王轻而易举给解决了。

改穿胡服之后，赵武灵王又命令将士们全力以赴进行骑马和射箭的训练。已然脱掉长袍大褂，所以他们训练起来也就格外应手。就这样，原本属于胡人强项和法宝的骑射之术对广大赵军将士来说也成了小菜一碟，整个赵军的战斗力一下子跃上一个新台阶。这也就是人们常说的“胡服骑射”的故事。

武灵王二十一年（公元前305年），赵武灵王亲率大军来攻打被赵国视为心腹之患的中山国。面对今非昔比的强大赵军，中山军果然一败涂地，中山国被迫以献出四座城池为代价与赵国进行了讲和。小试牛刀就大有斩获，这让赵武灵王信心倍增。此后，在赵武灵王的亲自率领下，赵军转战南北、东征西讨，赵国的疆域是一天大过一天。

公元前299年（武灵王二十七年），正值盛年的赵武灵王把王位传给儿子赵惠文王，让忠心耿耿的肥义充任丞相来辅佐他，自己则改称起“主父”。说起来他这样做的目的也很简单，那就是要让自己腾出更多的精力来抓军事。

秦国无疑是赵国当时最大的威胁。为切实掌握对手的情况，有一次赵主父竟然扮作一名普通的使臣来到秦国。见他气宇轩昂、谈吐不凡，秦昭襄王心里也没少犯嘀咕。过了几天，秦王差人再来请他时，宾馆中也就剩下他那几个随从，而赵主父本人则早已悄然而去。如梦方醒的秦王连忙让大将白起带人来追，可是他们一直追到函谷关（今河南灵宝东北）也没有见到赵主父的影子。

回头我们再说说赵惠文王。这赵惠文王本是一个庶子，而在他之前武灵王已经立嫡长子赵章为太子，只是因为他的生母吴娃受宠非常，他才得以继承王位。这样的废长立幼之举自然会重重伤害到原太子赵章，赵武灵王的悲惨结局也就由此而引发。

惠文王三年（公元前296年），在率军彻底并吞中山之后，赵主父大赏有功之臣。此时吴娃已死，上了几岁年纪的赵主父对长子赵章的愧疚之情也与日俱增。借着这个机会，赵主父便将广袤而肥沃的代地（今河北蔚县一带）

分封给他，而且还安排一个名叫田不礼的大臣来辅佐他。其实，这只是赵主父计划中的第一步，下一步他还想着要把赵国一分为二，让赵章在代地建国称王。在一个父亲看来，或许这不失为一个两全其美、皆大欢喜的方案，然而大臣李兑却从中觉察出不祥的苗头。

一天，李兑对丞相肥义说："赵章势力强大且又傲慢，田不礼也不自量力且残忍好杀，这两人凑到一起必然要为非作歹。您地位高贵、责任重大，应该事先有所防范。要我说您还不如称病不出，让公子成来做这个丞相，以免引火烧身。"肥义道："当年主父把大王托付给我时曾叮嘱说：'不要因为形势改变就另有打算，希望你能坚持操守，始终如一。'现在就因为担心田不礼作乱而忘记使命，这怎么可以呢？"

辞别肥义，李兑又去了公子成那里。这事我们暂且搁一搁，还是接着来说说肥义吧。李兑的话还真就给他提了醒。因此，李兑一走，肥义便进宫找到赵惠文王的近侍之臣信期，嘱咐道："赵章和田不礼值得警惕。朝中有奸佞小人，这是国家的蛀虫。今后如果有人要大王外出，希望你告诉我一声，让我先去探看探看虚实。"

这天，赵主父与赵惠文王一同来到沙丘（位于今河北广宗）游玩。利用这个机会，赵章和田不礼率兵分别包围了赵主父和赵惠文王的行宫。紧接着，赵章又假传赵主父的命令，召赵惠文王前去会见。因担心其中有诈，始终跟随在赵惠文王身边的肥义便代替他出了行宫，结果肥义一出宫就被赵章和田不礼差人杀死。

公子成和李兑早有准备，所以他们在第一时间就率领军队赶到了。因抵挡不过，赵章和田不礼只好逃进赵主父的行宫。念及父子之情，赵主父还打算饶恕赵章算了。可是他哪里知道，此时公子成和李兑早已指挥人马将其行宫包围，而他自己也是泥菩萨过河——自身难保。

在杀掉赵章和田不礼后，因救驾之功，公子成和李兑分别被赵惠文王擢升为丞相和司寇。按常理说，叛乱已经平定，他们也该撤走包围赵主父的那些人马。可李兑却与公子成商量说："我们是为赵章的缘故而包围主父的行宫，如果现在撤兵回去，将来必定会有杀身之祸。"就这样，两人索性下令继续围困赵主父的行宫，而且他们还让人向里面喊话说："有谁敢再不出来，就杀死谁。"行宫中的那些随臣、太监、宫女自然纷纷跑了出来。

可怜的赵主父独自一人被困于行宫，到后来他吃光里面一切可食之物，就连弓弦也都煮着吃了。然而三个多月过去了，他没有盼到有一个人来救他。一个威震四方的英雄，一个让强秦都感到恐惧的人物，一个比国王地位都高的"主父"，竟然就这样落个被活活饿死的下场。

3. 平原君赵胜

平原君赵胜是赵武灵王的儿子。他乐善好施、广纳宾客，是著名的"战国四君"（也称"战国四公子"）之一。在他的哥哥赵惠文王以及他的侄子赵孝成王在位时，他三次罢相又三次官复原职，实在堪称一个传奇式人物。有关平原君的故事太多了，我们就从那个著名的"毛遂（suì）自荐"说起吧。

公元前260年（赵孝成王六年），秦昭襄王遣大将白起在长平（位于今山西高平）一战大败赵军，一次坑杀降将降卒四十余万。三年后，也就是公元前257年，秦将王龁（hé）与郑安平率军再次侵入赵国，并旋即包围赵都邯郸。就在这种情况下，平原君临危受命前往楚国说服楚王联合抗秦。

回到家里，平原君对众门客说："这次去联合楚国，如果仅凭说说就能取得成功，那就再好不过了；如果不行，那就歃（shà）血（古时举行盟会人们在嘴唇上涂上动物的血来表示诚意）于王宫。总之，必须签订合约才能回来。我的随从也不打算从外面招了，就从家里的门客中找二十个文武双全的就行。”

虽说平原君家里门客数以千计，但要挑选能文能武之人还真不是件容易的事，所以选来选去也就选出十九个。于是，一个叫毛遂的门客来向平原君自我推荐说：“听说先生要从门客中找二十个作为随从去楚国，可现在还差一人，希望您能把我带上。”

这么重大的事情，平原君当然不会随随便便就答应。于是，他问道：“先生来我这里几年了？”

“三年。”毛遂说。

“贤士处世就如同把锥子置入布袋中，它的尖儿马上就会露出来。然而你来我家三年，我并没听到身边有人赞颂你，是先生没有值得称道的地方吧？你还是留在家里吧。”

平原君这番话乍一听确实也有道理，可毛遂却平静地辩解道："我今天就是请求放在布袋中。如果以前我有机会被放在袋子里，早就脱颖而出，不仅仅是锥头露在外面了。"

见毛遂说得如此坚定，平原君这才答应把他带上。

一路之上，门客之间免不了要就当前的形势谈说一些看法。相互一交流，大家这才发现毛遂确实见解独到，远非常人可比。

一到楚国，平原君便与楚考烈王就两国联合抗秦一事展开磋商。可从太阳初升一直商谈到日近正午，还是什么结果也没有。此时众门客彼此已经有所了解，他们也就一同建议毛遂上前说几句。

就见毛遂手按剑柄稳步走上台阶。来至近前，毛遂向着平原君问道："两国联合的利害三言两语就能说清楚，现在从清早商谈到正午也没个结果，请问先生这是怎么回事？"不用说，他这话是故意说给楚王听的。

见有人来打搅，楚王心里很是不悦，所以还没等平原君开口，他便面朝平原君问道："这人是干什么的？"

"我的一位门客。"平原君据实以告。

一听此话，楚王顿时火冒三丈，厉声呵斥道："怎么还不退下！我在与你家主人谈话，你算干什么的？！"

毛遂镇定自若，手按剑柄又向前走了几步，朗声道："之所以大王你敢呵斥我，就是因为楚国人多势众。可现在十步之内大王却不能依此来威胁我，因为你的命就握在我的手中！"不过，随即毛遂又话锋一转，语气也稍稍缓和一些道："我听说商汤以七十里土地称王天下，周文王以百里之地令诸侯称臣，难道他们依靠的也是人多势众吗？现在楚国方圆五千里，雄兵不下百万。以楚国之强大，有谁能与楚相比呢？秦国的白起一竖子而已，可是他率领几万人马进犯楚国，却能够一战而攻克鄢、郢，再战便火烧夷陵，三战又活捉了大王的先人。这是百世不可忘记的仇怨，我们赵国人都为楚国感到害羞，大王就不觉得是一种耻辱吗？联合抗秦也是为了楚国，并不单单为了赵国。”见楚王已是被说得哑口无言，为进一步打掉楚王的跋扈与傲气，尽快签订合约，末了，毛遂又提了提嗓门，厉声道：“我的主人在这里，刚才你呵斥谁？”

到了这个份儿上，楚考烈王还有什么可说的呢？就见他连连点着头说道：“好，好，就依先生所言，我愿意与贵国联合。”

“大王真的下定决心了吗？”毛遂追问道。

“决定了。”

一转身，毛遂对着楚王身边的人员吩咐道：“请分别取一些鸡、狗、马的血来。”

不大一会儿，三种血备齐了。毛遂手举铜盘，跪地将血送到楚王面前。楚考烈王蘸了一些马血抹到嘴唇上（**按照礼制，会盟起誓时天子用马血，诸侯用猪或狗的血，大夫以下用鸡血**）。紧接着平原君和毛遂也各自歃血为誓。

从楚国回来之后，平原君不仅待毛遂为上宾，而且还曾满是自责地对人说：“毛先生仅凭三寸之舌就能胜过百万之师，然而他在我家三年，我却未能发现他是个人才，我再不敢品评别人了。”

这就是“毛遂自荐”的故事。

虽然楚王与平原君歃血而盟，但他并未真正履约及时发兵求助赵国。同样答应前来救援的魏国军队则只是在边境一带坐等观望。长期被围的赵军粮草已经断绝，而秦军攻城的力度又一天胜似一天，赵国真的到了山穷水尽、危在旦夕的地步。国难当头，身为一介平民的邯郸传舍吏（**官名，传舍的长官。传舍即邮舍或驿站，是古时供官吏、邮差出行时休息或入住之所**）之子李谈（《史记》中司马迁为避父亲司马谈之名讳称其为李同）找到了平原君。一见面，李谈开门见山地问道："您不担心赵国灭亡吗？"

"赵国灭亡，我赵胜就会成为敌人的俘虏，我怎么能不担心呢？"平原君老老实实回答道。

李谈接着道："邯郸百姓衣不蔽体，连糟糠也吃不饱，而您的后宫有妻妾百人，她们却一个个过着锦衣玉食的生活。现在武器耗尽，有人被迫削尖木头用来当矛，可是您家的珠玉宝器没有受到丝毫损失。如果邯郸城被攻陷，您还能这样吗？如果赵国不灭亡的话，您又会缺少什么呢？现在您不如就把夫人以下的婢妾通通编入士卒之列，让她们也和百姓一样参与到抗秦战斗的一线，然后再散尽家里所有的财物来犒赏将士。将士们正处于最困苦的时候，他们是容易被感动的。这样邯郸城或许还会有希望。"

见李谈说得有道理，平原君也就认真照着做了。如此一来，果然他一下子便招募到三千名忠勇的军士。找个合适的时机，李谈带领着这支由三千人组成的敢死队冷不丁冲入秦军大营。措手不及的秦军顿时阵营大乱，被迫后退足足有三十里地。恰在此时，魏国的信陵君和楚国的春申君一前一后也率大军赶来支援。三面受敌的秦军很快就彻底土崩瓦解，主帅之一的郑安平只好率两万残兵败将投降赵国。

几年过后，也就是公元前251年，平原君病逝于邯郸。平原君死后，赵国形势每况愈下。公元前225年，赵国为秦所灭，平原君的所有子孙也都伴着赵国的灭亡而死掉了。

4. 蔺相如和廉颇

赵惠文王十六年（公元前283年），赵王得到楚国送来的一块宝玉——"和氏璧"（此玉因系楚国人卞和发现而得名，不过卞和进献此玉却历尽磨难。据说卞和在山中得到的原是一块璞玉。他进献楚厉王时，玉工说是一块普通石头，他被剁去左脚。楚武王在位时，他再次来献，玉工还说是一块普通石头，他又被剁去右脚。楚文王在位时，他还来进献。为他的执着和诚心所感动，文王命玉工切开一看，里面果然包裹着一大块精美绝伦的宝玉）。秦昭襄王听说后很是眼热，居然想骗来据为己有。于是，他命人修书一封送给赵王，谎称想拿十五座城池来换这“和氏璧”。

接到秦王的信，赵王真是左右为难：不送去吧，担心秦国以此为借口发兵来犯；送去吧，显然秦国不可能真的拿十五座城池来交换。思前想后，赵王决定先派一个使者去秦国探听一下口风再说，然而满朝文武竟然无一人敢于担此重任。后来，宦者令缪贤向赵王推荐说：“我有一个家臣名叫蔺（lìn）相如。我觉得如果让他出使秦国定当不辱使命。”

赵王将信将疑，追问道：“你怎么知道他能够完成这个任务呢？”

缪贤答道：“有一次，因为犯罪我想逃往燕国，可蔺相如却制止了我。当时，他问我：‘你为什么要去燕国呢？’我说：‘早时我陪同大王与燕王会晤于边境，私下里燕王曾拉着我的手说要与我交朋友。’蔺相如提醒我说：‘燕王想与你结交，是因为赵国强大而燕国弱小。如果你去了燕国，燕王势必不敢收留你，而且还会把你绑起来送回赵国。你不如诚心向大王认罪，说不定就会得到大王的宽恕。’就这样我听从他的建议，大王还真就饶恕了我，所以我觉得他能够完成这个任务。”

看看再没更合适的人选，赵王也就召见了蔺相如。诚如缪贤所言，蔺相如不但爽快接受任务，而且还向赵王打包票说：“我愿意带着这块宝璧去见秦王。如果秦王不能履约交出十五座城池，我一定会让它完好无损回到大王手中。”

不久，蔺相如带着“和氏璧”来到秦国。秦王在朝堂上隆重接见了他。

对于这一稀世珍宝，秦王真是爱不释手，自己把玩良久后又递给身边的美人。冷眼旁观，蔺相如发现秦王压根儿就没有要兑现诺言的意思。于是，他近前几步对秦王说："这块玉也有一点瑕疵，请让我来指给大王看好吗？"秦王立马让人把玉送了过来。

蔺相如紧握宝玉急退几步来至一根大柱子旁边。就见他瞬间神色大变，横眉立目、怒发冲冠。待大家定睛回神目光齐刷刷投来，他才对着秦王义正词严说道："接到您的书信，我家赵王斋戒五日，然后才命我捧璧来见大王。大王傲慢地接待我且不说，你看你拿到后自己看完又传给姬妾，哪里还有半点要守诺割城的意思？"一边说着，蔺相如的两眼已经盯住身旁的柱子，"如果大王想要强夺这宝玉，今天我就和它玉石俱焚。"

因为担心弄坏宝玉，秦王连忙装出一副一本正经的样子，让管理档案资料的官员展开地图，而后手指图册对蔺相如说："先生请看，这些城池就是我想拿来换这宝玉的。"

蔺相如依旧站在原地，冷冷说道："'和氏璧'乃天下至宝，因此我希望大王也和我们赵王一样斋戒五日，然后我定当把它奉上。"

见蔺相如说得在理而又坚定，秦王只好暂且应下来。

回到宾馆，蔺相如马上让手下人乔装改扮，抄小路将"和氏璧"送回赵国。

五天之后，蔺相如如约来到秦王的宫殿。当秦王向他讨要宝玉时，他如实回道："秦国自穆公以来的二十多位君主没有一个是说话算数的。因为担心被大王欺骗而愧对赵国，我已经让人抄小路把'和氏璧'送回赵国。现在秦国强大而赵国弱小，如果大王确实想换这块宝玉，那么您先割让十五座城池给赵国，然后再派一个使者到赵国说一声，赵王立刻就会派人把它送来。我知道欺骗大王已经犯下死罪，请您下令吧。"

自知杀了蔺相如不仅于事无补，而且还会与赵国结下仇怨，所以秦王也就下令以礼款待蔺相如，而后让他回去了。

回国后，蔺相如一下子被赵惠文王加封为上大夫。这就是“完璧归赵”的故事。

又过四年，也就是公元前279年，秦昭襄王约请赵惠文王到渑（miǎn）池（今河南渑池县）订立盟约。担心再次上当受骗，赵王便想拒绝此事算了，可廉颇和蔺相如觉得不应让秦国抓了理去，所以二人力劝赵王如期赴会。于是，赵王让廉颇率重兵屯扎于边境一带以防不测，甚至还制定下一旦自己被秦国挟持就由太子即位的行动预案，然后他才在蔺相如的陪同下赶来渑池赴会。人们常说的“渑池之会”的故事就此拉开帷幕。

宴会刚开始的时候，双方都中规中矩、有礼有节，气氛也还融洽。可当大家喝到酒酣耳热之际，秦王竟醉醺醺地对赵王说：“我听说你喜好音乐，麻烦你弹奏一段瑟好吗？”见不便推脱，赵王也就即兴弹奏了一小段。谁知，瑟音一停，秦国的御史（史官）竟趋步上前，挥笔边记边念道：“某年某月某日，秦王与赵王会饮，令赵王鼓瑟。”这明摆着就是个预谋，两个国家的国君之间哪有什么“令”字可言呢？

面对秦国的公然挑衅，赵国君臣都很气愤。瞅个机会，蔺相如上前对秦王说：“赵王听说大王擅长秦地音乐，请大王击缶（fǒu）以助酒兴。”可任凭蔺相如如何双手捧缶跪地强请，秦王就是不肯就范。见状，蔺相如脸色一沉，厉声道：“大王与我只隔几步。再不答应的话，我就要让我的血溅到您身上。”言外之意，秦王要是再不答应，蔺相如就要和他拼命。秦王左右的武士纷纷亮出刀剑，然而慑于蔺相如愤怒而威严的目光，他们当中竟然没有一个敢近前。秦王终于屈服，接缶在手，象征性地敲打了一下。蔺相如则回头叫过来赵国的御史，并且让他记上：“某年某月某日，秦王为赵王击缶。”

看到蔺相如让秦王伤了颜面，秦国群臣齐声喊道：“请赵国割让十五座城池为秦王祝寿！”蔺相如也毫不示弱，朗声回应道：“请秦国割让咸阳（秦国都城）为赵王祝寿！”就这样，直至宴会结束，秦国也没有占到丝毫便宜。因为探知赵将廉颇率重兵已经做好一切准备，秦国也就没敢再找碴儿。

渑池之会过后，蔺相如被拜为上卿，地位比廉颇还要高一些。

再说廉颇，他是战国时期闻名遐迩的猛将。早在赵惠文王十六年的时候，因在赵、齐两国的一次大战中立下赫赫战功，廉颇就已经被拜为上卿。看到“仅靠一副嘴皮子”、往日地位远不如自己的蔺相如竟能在这么短时间便爬到自己上面，廉颇心里很是不服，扬言如果见到蔺相如就要给他来个难堪。听到这个消息，为避免矛盾升级，蔺相如便来了个称病不朝。

一次外出时，看到廉颇的车子疾驰而来，蔺相如连忙让车夫将车子避到边上。车夫实在看不下去了，道："我之所以抛家舍业来服侍你，就是因为你能够不畏强暴是个男子汉。现在先生和廉颇同为上卿，他无端恶语相向，而你却避之唯恐不及，即使我们这些平常之人都会为此感到耻辱，何况你们这样身为将相的权贵呢？我还是回去吧。"

闻听此言，蔺相如不仅没有生气，而且还很是耐心地开导车夫说："那么，你觉得廉颇将军与秦王相比谁更厉害呢？""当然秦王厉害一些。"车夫道。"以秦王的威严，我可以当庭斥责他，并且侮辱他的群臣，我虽然称不上勇敢，难道单单就畏惧廉颇将军吗？不过，思前想后，我觉得秦国之所以不敢侵犯我们赵国，就是因为我们两人的存在。如果我们俩相争，必然有一个会受到伤害。我这样做，就是先考虑国家利益而后考虑个人恩怨啊。"

俗话说"没有不透风的墙"，蔺相如这番话还真就传到廉颇那里。廉颇也是一个深明大义之人，闻知蔺相如的想法，他真是羞愧难当。一天，廉颇赤裸着上身，背上背了一捆荆条来到蔺相如的府上请求宽恕。看到一向以硬汉自居的廉颇这个样子，蔺相如很受感动，连忙上前扶起他。从此，两人前嫌尽释成为好友。我们常说的"将相和"或是"负荆请罪"指的便是这个故事。

因为蔺相如和廉颇的团结一心，赵国形势一度再现辉煌。就是在公元前279年，以廉颇为主将的赵军东伐齐国大胜而归。一年之后，也就是公元前278年，廉颇再度领兵伐齐境，又胜。公元前275年，廉颇率师伐魏，一举便夺取魏国的防陵和安阳两座重镇。公元前271年，蔺相如为主将率师再次攻打齐国，同样获得大胜。

赵孝成王（赵惠文王的儿子）六年，即公元前260年的时候，秦国出动大军攻打韩国上党。情知坚守已是无济于事，上党守将冯亭便谎称想将上党所属十七座城邑悉数送与赵国。不知是计，赵王竟欣然接受。就这样，秦国与韩国的矛盾被冯亭巧妙地引向秦、赵之间。不久，秦昭襄王派大将白起率军向赵国发起猛攻。此时蔺相如已经病重，赵孝成王便以老将廉颇率军奋起抵抗。

这一次，秦军来势汹汹，接连得手，无奈之下廉颇只好下令固守城池，隐忍以待战机。谁知后来赵王却误中秦相范雎的离间之计，让一个只知空谈却又毫无实战经验的赵括接替了廉颇。结果在长平一战中，赵括本人被乱箭射死，除少数战死者以及二百四十名不足十五岁的少年郎，四十五万赵军将士在投降后全部遭到坑杀。此战过后赵国便一蹶不振（参见下一节《赵国·赵奢与赵括》）。

三年后，即公元前257 年，秦军再次大规模入侵并旋即包围赵都邯郸。双方对峙约有一年的光景。这一次主要是靠着平原君和信陵君的力量，赵国才得以起死回生。

公元前251年，因听信丞相栗腹的主意——“赵国壮者尽丧于长平，其孤未壮，可伐也”——燕王喜竟答应由其统兵来攻打赵国。赵孝成王则再次起用老将廉颇，廉颇果然不负众望，大败燕军并杀死了栗腹。战后，廉颇得到信平君的封号，而且还代理了丞相一职。

公元前244年（赵悼襄王元年），新国君赵悼襄王（赵孝成王之子）让年轻的乐乘接管廉颇的军权。老廉颇对此很是不满，竟然亲率兵马来攻打乐乘。乐乘战败逃走后，廉颇也畏罪去了魏国。不过，魏国并没重用他。

有道是“国难思良将”，由于屡屡遭到秦国的侵犯，后来赵悼襄王又想到要起用廉颇。然而悼襄王所差遣的探视廉颇的使者还没有出发，一向与廉颇不和的大臣郭开却给这使者送来一份厚礼，托他说一些对廉颇不利的话语。

见到赵王的使者，老廉颇一顿就吃下一斗米和十斤肉，还当场顶盔掼甲跨上战马，其威风实在是不减当年。俗语所说的“廉颇不老”便由此而来。不过，在向赵王汇报时，这使者却说：“廉颇将军虽然老了，但他饭量还是不见减少，只是在与小臣交谈之时，不大的工夫他就去了好几趟厕所。”从此赵王也就不再提起用廉颇的事。

后来，楚国的楚考烈王派人偷偷把廉颇请去拜为将军。确已上了年岁的廉颇在楚国也没有建立什么战功，并且最终老死在那里。

5. 赵奢与赵括

早些时候赵奢曾经做过负责征收赋税的小官。一次，平原君赵胜不肯按规定缴纳赋税，赵奢依法斩了他手下几个管事的。平原君竟然为此大动肝火，甚至想置赵奢于死地。

赵奢没有被吓倒。他心平气和地对平原君说：“您贵为赵国公子，却纵容手下不遵守国家法律，这样法律就会被破坏；法律被破坏，国力就会削弱；国力削弱，国家就会遭他国侵犯；国家遭侵犯，赵国就会不复存在；赵国若不存在，您怎么保有今天这样的富贵呢？反之，如果以您的尊贵来带头奉公守法，则整个国家就会平安稳定；国家平安稳定，国力就会增强；国力增强，赵国就可以保持不败。这样，作为国戚，天下人又有谁敢轻视您呢？”

发现这赵奢确实是个难得的人才，所以平原君非但没有再怪罪他，反而还把他推荐给哥哥赵惠文王。就这样赵奢被任命为主管全国赋税征收的高官。几年下来，赵国的赋税征收工作真就有了很大起色。

公元前270年（赵惠文王二十九年），秦国攻打韩国，很快便将其阏与包围。就是否出兵支援韩国一事，赵王先后征求了廉颇、乐乘和赵奢的意见。廉颇和乐乘都觉得难以取胜，所以就不主张出兵。赵奢却说：“救援阏与就如同两个老鼠在洞穴中争斗，谁更勇敢，谁就会取胜。”最终，赵王采纳了赵奢的意见，并责成他率军前往救助。

令人感到莫名其妙的是，自打出发第一天安营扎寨后，赵军就一直按兵不动。赵奢甚至还传令三军：“任何人不许就军事行动提出建议，违令者以军法论处。”不久，秦军又劳师动众去攻打武安，可赵奢闻报却依旧不予理会。因为实在搞不懂赵奢葫芦里装的是啥药，有个将领便跑来劝说赵奢发兵救援武安，赵奢竟然真的把他给斩了。如此一来，再也没人敢违抗赵奢的军令，赵军则就这样一直干耗着。

再说秦军。听说赵国发兵来支援韩国，他们一度也很紧张。可谁知赵军只大张旗鼓行进一天便又悄无声息。秦军主将纳闷不已，连忙派了细作来赵营一探究竟。明知来人就是秦军的密探，赵奢却任由他在赵营随便走动，末了还招待他一顿好吃好喝。由此秦军主将断定赵军并非真心实意来救助韩国，秦军也就肆无忌惮继续围攻阏与。

秦军密探走后，赵军竟依旧按兵不动。直到距离出发之日已是二十八天的时候，赵奢才突然传令全军偃旗息鼓、日夜兼程向阏与方向急进。只用两天一夜的时间，赵军便来至距离阏与仅有五十里的地方驻扎下来。得知这一消息，秦军上下一片恐慌。

冒着违反军令而掉脑袋的危险，一名叫许历的将领建议赵奢说：“因不能料到我军会来得如此突然，为形势所迫，秦军定当与我军展开硬拼。希望将军严阵以待，切不可麻痹大意。”赵奢对此深为赞同，可这许历说完了竟然请他用刑。见状，赵奢连忙摆了摆手道：“那是在邯郸下的军令，现在早已过时。”于是，许历又建议道：“我军驻地北面的大山地势险要易守难攻，先占据它就会胜利。”听他说得在理，赵奢连忙分出一万人马去该山安营扎寨。过不多时，秦军的大部队也赶到了。晚来的秦军首先想到的还真就是要占领这座大山，他们甚至还倾巢而出妄图强行夺取。山上山下的赵军内外夹击，秦军狼狈不堪伤亡惨重，阏与之围就此解除。

凯旋之后，赵奢受封为马服君，地位和蔺相如、廉颇一样，许历也被擢升为国尉。

赵奢有个儿子叫赵括。就是这个赵括在长平一战让四十五万赵军几至全军覆没，从而使得赵国元气大伤。

说起这长平之战的起因，我们还得多说几句。公元前260年（赵孝成王六年），秦国出动大军意欲夺取韩国的上党。自知不敌的上党守将冯亭表面声称要将所属十七座城邑悉数献给赵国，实则他是想要嫁祸赵国。赵王不知是计，欣然而受。后来，冯亭又出尔反尔，赵国则出兵强占上党。就为上党之故，这一年秦昭襄王令白起统率大军来攻打赵国。

开战之初，赵王以廉颇为主将。秦军实力强大，赵军接连吃了几个败仗，经验丰富的廉颇遂决定闭关坚守以静待战机。秦王采纳丞相范雎的离间之策，让人到赵都邯郸偷偷散布谣言说："秦军根本就不怕廉颇，要说怕的话，也只害怕马服君（此时赵奢已死）的儿子赵括。"赵王竟然真就要把有勇有谋的廉颇召回，而把四十五万大军全部交由赵括指挥。

受家庭的影响，赵括从小就喜欢研习兵法，说起排兵布阵来，那才叫一个口若悬河、头头是道，就连其父也不是他的对手。俗话说"知子莫若父"，在谈论起自己这个儿子时，赵奢曾对妻子说："战争是你死我活的残酷事情，而赵括却轻描淡写妄加评论，赵国不用他带兵还好，如果用他带兵一定要失败的。"

因此，得知赵王要让儿子来做主将，赵括的母亲慌忙赶来对赵王说："当年赵奢领兵带队时，那些他亲自捧着饭菜伺候的被他视为师长的就不下几十人，与他坦诚相待的朋友更是数以百计；大王所赏的财物，他全部分给部将与士卒；每当接到军事命令，他就会把家里的一切私事都放下。现在，赵括刚被任命为将军就威风不可一世，下级拜见他时没人敢抬头直视；大王赐给他的那些钱物，被他通通藏于家中；他每天留心的只是哪里有合适的田产房舍，以便出资购买。大王觉得他和他父亲相比怎么样呢？所以我希望大王能够收回成命。”

可惜赵孝成王并没听进去，而只是客气地对赵母说：“您老人家无须再说，我已经决定了。”

看到赵王仍然执迷不悟，赵母只好请求道：“大王一定要派他去，他有不称职的地方，我不会受到株连吧？”赵王自然痛痛快快答应了老夫人的这个请求。

回头再说这赵括。来到前线长平接替廉颇后，他又是重新任命将领，又是废止旧规另立新约，大搞什么新官上任三把火之类的小把戏。得知这一消息，秦将白起派出一支小部队，精心谋划了一个偷袭不成的假象。骄傲自大的赵括果然中计，指挥大军径直紧追而来。就这样，四十五万赵军被引入秦军早已布下的天罗地网，被断为首尾不能相顾的两截。将士们苦苦支撑了四十多天，而这个志大才疏的赵括始终未能想出一个破敌之策。情急之下，最后赵括决定冒险突围。结果他自己被乱箭射死。除了少数战死者外，四十余万赵军将士无奈地弃戈而降。

考虑到如果留下这些战俘，就要耗费大宗的军粮；如果把他们都放了，则此战无异于白打一场；如果予以收编，又担心他们将来会背叛秦国，于是白起下令将其中的二百四十名年龄尚不满十五岁的童子军释放，而将其余的四十余万人全部残忍予以坑杀。

此役过后，赵国一蹶不振，完全丧失与强秦对抗的能力。因此，从某种意义上说，就是这个只知纸上谈兵的赵括断送了赵国的大好江山社稷。值得一提的是，赵孝成王真就信守诺言没有治赵括母亲的罪，这在当时的情况下也很是难能可贵。

6. 触龙说赵太后

触龙（也作触詟zhé）说（shuì，即劝说的意思）赵太后的故事发生在公元前265年。

当时赵惠文王刚死，他的儿子赵孝成王年岁尚小，所以孝成王的母亲赵太后实际执掌赵国朝政大权。这赵太后可不是个一般的人物。翻翻漫长的中国封建史，我们不难发现，其中的女性掌权者无外乎汉朝的吕后、唐朝的武则天、清朝的慈禧等寥寥几人而已，而赵太后无疑是她们的开山鼻祖。需要特别说明的是，赵太后所处的时代男尊女卑观念正当其时，一般女性几乎没有什么社会地位。远的不说，那鼎鼎大名的平原君赵胜的一个宠妾，不就仅仅因为嘲笑邻人腿脚有毛病，而邻人偏偏又找上门理论，便被杀死了吗？由此我们也不难想象，这赵太后是何等的富有权谋。按说，这时蔺相如和廉颇还都健在，即便赵惠文王新丧，赵国也不容任何国家小觑，然而秦军还是借机打过来，接连攻占赵国三座城池。无奈之下，赵太后只好差人去齐国求助。

齐国和赵国乃近邻，两国世世代代的恩怨情仇自然也是难以理清。在最近的十几年间，赵国就曾先后以廉颇和蔺相如为将三次攻打齐国，所以虽然齐王答应出兵相助，但却也提出一个要赵国把长安君送来做人质的条件。应该说这样的要求也是合情合理，不过一听要让自己最疼爱的小儿子去做人质，赵太后却怎么也不肯答应。见此情形，大臣们纷纷出面予以劝说，无奈赵太后就是铁了心。后来，赵太后干脆明明白白地对左右说：“如果有谁再敢提什么让长安君去做人质，我一定唾他的脸。”就这样一连几天过去了，还真就没人敢再提此事。

由于身体不适，官拜左师（**一种有名无实的官名，用于安置一些有名望的年老之臣，大约相当于稍后的太师**）的老臣触龙已经有好些天没有上朝。听说这件事后，他也顾不上养病了，主动提出要谒见太后。

早就预料到他会说什么，所以赵太后也就没给他好脸。触龙则故意做出一副想要小步紧挪（**当时礼制大臣觐见国君或王后应小步紧挪以示尊重**）却又力不从心的样子来至太后近前。还没等坐稳，触龙先解释开了。就听他说道：“老臣的腿脚出了点毛病，所以不能快走，请太后原谅。这么多天没有来看太后，也不知太后身体怎么样，心里很是挂念，所以今天就来了。”

“我身体很好。”赵太后的脸上还是没有放晴。

“饭量没有减少吧？”触龙仍是一副很关心的样子问。

“每天只是喝一点稀粥罢了。”赵太后说。

于是，触龙热情地介绍起自己的经验：“老臣也曾特别不爱吃饭，我就每天坚持步行三四里地。这样过了一段时间，饭量还真就有所增加，身体也感觉好多了。”

“我做不到。”赵太后说。

看到太后满是愠怒的脸色渐渐恢复如常，触龙趁机提出一个小小的“请求”：“老臣有一个最小的儿子名叫舒祺，也不成才，可是我又很喜欢他，所以想求太后恩准他来保卫王宫。”

“可以。”赵太后痛快答应了。不过，末了她又补问一句，道：“他多大了？”

触龙一本正经地回答道：“十五岁，虽然他还小，但我还是希望能够在自己没死的时候把他托付给您。”

听到这里，赵太后不由笑着问：“你们男人也疼爱小儿子吗？”

“比女人疼得还要厉害呢。”触龙就势切入主题。

赵太后说：“还是女人疼爱得更厉害一些啊。”

触龙说：“老臣私下里以为您对燕后（*赵太后的女儿，嫁与燕武成王为后*）的疼爱要比给长安君的多一些。”

赵太后说：“不，你错了。我还是更疼爱长安君一些。”

触龙说：“老臣觉得父母疼爱孩子，就要替他做长远的打算。当年您送燕后出嫁的时候，想到她要远赴他乡，心里不是滋味，抱着她的脚哭。她出嫁之后，您也不是不想她。可每当祭祀的时候，您却总是祷告说：‘千万别让她回来。’（*意思是说别让燕王休了她。*）难道您不是在替她做长远打算，希望她的子孙相继为王吗？”

赵太后说：“那倒也是。”

看到太后已经有所领悟，触龙又进一步启发说：“从现在往前数三代，当年赵国先王的那些封侯的子孙，他们后代还有为侯的吗？”

赵太后说：“没有。”

触龙说：“由此可见，时间短一点的，祸就可能会降临到自己身上；时间长一点的，祸就可能会降临到子孙身上。当然啦，并不是这些人一被封侯就变坏了，问题就在于他们地位高贵而又没有功勋，俸禄优厚而又没有劳绩。现在您赐给长安君这么高的爵位，给了他肥沃土地和大量财宝，却又不让他趁现在为国家立功，一旦有一天您有个马高镫短，长安君又凭什么在赵国立身呢？所以，我觉得您为长安君考虑得不够长远，给他的疼爱也比不上给燕后的多。”

赵太后算是彻底被说服了。她当即对触龙表态说：“全凭你来处理这事吧。”就这样，不久长安君去了齐国，齐国则如约发来救兵。赵国的一场几近灭顶之灾也就这样被触龙给轻松化解了。

十二、魏国

1. 魏文侯选相

魏国国君的祖先原本姓姬，因在周武王伐纣时立有战功而得到毕地为赏赐，其后人也就改姓毕。后来，毕氏绝封变为平民。晋献公时（公元前676—前651年在位），作为随车护卫的毕万在跟着献公剿灭霍、耿、魏等三个小国后，得以进爵大夫，且得到魏地（今山西芮城一带）为赏赐，毕万的后人遂改姓魏。

晋顷公的时候（公元前525—前512年在位），毕万后人魏献子一度得以主理国政。就是他联合赵、韩、中行、范、智等五卿将与自己政见不合的祁氏和羊舍氏两家大夫铲除，并且公然僭越礼法瓜分其总共十个县的封地，再各自分封子弟为大夫。至此，六卿的势力已大得就连晋国国君也无法驾驭。公元前403年，魏文侯（魏献子的后人）与赵烈侯、韩景侯一同被周威烈王加封为诸侯，魏国也就由此诞生。魏国的都城先后在霍（今山西霍州）、安邑（今山西夏县）和大梁（今河南开封），很多文献史料称魏国为梁国，就是因为其后期曾以大梁为都。

虽贵为一国之君，但是魏文侯却虚心好学，丝毫没有骄奢淫逸的恶习。他曾师从子夏（孔子高徒，姓卜，名商，卫国温人。李克、吴起均出其门下。相传，《诗经》《春秋》等的经义即由他传承下来。他还是孔门“十哲”之一。“十哲”即，德行：①颜回，字子渊；②闵损，字子骞；③冉耕，字伯牛；④冉雍，字子弓，也作仲弓；言语：⑤宰予，字子我；⑥端木赐，字子贡；⑦冉求，字子有；⑧仲由，字子路；文学：⑨言偃，字子游；⑩卜商，字子夏）潜心学习各种经书，刻苦习练只有当时的士大夫才必须掌握的驾车、射箭、书写、计算等各种技艺。为进一步开阔视野，后来他又拜田子方和段干木为师。对待这三位老师，魏文侯始终恪守做学生的本分。倘若自己车子需从老师的家门口经过，他总要抓住车厢前面的扶手恭恭敬敬站直身子，借以表达对老师的崇敬之情。

不仅对自己处处高标准，对孩子魏文侯也事事严要求，所以各位公子、公主从小便养成凡事谦恭礼让的好品性。有一次，太子魏击的车子与田子方的车子走了个碰面。太子连忙让车夫将自己的车子赶到路边，并且下车热情地向他行礼问安。谁知田子方端坐车中居然没有起身还礼。见状，年轻的魏击有些沉不住气了，问道："请问先生，是富贵的人喜欢轻蔑别人呢，还是贫贱的人喜欢轻蔑别人？"

其实，这是田子方存心要借机开导太子，所以就听他回答道："还是贫贱的人容易轻蔑别人啊。如果诸侯轻蔑别人，他就会失去自己的国家；如果大夫轻蔑别人，他就会失去自己的封地；如果贫贱的人不能与当权者志同道合，他还可以去楚国、越国（这两个国家在当时都很强大）。"这样一番意味深长的话，再配上这样一个特殊的场景，想必这位太子内心深处受到的震撼一定前所未有。

发生于公元前400年的魏文侯选任丞相的故事，更是一段让后人津津乐道的佳话。

此时，距离公元前403年也就才过去三年，应当还属立国之初。借着国家初建的东风，魏文侯便想从选任一位德才兼备的丞相开始，进一步整饬吏治增强国力。一天，魏文侯叫来大夫李克，想听一听他对相国人选的看法。君臣之间自然无须客套，所以一上来魏文侯就问道：“先生曾经告诉我说：‘家贫则思良妻，国乱则思良将。’现在我打算从魏成子和翟璜（huáng）两人中选一个来做丞相，你觉得谁更合适呢？”

李克说：“我听人说：‘地位卑贱的人不能议论尊贵的人，关系疏远的人不能议论亲近之人（**卑不谋尊，疏不谋戚**）。’我只是宫外一个小小的官吏，不敢接受国君的命令。”

魏文侯说：“先生还是不要推辞。”

李克说：“这是国君不注意观察的缘故啊。注意观察一个人，他平日和哪些人亲近，他富有时和什么人结交，他显达时举荐谁，他贫穷时坚持不索取哪些东西，他不得志时依旧不做哪些事情，从这五个方面便足以判断一个人的优劣，哪里用得着我说呢？”

魏文侯说：“先生请回吧，我已经知道该用谁。”

从宫里出来途经翟璜家的时候，李克与他不期而遇。原来，这翟璜不知从哪里探听到文侯邀请李克去商谈丞相人选的事情，所以他才老早等在门口相邀。来至厅堂，还没等李克坐稳，翟璜就急不可待地问道："听说国君召见先生研究丞相的人选，究竟是谁会出任丞相呢？"

李克直言不讳答道："魏成子。"

一听此言，翟璜脸色顿变，愤愤地说："大家有目共睹，你说我哪一点比不上他魏成子？西河守将吴起是我推荐的；国君为邺地（今河北临漳）的治理而担忧，我推荐了西门豹；国君筹划要讨伐中山国，我推荐了乐羊；打败中山国后，没有人去镇守攻占的土地，我推荐了先生你；国君的儿子没有合适的老师，我又推荐了屈侯鲋（fú）。我哪一点不如魏成子呢？"

面对翟璜的质疑，李克耐心解释说："您当年把我们推荐给国君，难道是要结党营私谋求高位吗？我想先生肯定没这个意思。今天国君问我：'我打算从魏成子和翟璜两人中选一个来做丞相，你觉得谁更合适呢？'我回答说：'这是国君不注意观察的缘故啊。注意观察一个人，他平日和哪那些人亲近，他富有时和什么人结交，他显达时举荐谁，他贫穷时坚持不索取哪些东西，他不得志时依旧不做哪些事情，从这五个方面便足以判断一个人的优劣，哪里还用得着我说呢？'听我说完这些，国君就让我回来了。因此，我料定国君会拜魏成子为丞相。再说了，先生怎么能够与魏成子相比呢？魏成子的千钟俸禄恐怕有九成用在别人身上，而只拿一成作为家用，所以他能从遥远的别国他乡引来贤士子夏、田子方和段干木。就是这三个人后来都被国君拜为老师，先生您举荐的五个人只是被国君用作臣僚而已。"

听完这话，翟璜恍然大悟。就见他向着李克深施一礼，而后说道："我翟璜本来就一粗鲁之人，刚才说得很不对，我愿意终生做您的学生。"

后来，魏文侯果然拜魏成子为相。魏国遂得以在众多诸侯国中脱颖而出，最终成为"战国七雄"之一。

2. 信陵君魏无忌

魏无忌是魏昭王（公元前295—前277年在位）的小儿子。魏安釐（xī）王（公元前276—前243年在位）时，他把弟弟魏无忌封为信陵君。

信陵君以宽厚仁义、礼贤下士著称，所以魏国乃至周边各国的一些有识之士争相投奔他的门下，多的时候他家门客竟然有数千之众。不过，他并不满足现状，还是一个劲儿地网罗人才。一天，他听说就在国都大梁（今河南开封）便有一个叫侯嬴的了不起的隐士。在一般人看来，这侯嬴只是个负责看守大梁东门的小吏，且又年逾古稀，确实不值得他这样的人看重，然而信陵君却不这样认为。某天，信陵君亲自带着重礼来邀请侯嬴，谁知这侯嬴竟全然不为所动，甚至还坦言不会为了信陵君而改变自己几十年修身洁行的初衷。

过了几天，信陵君在家里盛摆筵宴遍请宾客。就在大家各自落座之后，信陵君却又亲自驾着马车，空出车子的上座，在众多随从的陪同下再次来至东门邀请侯嬴。这侯嬴也不客气，就穿着平日里的那身破衣烂衫登上车子，而且还一屁股坐在那抢眼的上座。对于他的这种不礼貌之举，信陵君丝毫没有表现出什么不悦。更出乎大家意料的是，在经过一个热闹的集市时，侯嬴居然提出要去看望一个朋友。信陵君一行就这么在路边干站着，直到侯嬴和他那朋友没完没了唠了半天才走。见此情形，不少随从都已经骂出声来，可信陵君却依旧没有半点愠色。

酒宴进行到高潮时，那么尊贵的信陵君居然举杯来至侯嬴面前，为他送上一些祝福的话。称谢过后，侯嬴不卑不亢地说："我今天已经为公子做得足够了。我是一看门的下人，而你在大庭广众之下屈尊亲自驾车来接我。我本不该这样过分，而公子却坚持这样做。当然我也是想成就公子的贤名，所以才久立集市与朋友闲聊。这样，过往之人看到公子如此谦恭，都会认为我侯嬴是小人，而更加相信公子是个了不起的贤者。”听完这番话，信陵君对侯嬴愈发敬重了。

一天，侯嬴对信陵君说：“那天我们从集市经过时，我去看的那朋友叫朱亥（hài）。别看以屠宰为业，其实他是一难得的贤士，只是因为隐居市井而没被发现。”听了侯嬴的话，信陵君也时不时带着厚礼去看望这朱亥。

公元前257年，秦军携三年前长平之战大败赵军之余威再度入侵赵国，一举即包围国都邯郸。受赵国之邀，魏安釐王责成大将晋鄙率十万人马前往援救。见状，秦昭襄王遣使威胁魏王说，如果魏国敢出兵救赵的话，在灭赵后秦国便会第一个对魏开战。迫于强秦的压力，魏安釐王只好指示晋鄙暂且率军驻扎于魏赵两国边界处的邺地（今河北临漳县西），先观望观望再说。

当时的赵国丞相平原君赵胜的妻子是信陵君一母同胞的姐姐，为此信陵君没少在那个异母哥哥安釐王面前说好话，无奈胆小的安釐王就是不肯下令出战。情急之下，信陵君居然打算带上自己的家将门客去跟秦军拼个鱼死网破。

恰好需要途经东门，所以在率众出城时，信陵君便把自己的想法一五一十告诉了侯嬴。令人难以置信的是，侯嬴只冷冷说了句：“公子好生努力吧，老朽不能跟随前往。”

别过侯嬴，信陵君一行上路了。不过走着走着，信陵君心里就犯起嘀咕：“我一向待侯嬴先生不薄，可明知我要赴死，他却没有只言片语相送，难道是我有什么过失吗？”想到这里，信陵君又带领这一千多号人折了回来。

侯嬴迎上来笑着说：“我就料到公子还会回来。公子一向对我礼遇有加，可现在你要慷慨赴死，我却连送一程都没有，所以我料定公子会回来。公子喜欢结交士人早已闻名遐迩，如今遇到这么一个小问题怎么就没了办法，而硬要与强大的秦军去拼命呢？这不就像拿着肉去喂饥饿的老虎吗？这样无益于解决问题不说，更会让你愧对这些门客。”

听到这里，信陵君不由再次深施一礼并向侯嬴讨教应对之策。于是，等信陵君屏退众人，侯嬴这才压低声音对他说：“我听说能够调动晋鄙所率十万大军的虎符就放在大王卧室，而如姬最得宠，经常出入其中，因此她能够窃得虎符。我还听说如姬的父亲当年为人所害，可是她重金悬赏三年也未能报得此仇。后来，如姬在公子面前哭诉此事，是你派门客砍下她那仇家的脑袋。我想即便为公子赴死，她也会在所不辞，只是没有机会报答罢了。如果公子开口，如姬肯定会答应。这样你就可以拿着虎符夺得晋鄙的指挥权。”闻听此言，信陵君真是茅塞顿开。

诚如侯嬴所料，有了如姬的帮助，信陵君果然轻松拿到虎符。信陵君要出发时，侯嬴又献计道：“自古以来，为了国家利益，将领在外带兵时可以不接受国君的命令，所以即便公子的虎符与晋鄙的虎符相吻合，恐怕他也不会轻易就交出所掌军权。如果他再派人来请示大王，事情就难办了。朱亥是个大力士，必要时他可以助你一臂之力。晋鄙能听公子的调遣最好，如果不听，可以让朱亥杀死他。”

于是，信陵君又来邀请朱亥。朱亥笑着说：“我不过市井间一操刀的屠夫，公子多次屈尊来看我，可我连句感谢的话都没说，这是因为我觉得那些应酬客套的话没啥意义。现在公子遇到困难，该我效力的时候到了。”

待到一切准备停当，信陵君和朱亥一同来向侯嬴告别，侯嬴平静地对信陵君说：“我本来应该和你一起去的，可我一大把年纪，已是心有余而力不足。我会在家里数着公子的行期，等到你们接管晋鄙大军的那天，我会面向北方自刎以送公子。”闻言，信陵君大为感动。知道此时再说什么也不会变易其志节，信陵君他们只好就此别过侯嬴出发了。顺便交代一句：后来，就在信陵君夺得晋鄙军权的那一天，侯嬴老人果真自刎而亡。

侯嬴的预料是对的，在接到并验过虎符之后，晋鄙果然还是不肯即刻交出军权。无奈之下，朱亥以袖中所藏一个四十斤重的大铁锤把他给砸死。接管队伍后，信陵君随即传下一道命令："父子同在军中的，父亲可以回家；兄弟同在军中的，哥哥可以回家；没有兄弟的独子也可以回家赡养父母。"就这样，信陵君带着这支精简后也不下八万人的大军直奔邯郸而来。与此同时，另一支应邀赶来救援的楚国大军也不再作壁上观。就这样，在魏军、楚军和城中赵军的夹击之下，曾经不可一世的秦军顷刻间就被杀个人仰马翻、尸横遍野。后来，秦军主将郑安平率残部投降赵国，邯郸之围遂解。

因为在率兵救赵时盗取了魏王的兵符，而且还杀死大将晋鄙，信陵君也没能再回魏国，而是在赵国住下来。

十年后，也就是公元前247年，秦庄襄王派遣大将蒙骜（ào）对魏国展开猛攻，信陵君这才接受哥哥魏安釐王的召唤回到阔别已久的祖国出任上将军。闻听信陵君已然回国为将，周围各国纷纷出兵相助。信陵君指挥五国联军一举大败秦军，并且还乘胜一直追击到函谷关。一时间秦军吓得闭关死守，无人敢迎战。

后来，秦王派人携重金偷偷来到魏国，与一个曾为晋鄙门客的官员接上头儿。重金所惑，此人竟向魏王进谗说："信陵君在外十年，交游甚广，以至于各国都知道魏国有个信陵君，而不知道大王您。信陵君野心勃勃，他还想要借助他国力量自立为王呢。"刚开始安釐王还不肯相信，可架不住此人三天两头儿地说，并且有些事情他还说得有鼻子有眼儿呢。最终魏安釐王还是中了秦国的离间之计，派人接替了信陵君的上将军一职。

自知再也不会得到哥哥的信任，信陵君开始变得颓废起来。四年之后，整日与宾客会饮的他终因酗酒致疾而终。

信陵君死后的第二年，即公元前242年，秦王再度以蒙骜为主将进犯魏国。魏国酸枣（今河南延津）一带二十余座城邑很快就被并入秦国版图。此后，魏国领土更是一再为秦国所蚕食。十七年后，也就是公元前225年，秦将王贲（bēn）率军掘引黄河水灌淹大梁，魏王假被俘，魏国也就不复存在。

顺便再说两句。汉高祖刘邦打小就为信陵君的贤行所折服，所以每当他经过大梁时都会专程去信陵君墓前祭扫。后来，他还专门安排了五户人家负责为信陵君守陵。

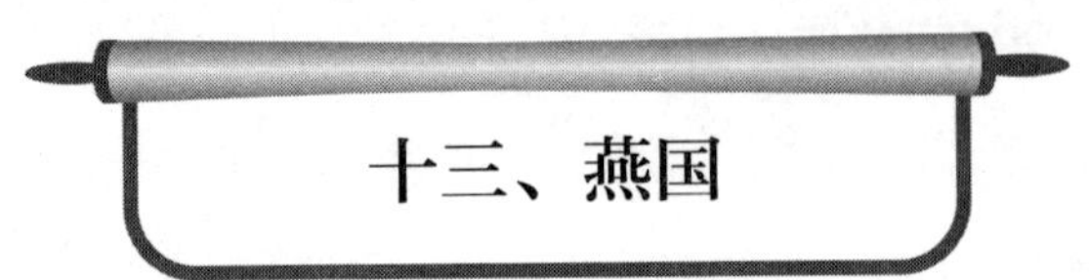

十三、燕国

1. “禅让”起风波

周文王的庶子奭（shì）在很早就有了自己的食邑召（shào，今陕西凤翔），所以人们也称他召奭。周武王时，召奭得到北燕为封地，建立起自己的诸侯国，其都城在蓟（jì，今北京城西南）。武王儿子成王继位时，召奭被任命为太保，得以位列三公。当时，自周都洛邑以东的各个诸侯国都归周公旦统领，而自洛邑以西的众诸侯则要受召奭的节管。打这以后，人们便尊称他召公奭。或许是因为地处东北边陲且又辖域辽阔的原因吧，从春秋一直到战国，燕国始终不容其他国家小觑，却也未能独霸天下。

不过，战国的中前期，一向风平浪静的燕国也闹出一个不小的乱子。其实，这事往简单里说就是一出“禅让”闹剧——好端端的，燕王哙（kuài）居然要把自己的王位让与贪婪的丞相子之。

关于这次“禅让”，我们还得从头说起。话说当年苏秦凭着一副伶牙俐齿在游说齐、楚、燕、韩、赵、魏等六国共签盟约一致抗秦的时候，他第一个来到的便是燕国，而且还与燕相子之建立了不错的私交。燕王哙时，苏秦的哥哥苏代作为齐国的使者来到燕国。这苏代也是一个超级说客。他存心要替弟弟的好友子之捞点好处，所以也就有了下面的对答。

燕王哙说：“你们齐王怎么样呢？”

苏代说：“也还不错，不过他永远成不了霸主。”

燕王哙说："为什么呢？"

苏代说："因为齐王不愿意相信自己的重臣。"

燕王哙还真就上了当，从这以后每遇重大事项他总会征求并听从丞相子之的意见。在阴谋初步得逞之后，子之还派人给苏代送去重金以示酬谢。当然了，对于这笔肮脏的幕后交易，傻傻的燕王哙一直蒙在鼓里。

虽然燕王哙对自己的信任与尊重已是无以复加，但贪婪的子之却并不知足。一天，子之指使心腹鹿毛寿哄骗燕王哙说："大王不如把国家托付给子之丞相。人们都说尧是贤君，就是因为他曾经要把天下托付给许由，可许由却没有接受。这样尧不仅没有失去天下，反而得到普天之下百姓的称颂。如果大王要把天下托付给子之，子之一定不敢接受，大王不就和尧一样成为被人称颂的千古贤君了吗？"

燕王哙竟再次上当，并且很快便做出一个决断——将所有国政全盘托付子之处理。此时的子之更是一手遮天、为所欲为，可他依然欲壑难填。于是，他又酝酿起一个更大的阴谋。

一天，子之又打发一个心腹来对燕王哙说："当年大禹提拔伯益，然而又任用儿子启的部属为官吏。所以，当年迈的大禹把王位传给伯益时，启的那些部属便围攻伯益从而帮助启重新夺回王位。大家都赞颂禹把天下传给伯益，可哪里知道他早已安排好了，所以他的儿子启马上就把王位给夺回。如果大王现在声称把王位禅让给子之，可官员还都是太子的人，这样名义上大王是把王位让给了子之，而实际上还是太子掌权。这不是一举两得吗？"

或许这可怜的燕王哙真的不了解尧、舜、禹禅让的历史真相，他们的禅让可是没有掺杂任何私利成分的纯粹之举，并且尧、舜、禹在禅位之前对继任者也都经过长期的考验。总之，燕王哙又一次钻进子之为他精心设计的圈套。更令人费解的是，禅位之前燕王哙居然把俸禄在三百石以上的官员的印信全部收上来，交由子之重新处置。可能他还有要超越古代先贤而独享盛誉的想法吧？有道是“螳螂捕蝉，黄雀在后”，看来悲剧往往还真就有其共性啊。

就这样，贪婪而又阴险的子之终于登上那个他连做梦都在想着的燕王宝座，而燕王哙则成为他的臣民。这件荒唐的事情发生于公元前316年。

三年后，燕国的内乱不可避免地爆发了。起先是一个叫市被的将军找到燕王哙的太子平，表示要助他讨伐子之。近邻齐国也乐得掺和此事，齐湣王还假惺惺遣使慰问太子平说：“我早就听说太子您深明大义，所以我准备帮助太子伸张君臣之义，明确父子的地位。尽管我的国家很小，本无资格追随在您的身后，但我还是愿意听从太子的号令。”太子平可没他爹那么好糊弄，对于齐王的别有用心之举，他洞若观火，所以也就婉言拒绝了其派兵参战的“好意”。

这天，奉太子平之命，市被率军包围了王宫，可是他们攻打半天也不见任何进展。令人难以置信的是，见打不进王宫，这市被竟然率军调头又来攻打太子。好在太子平早有防范，因而市被的阴谋非但没有得逞，反倒还搭上他自己的性命。在接下来的几个月里，燕国的军队、官员和百姓或支持太子平，或投向子之，一场接一场的战斗在双方之间不断地上演着。

看到燕国正饱受内乱之痛，孟轲（kē，孟子）向齐湣王建议道：“现在出兵攻打燕国与同当年武王伐商一样，时机不可错失啊。”于是，齐王命令章子统率五座城邑的军队和北部边境上的驻军攻打燕国。早就因无休止内乱而厌倦战争的燕国将士竟然连城门都懒得关闭，致使齐军兵不血刃便占领燕国大片土地。这期间燕王哙和子之也相继死了，燕国差不多变成齐国人的天下。可悲的燕王哙沽名钓誉一生，到头儿来却连个谥号也没混上，所以史书才对他以名相称。

公元前311年，燕国百姓共同拥戴太子平即了王位，便是史称的燕昭王。

2. 求贤若渴终有成——燕昭王

燕昭王即位时的燕国用千疮百孔来形容实在是一点也不过分，更可怕的是近邻齐国对燕国一直虎视眈眈。要想把这么一个烂摊子规整好，对年轻的燕昭王来说委实不是一件容易的事情。

燕昭王十分清楚，振兴燕国的关键就在于网罗人才，网罗那些确有经天纬地之韬略、安邦定国之良谋的贤能之才。虽然登基伊始燕昭王就不惜以重金招揽人才，但令人遗憾的是，很长一段时间过去了，却并不见有什么真正的贤士良将来投奔。

一天，燕昭王对老臣郭隗（wěi）说："齐国趁我们燕国爆发内乱之机发动侵略战争，让我们燕国备受蹂躏。我深知燕国地域狭小，国力薄弱，自己也没有能力报此深仇大恨，但我真的希望能够有贤能之士来帮助我治理燕国，以雪当年先王所遭受的耻辱。先生知道哪里有这样的人才吗？如果有，请你告诉我。我甘愿亲自侍奉他。"

沉思良久，郭隗猛然眼睛一亮，就听他很是认真地对燕昭王说："要说现成的人才呢，我也不清楚从哪里能够请到。不过，还是先请大王听我讲个故事吧。"顿了顿，这郭隗慢条斯理就讲开了：

"据传，很久以前有个国王对千里马情有独钟。可是他悬赏千金找了三年也没能找寻到一匹中意之马。有一天，一个侍臣对他说：'让我出去试试吧。'国王答应了他的请求。转眼几个月过去了，费尽周折这人还真就打听到一匹千里马。然而，等他赶过去的时候，那匹马已经死了。出人意料的是，这人却以五百金的天价买回了那匹死马的头。在听取侍臣的汇报后，国王勃然大怒，呵斥道：'我要的是千里马，什么时候你听我说要个马头了？

更何况你一下子浪费我五百金！’等国王发完脾气，侍臣这才解释道：‘一个死了的千里马的头颅大王都肯花五百金买回来，那些活着的千里马还用说吗？现在天下人又有谁会不知道大王不惜重金要买千里马呢？我相信不久大王就可以看到有人来送千里马了。’果然，不出一年的时间，这国王便得到好几匹称心如意的千里马。”

讲完这个寓意深刻的故事，郭隗接茬儿又对燕昭王说：“大王真的要招募人才，不妨先从老臣我开始嘛。相信那些比我高明的贤士定会不远千里来投奔大王。”

闻听此言，燕昭王真是茅塞顿开。从这以后他就像学生对待老师那样来侍奉郭隗，而且还专门为他修建了一座高标准的府第。

如此一来，燕昭王求贤若渴的美名不胫而走，一时间各国各地的仁人志士由四面八方纷至沓来，其中声名异常显赫的便有魏国来的乐毅、齐国来的

邹衍（yǎn）、赵国来的剧辛三人。对于这些旷世奇才，燕昭王的器重与厚爱自然是无以复加。此外，他还非常注意凝聚群众的力量。他凭吊战死的烈士，抚慰遗孤遗孀，关心百姓的疾苦……短短几年下来，燕国就已是民殷国富、兵精粮足了。

上面这则燕昭王在郭隗的教导下求贤兴邦的故事，虽说在《史记》中只是被一言带过，但《战国策》却对其有着翔实的记载。

虽然国家形势蒸蒸日上，但燕昭王却一直保持着冷静的头脑，并没有急于对齐开战。燕昭王二十八年，即公元前284年，看到妄自尊大的齐湣王四面树敌且又民心尽丧，燕昭王把乐毅叫来问道："现在齐王昏庸无道，我打算出动举国之兵去讨伐他。你觉得这事怎么样呢？"

乐毅回答："齐国地广人多，只靠我们燕国自己去讨伐，恐怕难以奏效。我想还是多联合几个国家一同出兵，这样把握才会更大一些。"

于是，燕昭王让乐毅前往联络赵国，并同时派遣另外几路使者分别去往秦国、韩国和魏国。这四个国家也大多没少遭受齐国的欺凌，所以他们一拍即合，很快五方便拟定了一个共同伐齐的协约。

在乐毅的统一调度与指挥下，五国联军在济西大败齐军，随即五国各自攻占了一些城池。不过在取得阶段性胜利之后，其余四国均选择了见好就收——相继罢兵休战，只有乐毅率领的燕军却是乘胜追击、步步紧逼。在接下来的五年里，燕军在齐国的土地上纵横驰骋东冲西杀，使得齐国的七十余座城池先后沦陷。到后来，偌大的齐国也就剩下莒和即墨两座孤城。因相继遭到几个邻国的拒绝，被迫踏上逃亡之路的齐湣王最终还是又回到自己的莒城，并在内乱中死于非命。

仅此一战，燕国不仅尽雪前耻，而且还取代齐国成为一个足以与西方强秦相抗衡的超级大国。

可惜的是，因中了齐国田单的离间之计，后来燕惠王（燕昭王之子）以骑劫换下乐毅，燕国的大好形势也就一去不复返。

3. 荆轲刺秦王

众所周知，《史记》乃一部纪传体通史。在上自“五帝”下至汉武帝的两千多年间，中华大地涌现出的可歌可泣的杰出人物何止万千，然而对历史高度负责且又精于剪裁的司马迁却为五位刺客独辟一章——《刺客・曹沫（mò）、专诸、豫让、聂政、荆轲列传》，足见这些看似平常的人物在历史进程中的作用何其巨大。

这五位刺客中，专诸刺杀吴王僚而帮助阖闾夺得江山的故事前文已经讲过。曹沫则是仅凭一己之力成功挟制了当时的霸主齐桓公，并且帮助鲁庄公索回大片失地，而他自己却毫发无损。为报智伯（智瑶）的知遇之恩，一再行刺赵襄子而未果的豫让最后选择的是自刭取义。为了不连累亲人，在帮助严中子成功刺杀韩哀侯时的权相侠累后，一身侠肝义胆的聂政自毁容颜惨烈而死。惜墨如金的司马迁对这四人已然打破惯例，而对于那个义薄云天的荆轲，他更是浓墨重彩不遗余力。

故事的起因是这样的：想当初，燕王喜的太子丹和后来成为秦王的嬴政曾经同在赵国做人质。相同的境遇不由使两人交往密切成为朋友。后来，嬴政回国继承王位，而太子丹却鬼使神差地被改派到秦国做人质。时过境迁，秦王嬴政对待太子丹的态度自然今非昔比、大不如前。要说像他们这样身份，嬴政的做法似乎也可以理解，可为此产生怨恨情绪的太子丹却悄悄潜回燕国。此时的秦国正在加紧领土扩张，同为“战国七雄”之一的韩国已经被其兼并，与其相邻的楚国、赵国、魏国也正遭受着它的疯狂蚕食劫掠。对于太子丹来说，此等辅车相依、唇亡齿寒的道理他当然明白。不过，他想到的不是如何加强军备，他也没有与其他各国积极进行联合，而是一门心思想要寻找一位勇敢的刺客去杀掉嬴政。

太子丹首先通过老师鞠（jū）武找到一个叫田光的人。虽然堪称沉静果敢且又足智多谋，但可惜的是此时的田光年岁已大。考虑到此事非同小可，也为了确保不辜负太子丹的厚望，田光便又向他推荐了旅居燕国的卫国人荆轲。这个田光也实在是勇敢忠义，为了让太子丹放心——自己绝不会泄露这个重大机密——在推荐荆轲之后，他毅然自刭而亡。

第一次见到太子丹时，荆轲怎么也没有想到贵为一国储君的他会给自己行跪拜大礼。当说到自己在秦国的遭遇和燕国当下的处境时，太子丹更是涕泪俱下，泣不成声。尽管这样，当太子丹向其挑明想请他去刺杀嬴政的时候，荆轲却并未贸然答应，因为他也清楚此事足以关乎燕国的存亡。可是架不住太子丹再三恳请，荆轲最终还是接下了这个非比寻常的差事。

于是，太子丹腾出最好的馆舍让荆轲住进去，而且还把自己所能搞到的各种珍稀奇异之物送与荆轲享用或把玩，至于亲往探视问安等事更是他每日的必修课。

好长一段时间过去了，可荆轲却始终没有要出发的意思。还以为荆轲是为这锦衣玉食所惑丧失了斗志，某天太子丹终于出面敦促了。他说：“秦国的军队马上就要渡过易水侵入燕国境内，我虽然也想长时间侍奉先生，但恐怕形势不允许啊。”

俗话说“一个好汉三个帮”，其实荆轲心里也很焦急，因为他的一个助手还没有赶到。听太子丹这么一说，荆轲只好回应道：“太子不说，我也打算动身了。不过，如果手中没有足够让秦王相信我的东西，恐怕我很难接近秦王。听说为了樊於（wū）期将军，秦王正悬千金之赏和食邑万户要除掉他。如果能带上督亢（kàng，今河北涿州一带）的地图和樊将军的头颅，相信秦王一定高兴地接见我，我也就会有办法对付他。”

因不忍心搭上一个无辜的生命，太子丹便对荆轲说：“樊将军在穷途末路的时候从遥远的秦国来投，我又怎好再去伤害他呢？先生还是另想办法吧。”

见太子丹不肯答应，荆轲私底下悄悄拜会了樊於期。这樊於期也是一个豪爽之士，所以荆轲也没拐弯抹角，见面简单寒暄几句，便直奔主题而去。就听荆轲说：“秦国对待将军也太过分了，您的父母和族人不是被杀就是被收为官奴。这还不算，听说秦王现在还以万户食邑和千金为赏格来寻求将军的项上人头。不知将军是怎么想的？”

闻听此言，樊於期泪流满面，仰天长叹一声道：“唉！一想到这些，我就痛彻肺腑、肝肠寸断，可我没有办法报此深仇大恨啊。”

荆轲道：“现在我倒有一个办法，既可以了却燕国的祸患，又可以为将军报仇雪恨，只是不知道将军愿不愿意听？”

“先生有什么好主意？”樊於期急切地问。

于是，荆轲便把自己的想法和盘托出：“如果我能够拿着您的头颅去进献秦王，他一定乐于接见我。这样我就可以一手扯住他的袍袖，一手操刀捅进他的胸膛。将军觉得怎样？”

“这是让我日夜痛心的仇恨，今天总算听到先生的指教。”就这样，樊於期一边说着感谢的话语，一边抽出佩剑朝自己的脖子重重抹了下去。

在这之前，太子丹早就为荆轲备下一把锋利的匕首。这把匕首是花费百金从赵国的徐夫人（铸剑名家，姓徐，名夫人）那里购得。为确保万无一失，太子丹还命工匠以剧毒淬了多遍。据说在处理过后，他们还用这把匕首做过实验，只要是用它破皮见血，人就会立刻倒地毙命。

按说再拿上督亢的地图，另外也应该有一名助手帮衬，荆轲就可以启程了。可由于路途遥远，荆轲一直在等的那个朋友还是没有赶过来。于是，迫不及待的太子丹发动大批人员遍寻幽燕大地为其找寻助手。有道是“功夫不负有心人”，最后他们还真就找到一个名叫秦舞阳的“勇士”。据说，别看这秦舞阳年纪轻轻，可早在十三岁那年他就曾因为争执而出手杀过人。另外他生就一脸杀气，无论何时从大街走过，都没人敢抬头正视他。

一切准备就绪，荆轲带上秦舞阳出发了，太子丹和众门客全都换上白衣白帽来为他们送行。这天，一行人来到易水边上，分别的时刻就这样不知不觉到了。面对此情此景，一股悲壮的热流不由涌上荆轲的心头。听着他放声高歌，一旁的好友高渐离也禁不住击筑（一种打击乐器。后来，高渐离因用灌了铅的筑袭击已经做了皇帝的嬴政而被杀）而和。当他唱到“风萧萧兮易水寒，壮士一去兮不复还”的时候，在场的人无不为他的豪情所感染。

听到燕国的使臣不仅带来督亢的地图而且还带来樊於期的人头，大喜过望的秦王嬴政立刻传下命令要在宫廷之上隆重接见他们。谁知就在荆轲手捧盛有樊於期人头的木匣，秦舞阳端着装有督亢地图的盒子，一前一后步入宫殿的时候，那个素以勇猛著称的秦舞阳居然被全副武装的卫士吓得哆哆嗦嗦没了人形。见状秦王和众大臣不禁顿起疑心，好在荆轲应对自如。就见他一边微笑着回过头用鼓励的眼神儿看了看秦舞阳，一边平静地解释道：“他没有见过什么世面，所以被大王的威仪给震慑住了。希望大王能够宽容他，让他得以在大王面前完成他的使命。”然而，这个平日看上去飞扬跋扈的秦舞阳，依旧是一副体如筛糠的可怜相。秦王只好对荆轲说：“还是你把地图也呈上来吧。”

就在秦王一点一点把地图展开要仔细观瞧的时候，他却猛然怔在那里。原来，地图的里面藏着一把明晃晃的匕首。没等秦王回过神儿来，荆轲已抢前一步，一手抄起匕首，一手拽住他的袍袖。秦王惊恐万状，硬生生挣下那

只袍袖撒腿就跑，荆轲手持匕首在后面紧追不舍。跑动中秦王还想拔出佩剑，可由于剑身太长，他试了几次都没能成功。于是，两个人围着殿内的大铜柱子便兜开了圈子。这突如其来的变故把朝臣们都惊呆了，再说即便想要上来帮忙，手无寸铁（按照规定上朝时大臣不能带兵器）的他们又会有什么用呢？宫殿外面的那些郎中（护卫）倒是都有利刃在手，可是没有秦王的召唤，他们不敢擅闯宫殿半步。这帮没用的家伙也不看看，气喘吁吁的秦王哪里还能顾得上召唤他们呢？百无一用的他们也就只能乱刀砍死秦舞阳。

好在一个叫夏无且（jū）的侍医（跟随秦王左右的医生）急中生智，在眼看荆轲就要二次抓住秦王的关键时刻奋力将自己手中的药袋掷向荆轲，这才为秦王赢得一点儿宝贵的时间。有道是“旁观者清”，边上一个机灵的大臣趁机提醒秦王说：“大王，把剑推到背上。”秦王嬴政也不含糊，受到如此惊吓的他神志居然依旧清醒。说时迟，那时快，就见他一边没命地往前跑着，一边就把佩剑推上后背并抽了出来。

转瞬之间形势发生巨变，长剑在手的秦王一改先前的狼狈，转身便向荆轲刺来。手里只有一把短小匕首的荆轲怎能斗得过长剑在握的秦王呢？一不留神，荆轲就被秦王砍断左腿。已是别无选择的荆轲只好使出浑身的力量将手中匕首掷向秦王。这秦王嬴政的身手还真不一般，猛一闪身躲过这致命的一击，随即就朝着已是两手空空的荆轲连刺八剑。荆轲就势倚着柱子坐下来。临终之前，他凄楚地笑了笑，不无后悔地说道："今天我之所以没有杀掉你，只是想要劫持你签订罢战协约而报答太子丹罢了。"

荆轲临终之言实在是引人深思。是啊，利刃在手并已然占得先机的他怎么瞬间就会被秦王砍倒在地呢？我们后人在为他扼腕叹息之余，也不能不为他分析一下原因。恐怕他确实是低估了秦王的力量而想效法当年的曹沫全身而退吧？可他哪里知道嬴政毕竟不是当年的齐桓公，再说了历史怎么会说重演就重演呢？这个悲壮的故事发生在公元前227年。

在这里我们还要插说几句，对于荆轲此次失手的原因，当然也会存在不同的看法。东晋大诗人陶渊明在其长诗《咏荆轲》的结尾处便这样总结道："图穷事自至，豪主正怔营。惜哉剑术疏，奇功遂不成。其人虽已没，千载有余情。"显然，陶渊明觉得致使荆轲奇功未成的原因是他的剑术还没练到家。

如果留意一下相关史料，你会发现，陶渊明的这一观点似乎也并非空穴来风。据说有一次，途经赵国榆次（今山西省榆次县）的荆轲与一位叫盖真的剑术大师不期而遇。因为都喜好剑术，二人不免想要一决高下。虽然现场他们两个并没刀剑相向，仅仅只是四目相对，但荆轲竟然为盖真的目光所震慑，中途悄然离席而退。荆轲出去之后，边上有好事者劝盖真再把荆轲给叫回来，盖真却说，"我刚才已经与他较量过了，他的剑术并不足取。不信你们去看看，他怕是不敢逗留，早已离开。"有人找到荆轲下榻之处一看，他还真的早就走了。

还有一次，荆轲在赵都邯郸邂逅一位名叫鲁勾践的剑术名家，而且他们还都喜欢下棋。于是，两人相约找了个地方对弈起来。也不知怎的，棋局之上两人起了争执。这鲁勾践的修养也真够差的，竟为此对着荆轲破口大骂，而荆轲则一声不吭，悄无声息地自己走了，并且再也没有露过面。

就此，我们是不是可以认同陶渊明的观点了呢？其实，上面的两则故事完全可以得出两种截然不同的推论：一是，荆轲剑术委实不精，与真正的高手尚有不小的距离，故而只好一再示弱，不敢与之争锋；二是，荆轲志向远大、气度恢宏，所以才真人不露相，不会无谓与人争论短长。

话接前文，不久，秦王便令王翦（jiān）率大军来攻打燕国。公元前226年，秦军攻陷燕国都城蓟。燕王喜和太子丹只好带着部分残兵败将退守辽东，而秦将李信则在后面穷追不舍。后来，燕王喜听信代王嘉（*赵国的亡国之君*）的建议派人杀死太子丹，企图以此来保住燕国的江山社稷，可这又怎么可能呢？四年之后，也就是公元前222年，秦军俘虏燕王喜，燕国也就随之彻底灭亡。

十四、其他

前面我们按国别简单讲述了东周时期的故事，然而就这一伟大历史时期所遗留的宝贵精神财富而言，此举难免挂一漏万。这是因为，一者西周初年周王室就已经分封71个诸侯国（其中姬姓53个），后世的周王也多有分封，甚至还有“周封八百”之说；再者这一时期的相关史料也极为丰富，什么《春秋》（记载的是自公元前722年至公元前481年之间的重大事件，共一万六千余字，以鲁国国君纪元为序。依司马迁之说，该书为孔子参阅鲁国史官提供的史料编撰而成。其显著特点是，格式严谨，语言凝练，通常采用何年何月何日何地何人何事何结果的方式记事，轻易不加评论，即便作者对某人某事有所看法也只是体现在用词之上，如记述战争时，作者会用“伐”“侵”“袭”“克”“灭”“取”“歼”“追”等表明自己的看法，故此人称《春秋》“微言大义”）、《左传》（全称为《春秋左氏传》。因《春秋》微言大义，所以为该书做传进行阐释者不乏其人，除《左传》外比较有名的还有《春秋公羊传》《春秋穀梁传》《春秋邹氏传》《春秋夹氏传》等。依司马迁之说，《左传》为鲁国太史左丘明所著）、《国语》（主要记载春秋时期重大事件，共21卷，按周、鲁、齐、晋、郑、楚、吴、越的顺序分述其事。依司马迁之说，该书亦为左丘明所著）、《战国策》（记载的是自公元前460年至公元前220年之间的重大事件，分12策，共33篇，即：《东周策》1、《西周策》1、《秦策》5、《齐策》6、《楚策》4、《赵策》4、《魏策》4、《韩策》3、《燕策》3、《宋策》1、《卫策》1、《中山策》1。该书疑为战国末年或秦汉时期某人编撰，西汉时期的学者刘向予以整理）、《史记》（记载自“五帝”至公元前122年大约三千年间的重大事件，共526500字，130卷，即：《本纪》12、《年表》10、《书》8、《世家》30、《列传》70。该书为西汉大史学家司马迁所著）等等不一而足，不胜枚举。

考虑到有一些重要的历史人物或并不隶属于我们前面所说到的齐、宋、鲁、晋、秦、楚、吴、越、韩、赵、魏、燕等十二国，或曾辗转于数国之间，所以我们另辟《其他》一章略为补充，以期让大家能够更全面地了解这段历史。对于这些历史人物，我们基本上也是依据其生活年代的先后来编排的。

1. 孟子和荀子

孟子，本名孟轲（kē），字子舆（yú），战国时期邹（今山东邹城东南）人，大约生活于公元前372年至公元前289年。据说孟子本是鼎鼎大名的鲁国孟氏（也作孟孙氏）的传人，后因家道衰落他们孟氏才搬到邹地。

作为继孔子之后的一代儒学大师，孟子的哲学思想可以说都是围绕“性善论”而展开的。在他看来，恻隐、羞恶、恭敬以及是非这四种情感都是与生俱来的。而一经升华，此四者也就分别变为仁、义、礼、智这样的做人的基本行为规范（后世儒者在“仁”“义”“礼”“智”的基础上又加上一个“信”，于是儒家所倡导的基本行为规范“五常”便产生了），所以每个人的天性都是好的。

孟子政治理念的核心则是“民本”基础上的“仁政”，所以他旗帜鲜明地提出“民为贵，社稷次之，君为轻”的观念。当然，他的意思并不是说老百姓的地位比国君还要高，而只是提醒统治阶级在治理国家的时候要充分考虑到老百姓的利益，因为只有这样才能真正意义上实现长治久安。不难看出，孟子的这一观点比孔子所宣扬的“君君、臣臣、父父、子子”基础上的“仁”似乎要更进一步，更实际一些。

近代影响最为深远的儿童启蒙读本《三字经》中有这样一句：“昔孟母，择邻处。子不学，断机杼（zhù）。”它所讲的就是孟母仉（zhǎng）氏怎样把孟轲由一个懵懂顽童一步步引向儒学殿堂的故事。这则故事对于今天的我们同样极富启迪意义。

相传，孟轲很小的时候，他的父亲孟孙激就死了，只留下他与母亲仉氏相依为命。幸好仉氏有一手纺线织布的好手艺，所以靠着她没白没黑地操劳，娘儿俩的生活还算勉强过得去。然而，不久仉氏就遇上一件烦心事。原来，她家附近有一片墓地，那里时常会有一些人进行殡葬或凭吊活动。看得兴起的时候，小孟轲与一班小伙伴也就学着他人的样子玩起一些“安葬死人”或“凭吊逝者”的游戏。看着儿子沉浸在一会儿哭哭啼啼、一会儿磕头作揖的玩闹中乐此不疲，为了儿子的健康成长，深明大义的仉氏狠狠心把家搬到一处集市附近。

谁料事与愿违，搬家之后小孟轲又迷上集市的热闹场景，得空儿就溜出去看别人怎样讨价还价，或看人怎样吆喝招揽顾客，回到家则与小朋友们装模作样地进行演练。仉氏真是看在眼里急在心上，不得已她又咬咬牙把家搬到一座学堂边上。

一转眼，小孟轲到了该入学的年龄，仉氏省吃俭用把儿子送进学堂。读书可不是件简单的事情，没几天的工夫，新鲜劲儿一过，小孟轲的顽皮劲儿就回来了。仉氏也没少说教，可就是不见成效。这天，仉氏正忙着织布，孟轲放学了。不过，他并没待在家里温习功课，而是一溜烟儿跑出去玩闹了。望着儿子蹦蹦跳跳远去的背影，仉氏忍不住流下伤心的泪水。哭过之后，仉氏也拿定一个主意，那就是给儿子好好上一课。天渐渐黑下来，小孟轲也终于回来了。

孟母声色俱厉地说："不在家里好好背书，又到哪里疯去了？"

孟轲支支吾吾回答："我，我……"

孟母怒气冲冲地说："你个不争气的孩子，娘辛辛苦苦织布供你读书容易吗？既然你不愿好好读书，我织这些布还有什么用呢？"一边说着，孟母顺手抄过一把剪刀，就要把眼前这匹快要织完的布给剪了。

孟轲大惊失色说："娘，不要！娘，不要……"因为孟轲知道，织成这块布实在是太不容易了，母亲先要一根一根将棉花搓成细线，然后才能一梭一梭织成布匹，这里面也不知凝聚了母亲多少的血汗。

然而，不由分说，孟母硬是一剪刀下去就把这好端端一匹即将完成的布料剪为两截。待情绪稍稍平静一些，孟母接着教训道："孩子，娘辛辛苦苦供你读书，就盼着你有一天能够学有所成。然而，你现在根本没有把心思用在学习上，这怎能行呢？要知道知识是前后连贯的，如果今天落下一些，明天又怎么连得上呢？就像这被娘剪断的布匹，你看还能接得上吗？"

此时，孟轲早已是泪流满面，他不住地点着头，抽噎着说："娘，孩儿知道了，我再也不敢贪玩儿了。"

孟母的这一招还真管用，从此小孟轲一心一意扑在学习上，再也没有让她操过心。另外，有一则孟母教导成年之后儿子的故事读来同样也是饶有兴味，引人发思。

据说，有一次，趁着家里没有其他人，委实有些疲倦的孟子的妻子躺在炕上四仰八叉就睡着了。不巧的是，就在这时孟子由外面归来。看到妻子如此不合礼法，孟子顿时火冒三丈，一转身就去了母亲的房间。气呼呼把刚才所见的一切告知母亲后，孟子请示道："娘，请允许儿子把她休了吧。"

孟母心平气和地说："你亲眼看见她的这种不雅行为了吗？"

孟子地斩钉截铁说："是的，娘。"

孟母说："哦，我明白了。是你没有礼貌，而不是你的妻子不懂礼法。"

孟子疑惑不解地问："是孩儿不对吗？请母亲明示。"

孟母说："你忘记《周礼》是怎么说的了吗？将要进院门的时候，应先问一问谁在里边；将要步入厅堂时，要高声说话以示提醒；将要进入内室时，要眼睛向下看。圣贤规定下这些登堂入室的礼节，就是为了让人事先有个准备，而你却在进入他人休息的地方时也不提前招呼一声。这不明摆着就是你违背了礼法吗？怎么能够责怪别人呢？"

孟子恍然大悟，惭愧地低下头说："谢谢母亲的教诲，儿子知道该怎么办了。"

从母亲那里出来，孟子连忙来向妻子道了歉。这段孟母教子的佳话也就不胫而走传扬开来。

受时代的影响，年轻时的孟子也曾外出宦游。据史料记载，他到过齐、宋、魏、滕（今山东滕州一带，于公元前296年为宋国所灭）等多个国家，一度还被齐宣王拜为客卿。不过，在那样一个弱肉强食的年代，在那样一个兼并之风愈演愈烈的非常时期，他所倡导的"王道""仁政"又怎么会真正派上用场呢？后来，他也只好与早时的孔子一样过起开馆授徒的讲学生涯。晚年，他同弟子万章、公孙丑、乐正子等人把自己的毕生所学整理成《孟子》一书。

《孟子》分《梁惠王》（该章中的梁惠王即魏惠王）、《公孙丑》、《滕文公》、《离娄》、《万章》、《告子》、《尽心》等七章，共三万五千余字。这些散文的突出特点是，气势磅礴雄壮，语句酣畅恣肆。其中的“得道者多助，失道者寡助”“天时不如地利，地利不如人和”“富贵不能淫，贫贱不能移，威武不能屈”等语更是影响深远，简直堪称民族格言。

与孔子一样，孟子也深得后人崇敬，并且还被尊称为“亚圣”。到元朝时，孟子还得以与孔子的弟子颜回（字子渊，公元前521—前481年）、曾参（shēn，字子舆，公元前505—前436年。他也是孔伋的老师）以及孔子的孙子孔伋（jí，字子思，公元前483—前402年。孟子是其再传弟子）一起，被列为孔庙的“四配”。这“四配”可不是一般的荣誉，按照礼制，无论是帝王将相，还是孔氏后人，在祭祀孔子的时候，他们都要为“四配”摆放相应的贡品并举行拜祭。

荀子也是一位了不起的儒学大师。他是战国时期赵国人，比孟子晚一些。荀子一般认为他大约出生于公元前313年，卒于公元前238年。他本名荀

况，时人则多尊称他为荀卿。到西汉时，为避汉宣帝刘询之名讳，人们曾改称他为孙卿。

因深谙兼收并蓄之道，并且也善于学习和借鉴其他门派之长，所以就创新精神而言，荀子似乎要比孟子更胜一筹。在人类由荒蛮步入文明的漫漫历史进程中，“人定胜天”观念的提出无疑具有划时代的意义，而最早提出这一观念的便是荀子。

在荀子之前，孟子的“性善论”早已被社会普遍认可，而他却能不畏权威针锋相对地提出一个“性恶论”与之相辩。这场“性善”与“性恶”的辩论，不仅让人们对人性有了更深入的了解，而且也让人们感悟到对待权威和学术应有的正确态度。

荀子认为：“人生下来就有贪图私利之心，如果任其发展，便只有相互争夺而没有谦让可言；人生下来就会妒忌憎恨，如果任其发展，便只有相互残害而没有忠信可言；人生下来就有耳目之欲，喜好声色，如果任其发展，便只有过分放纵自己而无礼义可言。”因此，他告诫人们君子和小人本性都是恶的，也是可以相互转化的，并且他还希望人人都能努力学习、积善不息。另外，他还提醒统治者要充分认识到人性恶这一现实，推行法制防患于未然。在荀子的这一思想影响下，他的学生韩非和李斯后来都成为法家的杰出代表。

与其他思想家一样，荀子也是著述颇丰。到西汉时，刘向把流传下来他的一些散文结集为《荀子》一书。《荀子》共32篇，大多以说理深透、逻辑性强而见长。两千多年来，那篇凝聚了他宝贵经验的《劝学》一文，则一直广为传诵。文中的一些句子，像“青，取之于蓝，而青于蓝；冰，水为之，而寒于水”“不积跬（kuǐ，古时一只脚迈出去的距离称‘跬’，而两跬即为一‘步’）步，无以至千里；不积小流，无以成江河”“锲（qiè）而舍之，朽木不折；锲而不舍，金石可镂（lòu）”等等，直到今天还被许多人奉为座右铭。

荀子仕途也不得志。据《史记》说，虽然齐襄王（公元前283—前265年在位）曾一度尊敬荀子为师且先后三次任命他为祭酒（官名，位列诸大夫之首席），但因流言蜚语不断，最终荀子还是无奈地离开齐国。后来，他又去了楚国，但这次他只是混了个小小的兰陵令。晚年，荀子就定居于兰陵并终老在那里。

2. 吴起

吴起，战国初年卫国人。他是一位颇具影响的军事家和政治家。他自幼喜好谈论兵法战阵之事，稍长便师从曾子门下，后来他又拜子夏为师。

鲁穆公（公元前409—前377年在位）时，吴起便已经做了鲁国的大夫。有一次，齐国举大兵来犯，边关告急的文书频频传回京师。鲁穆公有意要拜通晓战事的吴起为将，可有位大臣却提醒他说："吴起的妻子就是齐国人，如果让他带兵与齐国开战，那还不是白搭吗？"这话也不知怎么就传到吴起耳朵里，他竟然挥刀砍死自己的妻子，并把她的头给剁了下来。

当吴起用包袱拎了血淋淋一颗人头来见鲁穆公时，穆公简直就给吓呆了。而吴起却从容地解释说："小臣来到鲁国，无时无刻不在想着找机会为国家尽一份绵薄之力，以报答大王的知遇之恩。今大敌当前，正是我等誓死效忠的时候，可大王却因为我妻子是齐国人而对我不放心。现在我已经把妻子杀死，她的人头就在这里，请大王派人验过吧。"事已至此，鲁穆公还有什么可说的呢？就这样，吴起随即被任命为将军。

自带兵之日起，吴起就与士卒同吃同住，全然没有一点将军的架子。看到有人背负的行李多了，他还会主动搭把手；看到有人生病，他更是煎汤熬药照顾入微。士卒们哪曾受过此等礼遇，所以他们纷纷表示即便肝脑涂地也在所不惜。

再说齐军，因为一路上也没有遇到什么抵抗，所以他们长驱直入。听说鲁君让一个名不见经传的吴起为主将，齐将田和不免有些沾沾自喜。当田和以和谈之名遣张丑为使来刺探鲁军底细的时候，吴起却来个将计就计。他一面让精锐士卒隐藏于后军之中，一面备办盛宴款待来者。就这样，自以为得计的老将田和被个初出茅庐的吴起着实给涮了一把——齐军上下完全丧失警惕。就在齐军昏然的时候，勠力一心的鲁军兵分三路冷不丁就向他们发起总攻。疏于防范的齐军顷刻间便被杀得尸横遍野、血流成河。

不过，这个率军成功赶跑侵略者的大功臣非但没有得到任何封赏，而且最终还被挤对走了。这是为什么呢?

原来，眼看着吴起就要走红，有人别有用心地对鲁穆公说："年轻的时候吴起家境非常殷实。他不务正业，为宦游耗尽所有的家财，最终却一无所获。他的乡邻未免会说三道四，甚至有人还冷嘲热讽。就因这么点事，吴起被激怒了。他一口气杀了三十多人，而后逃离家乡。临走，他对母亲说：'儿子不做到卿相，坚决不会回来。'后来，他投师曾子门下。没多久，家里就捎来信，说他的母亲过世了，但吴起却没有依礼回家奔丧，所以曾子断绝与他的师生之义。他走投无路，这才跑到我们鲁国。再说了，我们鲁国是个小国，现在却空负战胜强齐之名，其他国家能不对我们虎视眈眈吗？况且鲁国和卫国原本就是兄弟之国（鲁国是周武王四弟姬旦的封国，卫国是周武王九弟姬封的封国），如果大王重用吴起，这不是明摆着要与卫国作对吗？"

这番亦真亦假之话还真就让鲁穆公不由得不信，他也就没有重赏和提拔吴起。好在不久吴起打听到新近被列为诸侯的魏文侯（公元前445—前396年

在位）正在招募人才，于是他起身去了魏国。

已经是小有名气，再加上有同窗李克的引荐（**“起贪而好色，然用兵司马穰苴不能过也”——李克语**），吴起顺理成章地被拜为大将军。在魏国，吴起带兵还是以往的老传统：与最下面的士卒吃同样的饭菜，穿同样的衣服，睡同样的帐篷，出行时也从来不骑马乘车。据说，有一次一士兵的身上起了个大脓包，吴起见了竟然下嘴就为他吸吮脓液。谁知，当这件感人的事情传至该士兵家里时，他的母亲不禁失声痛哭起来。有个邻人很是不解，问道：“你儿子不过普通一兵，可是大将军却亲自为他吸吮脓液，你怎么反倒还哭了呢？”这位母亲慢慢止住哭声，回答道：“你哪里知道啊，当年吴将军也曾给孩子他爹吸吮过脓液，结果他爹深受感动，在战场之上奋勇杀敌直至战死。现在吴将军又为我的儿子吸吮脓液，不知道我那可怜的儿子又会死在哪里啊。”不管这老妇人怎么说，但我们从这则小故事中还是不难体会出，为将之时吴起是何等爱兵如子。

无独有偶，吴起在魏国最终还是为谗言所害而被迫离开。这又是怎么一回事呢?

原来，到魏文侯的儿子武侯时，公叔痤做了丞相。看到吴起既得国君器重又得百姓拥护，公叔痤便起了要把吴起给赶走的念头，只是苦于一时未有良策。一天，有人给公叔痤出主意道：“丞相可以先在大王面前奏说：‘吴起确实是个了不起的人才，可是我们魏国太小且又与强秦接壤，所以我私下里担心他不会久留于此。’大王肯定会问：‘那该怎么办呢？’这样丞相就可以替大王出主意说：‘大王不妨提出把公主嫁给吴起，如果有意留下来，他就会痛快答应这门亲事；如果想要离开的话，他肯定会借口推辞。’不过，在这之前，丞相还需要先找个机会和吴起一同去见一见公主，并且要有意激怒公主让她瞧不起你。亲眼看到公主对丞相你都很无礼，吴起也就不会答应大王的安排。”

这样精心设计的圈套，吴起怎能逃得过呢？从此魏武侯便对吴起起了疑心，吴起只好再次选择黯然离去。

离开魏国之后吴起去了楚国。当时正逢楚国的政坛一片混乱，社会也极度动荡不安，在位的楚悼王急切盼望能有个贤能之士来帮助自己收拾这烂摊子。看到闻名遐迩的吴起来投奔自己，楚悼王真是喜不自胜，欣喜若狂。不久，吴起就被拜为令尹，全面负责一切政务工作以及变革图强之事。

通过一段时间的观察，吴起很快便找到困扰楚国的弊病之所在，那就是：世袭的贵族太多，各级衙门都有大量冗员，国家财力势必浪费于此，而连糊口都成问题的百姓和普通士卒又怎能心甘情愿为国家出力呢？于是，吴起主持的变法工作首先从废除远支王族的世袭资格开始，而后裁减冗员、整饬吏治、加强军备等各项工作也随之有条不紊地展开。楚国也因此而再度兴盛——“南平百越，北并陈、蔡，却三晋，西伐秦”——大有重振当年楚庄王雄风之势。

可是好景不长，等到楚悼王刚一去世，那些在变法中被伤及利益的贵族和官僚便纠集一处联手作乱，并且他们还将矛头直指吴起。情急之下，吴起逃到宫中趴在还没有下葬的楚悼王的尸身之上。早已红了眼的叛乱分子根本不顾不能伤及王体的礼法，一阵乱箭就把他给射死了。事后，射王尸身的贵族被处死乃至灭族。

在评述吴起的时候，司马迁的一番话实在是入木三分。他说：“常言道：‘能行之者未必能言，能言之者未必能行。’孙膑比庞涓可谓高明，但他却未能使自己免遭刑残。吴起当初劝魏武侯说修德比什么都重要，然而他在楚国却因刻薄寡恩而断送了性命。这真让人感到悲哀啊！”

3. 六国丞相苏秦

苏秦是战国时期最具传奇色彩的一个人物。他是周都洛邑人。因成功说服燕、赵、韩、魏、齐、楚等六国国君“合纵”（即联合）抗秦，他曾经一度一人身挂六国相印，执掌六国之政。

其实，苏秦的为官之路也并非一帆风顺，在此之前他也曾接连遭受过打击。据《史记》所载，苏秦年少时曾与张仪一起师从鬼谷子先生。学过几年后，自我感觉良好的苏秦辞别老师踏上宦游之路。然而事与愿违，几年下来，川资路费花了不少，但他却一直也没能混个一官半职。灰溜溜回到家里时，恨铁不成钢的家人免不了要数落他几句：“我们周人的传统就是致力工商，经营产业，以谋求微薄但却实实在在的利润为目标。现在你任凭该做的事不做，空想靠口舌混饭吃，到头来却落得两手空空。这不是自找的吗？”

这些话既让苏秦羞愧万分，也激发了他更大的决心与斗志。于是，他翻出以前学过的一些书册重新又读起来。令他自己也没有想到的是，再次捧起这些书册，他发现过去自己的理解和认识很多只停留在表面上，而这也正是他屡屡碰壁的原因。有了这一重大发现，他读起书来更加刻苦，简直就是废寝忘食、没日没夜。

读书时间长了，人难免要犯困。为解决这个问题，苏秦居然找来一把又尖又长的锥子放在案头备用。每当困倦难耐之时，他就拿这锥子来刺自己的大腿，直到锥刺也无济于事，才肯停下来稍事休息。这也就是著名的“锥刺股”的故事。据说，为解决同样的读书犯困问题，后来的汉朝人孙敬是把自己的头发系于房梁之上，即所谓的“头悬梁”。这两个励志故事，备受后人推崇，直到今天也是家喻户晓。

有道是“功夫不负有心人”，一年以后，苏秦的学识便有了一个巨大的飞跃。不过，再次雄心勃勃走出家门的他还是一再碰壁很不顺利。出于对苏秦的成见，家门口的东周王室上来就让他吃了个闭门羹。第二站，他选择的是秦国。因刚刚斩杀商鞅而不愿收留别国士人的秦国当然也没有接纳他。好在苏秦没有气馁，他又辗转来到燕国。对于他的联合各国共抗强秦的策略，燕后文公（公元前361—前333年在位）极为赞赏，当即责成他全权经办此事。

因对各国的国情都了如指掌，再加上深谙游说之道，所以苏秦很快就圆满完成任务，让燕、赵、韩、魏、齐、楚等六国达成互帮互助、互不侵犯的合纵之约，他本人被公推为纵约长（《史记·苏秦列传》对于他先后说服燕文公、赵肃侯、韩宣惠王、魏襄王、齐宣王、楚威王的过程有翔实记载。在游说时，根据各国的不同国情以及国君的脾气秉性，苏秦或动之以情，或晓之以理，或激之以义，或诱之以利，极尽说客之所能事，留下一个又一个精彩的游说案例）。一时间苏秦一人身挂六国相印，总掌六国之军政，真可谓荣光占尽、位极人臣。

不过，六国合纵的局面维持不长时间就土崩瓦解了。公元前332年，齐、魏首先撕毁合约，联合发动了对赵国的战争。苏秦就住在赵国，那个曾经最为看重他的赵肃侯（赵肃侯曾封苏秦为武安君，并赐他田舍留他住在赵国）又怎能不责备他呢？于是，苏秦借故去了燕国。令苏秦更为尴尬的是，不久齐国又趁燕后文公新丧之际侵占燕国十座城池。消息传来，刚刚继位的燕易王也是大为恼火，立即差人找来苏秦。

燕易王面沉似水地说："当初我父王第一个接纳先生的建议，资助你说服其他各国，共签合纵之约。可齐国却无端撕毁合约侵犯赵国，如今它竟又霸占我燕国十座城池。你能够为燕国要回失地吗？"

苏秦面露愧色说："那就请允许我去为大王讨个说法吧。"

告别燕王，苏秦来到齐国。齐宣王以隆重的礼节在朝堂上接见了他。就见苏秦俯身低头时还在满口称颂，起身抬头时却又作凭吊状放声号哭。

齐宣王大惑不解地说：“先生的变化怎么这么快呢？”

苏秦稍事平静后说：“我听说饥饿的人也不会去吃鸟的嘴。这是因为，填饱肚子而死与饿死并没什么不同。现在燕国虽然弱小，但燕王却是秦王的女婿（*秦惠文王之女嫁与燕易王为后*）。大王为了区区十座小城而与强大的秦国结怨，我认为这与饥饿之人吃鸟嘴没有什么两样。”

齐宣王因被苏秦一语击中要害而方寸大乱，赶忙说：“那么，齐国该怎么办呢？”

苏秦说：“我听说古时候的那些善于处理和解决问题的人都能够转祸为福、因败为功。如果大王真能够听从我的建议，我觉得您还是把那十座城池还给燕国为好。燕王无故得到十座城池定当欣喜异常，秦王也会为此高兴，而秦国和燕国自然也都会与齐国交好。诚能这样的话，大王发号施令，还有哪个国家敢不听呢？用十座城池来赢取天下，这可是个难得的机会啊。”

齐宣王说：“就依先生之计吧。”

虽然仅凭口舌之功就为燕国讨回十座城池，但因受到一些人的诋毁，苏秦非但没有得到封赏，反而还被撤了职。于是，这次苏秦主动来见燕王了。

苏秦说：“微臣替大王出使齐国，不仅让齐国罢兵，而且还索回十座城池，本来这是应该得到大王恩宠的，可大王却免了我的职。想必是有人在您面前说我不讲信用吧？不过，大王知道吗，我不讲信用，这才是您的福气啊。我听说忠义守信的人都是为了自己的利益，而不顾忠义信用的人才是为他人着想。现在有一个孝如曾参、廉如伯夷、信如尾生的人，让他来服侍大王怎么样呢？”

燕易王说：“那太好了。”

苏秦说：“孝如曾参，不肯离开父母一夜，大王又怎能使他不远千里去解救燕国的危急呢？廉如伯夷，为了忠义甘愿不做孤竹国的国君，不做周武王的臣民，宁肯饿死在首阳山（孤竹国国君有伯夷和叔齐两个儿子，他想把王位传给小儿子叔齐。叔齐则想等到父亲逝后让位给哥哥伯夷。伯夷不肯接受弟弟所让的王位主动离家而去，随后叔齐也离家出走。后来，兄弟俩一同投奔了姬昌。武王伐纣的时候，伯夷与叔齐出面阻拦未果，二人遂发誓不做周武王的臣民。最终，他们双双饿死于首阳山），大王又怎能使他不远千里到齐国并有所收获呢？信如尾生，与女子约好在梁下见面，女子没有按时到来，大水来了也不肯离去，最终抱柱淹死，大王又怎能使他不远千里而退却强齐之师呢？”

燕易王说：“你不忠信也就罢了，哪还有因为忠信而被指责的呢？”

苏秦说：“那可不一定。我听说有个人到外地去做官，他的妻子在家里有了外遇。一天，这人捎信说将要回来。他妻子的情人非常担心事情败露，可这歹毒的女人却不以为然地说：‘怕什么！我早已预备下毒酒。’过了几天，这人回到家里，妻子指使他的侍妾端上了毒酒。侍妾真是左右为难，告诉主人酒里有毒吧，担心主人休了妻子；不告诉吧，又怕毒死主人。于是，她灵机一动装作肢体僵直不听使唤的样子，把毒酒都洒到了地上。谁知，主人却为此大怒，狠狠地抽了她五十竹板。您看，侍妾洒了毒酒，既保护了主人，又维护了主人的妻子，可她却没有逃过一顿毒打。谁说忠信就不会被惩罚呢？微臣的过错不幸就和这个侍妾差不多。”

燕易王终于听明白原来苏秦是在正话反说，不过他也彻底被说服。于是，燕易王道：“先生还是官复原职吧。”

后来，苏秦是为刺客所伤而死。虽然死前他未能抓到刺客，但凭借其过人的智慧，死后的他还是自己报了此仇。这事听来有些玄乎吧？

原来，燕后文公死后，他的遗孀也就是燕易王的母后与苏秦勾搭到一起。后来，燕易王也知道了这事，但他没有声张，反而对苏秦更加倚重。尽管如此，苏秦还老是担心燕易王会借故除掉自己。一天，苏秦对燕易王说：“我在燕国很难使燕国强大，但如果让我去齐国，我就一定能够使燕国不断得到壮大。”燕易王自然痛快答应了。于是，苏秦佯装得罪燕王而逃到齐国。

齐宣王当然不清楚其中的内幕，所以不久他便委苏秦以重任。齐宣王死后，苏秦趁机鼓动他的儿子齐湣王大兴土木厚葬宣王以示恪守孝道。不用说，苏秦这是有意要空耗齐国的国力暗助燕国。因善于伪装，尽管身在曹营而心在汉，但他还是很得齐国两任国君的信任和赏识。不过，这也为苏秦招致更多的妒忌并最终带来杀身之祸。

一天，有人派刺客对苏秦下了黑手。虽然苏秦没有当场毙命，但过重的伤势还是让他没能逃过此劫。临终，他对齐湣王说：“微臣死后，请大王马上车裂我的尸首示众，并布告天下：‘苏秦是燕国奸细。’这样杀我的仇人就可以找到了。”齐湣王依计而行，果然苏秦的仇家自己主动站了出来。不过这人受到的不是齐王的厚赏，而是被斩杀为苏秦偿命。就这样，死后的苏秦成功地为自己报了仇。

附录：

中国历史朝代歌

轩辕氏，开纪元；
夏商周，秦与汉；
三国鼎，两晋传；
南北朝，分两边；
隋唐后，五代乱；
宋辽夏，各自安；
元一统，约百年；
明清长，民国短；
新中国，写续篇。

二十四史”指的是自汉至清历朝历代所修撰的二十四部较有影响的纪传体史书。

“二十四史”具体是：1.《史记》：西汉司马迁撰，共130卷；2.《汉书》：东汉班固撰，共100卷，后人析为120卷；3.《后汉书》：主要为南朝时宋人范晔所撰，共120卷；4.《三国志》：西晋陈寿撰，共65卷；5.《晋书》：唐朝房玄龄、褚遂良、令狐德棻（fēn）等合撰，共130卷；6.《宋书》，南朝梁人沈约撰，共100卷；7.《南齐书》，南朝梁人萧子显撰，共60卷，其中1卷佚失；8.《梁书》：唐朝姚思廉撰，共56卷；9.《陈书》：唐朝姚思廉根据其父姚察遗稿整理而成，共36卷；10.《魏书》：北齐魏收撰，共130卷；11.《北齐书》：唐朝李百药撰，共50卷；12.《周书》：唐朝令狐德棻撰，共50卷；13.《隋书》：唐朝魏徵、颜师古、孔颖达、许敬宗等合撰，共85卷；14.《南史》：唐朝李延寿撰，共80卷；15.《北史》：唐朝李延寿根据其父李大师遗稿整理而成，共100卷；16.《旧唐书》：五代后晋刘昫（xù）、张昭远等合撰，共200卷；17.《新唐书》：宋朝欧阳修、宋祁等合撰，共150卷；18.《旧五代史》：宋朝薛居正等合撰，共150卷，初称《五代史》；19.《新五代史》：宋朝欧阳修撰，共74卷；20.《宋史》：元朝脱脱、阿鲁图等合撰，共496卷；21.《辽史》：元朝脱脱等合撰，共116卷；22.《金史》：元朝脱脱等合撰，共135卷；23.《元史》：明朝宋濂（lián）、王祎（yī）等合撰，共210卷；24.《明史》：清张廷玉、万斯同、王鸿绪、张玉书等合撰，共332卷。

另有，《新元史》：民国初年柯劭忞（kē shào mín）所撰，共257卷；《清史稿》：民国初年赵尔巽（xùn）等合撰，共529卷。因此，加上《新元史》即为“二十五史”，再加上《清史稿》即为“二十六史”。